OEUVRES

DE

NAPOLÉON III.

PARIS. — TYPOGRAPHIE HENRI PLON,
IMPRIMEUR DE L'EMPEREUR,
8, rue Garancière.

BIBLIOTHÈQUE DES CAMPAGNES.

OEUVRES
DE
NAPOLÉON III

MÉLANGES.

> « J'adresse mon ouvrage à tous ceux qui aiment les sciences et l'histoire, ces guides dans la prospérité, ces consolateurs dans la mauvaise fortune. »
>
> (*Du passé et de l'avenir de l'artillerie.*)

PARIS

HENRI PLON ET AMYOT, | PAUL DUPONT,
ÉDITEURS DES OEUVRES DE L'EMPEREUR, | ÉDITEUR DE LA BIBLIOTHÈQUE DES CAMPAGNES,
rue Garancière, 8, et rue de la Paix, 8. | rue de Grenelle-Saint-Honoré, 45.

1862

AVERTISSEMENT
DES ÉDITEURS.

Les fragments réunis ici sont détachés des divers écrits dont se compose l'édition en quatre volumes des Œuvres de Napoléon III. Cette édition ne pouvait prendre place dans de modestes bibliothèques ; nous avons essayé d'y faire un choix, de manière à former un volume qui, en restant à la portée de tous, permît cependant au lecteur de concevoir une idée générale de l'œuvre.

Nous avons plus particulièrement emprunté à ceux des ouvrages de Napoléon III qui ont un caractère historique ou qui sont consacrés à la démonstration des principes sur lesquels repose la politique napoléonienne.

Les études sur le passé et l'avenir de l'artillerie, qui embrassent les plus intéressants épisodes de l'histoire militaire de l'Europe, du quatorzième au dix-septième siècle, occupent naturellement une place importante dans ce recueil.

Pour nous renfermer dans les limites que nous nous étions tracées, nous avons dû souvent omettre des portions considérables de chapitres ; lorsque la clarté l'a exigé, nous avons, autant que possible, suppléé par des notes succinctes aux développements que n'eût pas comportés notre cadre. Obligés de restreindre ainsi le choix que nous avions à faire, nous nous sommes généralement abstenus de l'étendre aux travaux consacrés à l'examen de questions spéciales, aussi bien qu'aux fragments d'un intérêt moins actuel que des feuilles périodiques ont primitivement publiés. Nous citerons pour exemple : « Les considérations politiques et militaires sur la Suisse ; l'analyse de la question des sucres ; l'extinction du paupérisme ; la réponse à M. de Lamartine au sujet d'un jugement porté sur le Consulat et l'Empire ; la notice sur Joseph Bonaparte ; les opinions sur diverses questions politiques et administratives, etc. »

En ce qui concerne les *discours et messages*, nos extraits sont tous antérieurs au rétablissement de l'Empire. Au delà de cette époque, les actes de Napoléon III ont reçu une publicité à laquelle on ne saurait avoir la prétention de rien ajouter. De date récente, ils sont encore présents à toutes les mémoires.

Ce qui nous importait surtout, c'était de montrer l'auguste auteur dans celles de ses œuvres qui ont précédé son avénement, et l'ont, pour ainsi dire, préparé : soit que, de l'exil, il propage les idées napoléoniennes, qu'il les éclaire et les popularise ; soit qu'au fond de sa prison il médite sur la puissance des armes de guerre et sur les secrets de la victoire ; soit qu'en présence de la nation, il la fasse juge de ses sentiments, de ses luttes, de ses résolutions, et qu'enfin il la conquière, dans un magique élan, au programme du nouvel Empire.

Telle était la tâche que nous nous étions proposée et que nous voudrions avoir utilement remplie.

IDÉES NAPOLÉONIENNES.

Si la destinée que me présageait ma naissance n'eût pas été changée par les événements, neveu de l'Empereur, j'aurais été un des défenseurs de son trône, un des propagateurs de ses idées; j'aurais eu la gloire d'être un des piliers de son édifice ou de mourir dans un des carrés de sa garde en combattant pour la France. L'Empereur n'est plus!... mais son esprit n'est pas mort. Privé de la possibilité de défendre par les armes son pouvoir tutélaire, je puis au moins essayer de défendre sa mémoire par des écrits. Éclairer l'opinion en recherchant la pensée qui a présidé à ses hautes conceptions, rappeler ses vastes projets, est une tâche qui sourit encore à mon cœur et qui me console de l'exil. La crainte de choquer des opinions contraires ne m'arrêtera pas ; des idées qui sont sous l'égide du plus grand génie des temps modernes peuvent s'avouer sans détour; elles ne sauraient varier au gré de l'atmosphère politique. Ennemi de toute théorie absolue et de toute dépendance morale, je n'ai d'engagement envers aucun parti, envers aucune secte, envers aucun gouvernement; ma voix est libre comme ma pensée.... et j'aime la liberté!

Carlton-Terrace, juillet 1839.

INTRODUCTION.

DE L'IDÉE NAPOLÉONIENNE.

Londres, 1840.

Depuis vingt-cinq ans la France s'épuise en vains efforts pour établir un état de choses durable. Les causes de trouble renaissent sans cesse, et la société ne fait que passer tour à tour d'une agitation fébrile à une apathie léthargique.

Cette instabilité des esprits est commune à toutes les époques de transition, lorsque ceux qui gouvernent abandonnent au hasard des événements le passage d'un ancien système à un nouveau, au lieu de lui imprimer une direction ferme et régulière.

Le grand mouvement de 1789 a eu deux caractères distincts, l'un social et l'autre politique. La révolution sociale a triomphé malgré nos revers, tandis que la révolution politique a échoué malgré les victoires du peuple. Là est toute la cause du malaise qui nous tourmente.

Lorsqu'au commencement du dix-neuvième siècle apparut la grande figure de Napoléon, la société tout entière prit un nouvel aspect. Les flots populaires s'apaisèrent, les ruines disparurent, et l'on vit avec étonnement l'ordre et la prospérité sortir du même cratère qui les avait momentanément engloutis.

C'est que le grand homme accomplissait pour la France et pour l'Europe le plus grand des problèmes. Il opérait hardiment, mais sans désordre ni excès, la transition entre les anciens et les nouveaux intérêts ; il jetait en France les larges fondations qui devaient assurer le triomphe de la révolution sociale et de la révolution politique. Mais à peine l'Empire fut-il tombé que tous les ferments de discorde reparurent ; du passé, on vit renaître les prétentions surannées, et avec elles les exagérations révolutionnaires qu'elles avaient produites. Le régime établi en 1800, guidé par un génie supérieur, avait fondé partout des institutions progressives sur des principes d'ordre et d'autorité ; mais l'ancien régime se présenta en 1814 et en 1815 sous le masque d'idées libérales. Ce cadavre s'enveloppa de lambeaux aux couleurs nouvelles, et l'on prit le linceul d'un mort pour les langes d'un enfant plein d'avenir.

Ce déguisement produisit dans les esprits une perturbation funeste ; toutes les réputations, tous les drapeaux furent confondus ; on salua du nom de libérateur des peuples l'oppresseur étranger ; on appela brigands les débris glorieux des armées de la République et de l'Empire ; on qualifia du nom de libéraux les admirateurs du système oligarchique de l'Angleterre, tandis que l'on voulut flétrir du nom de partisans de l'absolutisme ceux qui regrettaient le pouvoir tutélaire et démocratique du héros plébéien, qui assurait l'indépendance des peuples et qui était le vrai représentant de notre révolution.

Un jour, nous espérâmes que cet état de déception et d'incertitude avait eu un terme, et que la révolution de 1830 fixerait à jamais les destinées de la France. Vain espoir! La révolution n'a fait que semer parmi nous plus d'éléments de trouble et de discorde, et il n'existe aujourd'hui que des théories confuses, que des intérêts mesquins, que des passions sordides.

Corruption d'un côté, mensonge de l'autre, et haine partout; voilà notre état! Et au milieu de ce chaos d'intelligence et de misère, il semblerait qu'il n'y a plus d'idée assez grande pour qu'elle rallie une majorité, qu'il n'y a plus un homme assez populaire pour qu'il soit la personnification d'un grand intérêt.

Cette subdivision d'opinions, ce manque de grandeur, cette indifférence du peuple prouvent assez combien toutes les théories mises en avant depuis 1815 étaient insuffisantes pour établir un système et fonder une cause.

La société française n'obéit pas à une impulsion régulière, mais elle cherche une trace à suivre; elle ne marche pas, elle erre à l'aventure.

Or, à nous qui cherchions et qui errions aussi, un chemin, un guide nous est apparu. Ce guide, c'est l'homme extraordinaire qui, second Josué, arrêta la lumière et fit reculer les ténèbres. Ce chemin, c'est le sillon qu'il creusa d'un bout du monde à l'autre, et qui doit apporter la fertilité et l'abondance.

Dans la route difficile que notre âge doit parcourir, au lieu de prendre comme chefs de doctrine des rhéteurs de collége, il nous semble plus logique de suivre les préceptes et de nous faire les apôtres de l'homme qui fut encore plus grand comme législateur qu'il ne fut redoutable comme capitaine. Lorsque dans l'histoire des temps passés apparut sur la scène du monde un grand homme qui réfléchissait en lui le double caractère de fondateur et de guerrier, on vit toujours les générations qui le suivirent reprendre après sa mort les institutions qu'il avait sanctionnées, l'allure qu'il avait indiquée.

Pendant des siècles, les peuples des rives du Jourdain ont suivi les lois de Moïse. Les institutions de Mahomet ont fondé cet empire d'Orient qui résiste encore aujourd'hui à notre civilisation. Malgré le meurtre de César, sa politique et son impulsion ont encore, pendant six cents ans, maintenu l'unité romaine, repoussé les barbares et reculé les limites de l'Empire.

Pendant huit siècles, le système féodal et religieux établi par Charlemagne a gouverné l'Europe, et servi de transition entre la société romaine et celle qui surgit depuis 89. Et nous, qui avons eu dans nos rangs et à notre tête un Moïse, un Mahomet, un César, un Charlemagne, irions-nous chercher autre part que dans ses préceptes un exemple et une synthèse politiques?

Les grands hommes ont cela de commun avec la Divinité qu'ils ne meurent jamais tout entiers. Leur esprit leur survit, et l'idée napoléonienne a jailli du tombeau de Sainte-Hélène, de même que la morale de l'Évangile s'est élevée triomphante malgré le supplice du Calvaire.

La foi politique, comme la foi religieuse, a eu ses martyrs; elle aura comme elle ses apôtres, comme elle son empire!

Expliquons en peu de mots ce que nous entendons par l'idée napoléonienne.

De toute convulsion politique jaillit une idée morale, progressive, civilisatrice. L'idée napoléonienne est sortie de la révolution française comme Minerve de la tête de Jupiter : le casque en tête et toute couverte de fer. Elle a combattu pour exister, elle a triomphé pour persuader, elle a succombé pour renaître de ses cendres : imitant en cela un exemple divin!

L'idée napoléonienne consiste à reconstituer la société française bouleversée par cinquante ans de révolution, à concilier l'ordre et la liberté; les droits du peuple et les principes d'autorité.

Au milieu de deux partis acharnés, dont l'un ne voit que le passé et l'autre que l'avenir, elle prend les anciennes formes et les nouveaux principes.

Voulant fonder solidement, elle appuie son système sur des principes d'éternelle justice, et brise sous ses pieds les théories réactionnaires enfantées par les excès des partis.

Elle remplace le système héréditaire des vieilles aristocraties par un système hiérarchique qui, tout en assurant l'égalité, récompense le mérite et garantit l'ordre.

Elle trouve un élément de force et de stabilité dans la démocratie, parce qu'elle la discipline.

Elle trouve un élément de force dans la liberté, parce qu'elle en prépare sagement le règne en établissant des bases larges avant de bâtir l'édifice.

Elle ne suit ni la marche incertaine d'un parti, ni les passions de la foule; elle commande par la raison, elle conduit parce qu'elle marche la première.

Planant au-dessus des coteries politiques, exempte de tout préjugé national, elle ne voit en France que des frères faciles à réconcilier, et dans les différentes nations de l'Europe que les membres d'une seule et grande famille.

Elle ne procède pas par exclusion, mais par réconciliation, elle réunit la nation au lieu de la diviser. Elle donne à chacun l'emploi qui lui est dû, la place qu'il mérite selon sa capacité et ses œuvres, sans demander compte à personne ni de son opinion ni de ses antécédents politiques.

N'ayant d'autre préoccupation que le bien, elle ne cherche pas par quel moyen artificiel elle peut soutenir un pouvoir chancelant, mais par quel moyen elle peut rendre le pays prospère.

Elle n'attache d'importance qu'aux choses; elle hait les paroles inutiles. Les mesures que d'autres discutent pendant dix ans, elle les exécute en une seule année. Elle vogue à pleines voiles sur l'océan de la civilisation au lieu de rester dans un étang bourbeux, pour essayer inutilement toutes sortes de voilures.

Elle repousse cette polémique du jour qui ressemble aux discussions religieuses du moyen âge, où l'on se battait pour les questions métaphysiques de la transsubstantiation du sang de Notre-Seigneur, au lieu de s'étendre sur les grands principes évangéliques. Aussi n'élève-t-elle jamais la voix pour blâmer ou accueillir une loi microscopique sur des garanties imaginaires, sur des exclusions réactionnaires ou des libertés tronquées; elle ne joue pas un jeu d'enfant, mais, géante elle-même, lorsqu'elle se bat, c'est une guerre de Titans; ses armées sont des peuples entiers, et ses triomphes ou ses revers sont pour le monde le signal de l'esclavage ou de la liberté.

L'idée napoléonienne se fractionne en autant de branches que le génie humain a de phases différentes; elle va vivifier l'agriculture, elle invente de nouveaux produits, elle emprunte aux pays étrangers les innovations qui peuvent lui servir.

Elle aplanit les montagnes, traverse les fleuves, facilite les communications, et oblige les peuples à se donner la main.

Elle emploie tous les bras et toutes les intelligences. Elle va dans les chaumières, non pas en tenant à la main de stériles déclarations des droits de l'homme, mais avec les moyens nécessaires pour étancher la soif du pauvre, pour apaiser sa faim : et de plus, elle a un récit de gloire pour éveiller son amour de la patrie! L'idée napoléonienne est comme l'idée évangélique : elle fuit le luxe, et n'a besoin ni de pompe, ni d'éclat, pour pénétrer et se faire recevoir ; ce n'est qu'à la dernière extrémité qu'elle invoque le Dieu des armées. Humble sans bassesse, elle frappe à toutes les portes, reçoit les injures sans haine et sans rancune, et marche toujours sans s'arrêter, parce qu'elle sait que la lumière la devance et que les peuples la suivent.

L'idée napoléonienne, ayant la conscience de sa force, repousse loin d'elle la corruption, la flatterie et le mensonge, ces vils auxiliaires de la faiblesse. Quoiqu'elle attende tout du peuple, elle ne le flatte pas; elle méprise ces phrases de chambellanisme démocratique avec lesquelles on caresse les masses pour se rallier de mesquines sympathies, imitant ces courtisans qui encensaient le grand roi dans sa vieillesse, en vantant les mérites qu'il n'avait plus. Son but n'est pas de se créer une popularité passagère en rallumant des haines mal éteintes et en flattant des passions dangereuses ; elle dit à chacun ce qu'elle pense, roi ou tribun, riche ou pauvre ; elle accorde la louange ou jette le blâme, suivant que les actions sont louables ou dignes de mépris.

L'idée napoléonienne s'est concilié depuis longtemps la sympathie des masses, parce que les sentiments chez les peuples précèdent le raisonnement, que le cœur sent avant que l'esprit conçoive. Lorsque la religion chrétienne s'étendit, les nations l'adoptèrent avant de comprendre toute la portée de sa morale. L'influence d'un grand génie, semblable en cela à l'influence de la Divinité, est un fluide qui se répand comme l'électricité, exalte les imaginations, fait palpiter les cœurs et entraîne, parce qu'elle touche l'âme avant que de persuader.

Cette influence, qu'elle croit exercer sur les masses, elle veut l'employer, non pas à bouleverser la société, mais au contraire à la rasseoir et à la réorganiser. L'idée napoléonienne est donc par sa nature une idée de paix plutôt qu'une idée de guerre, une idée d'ordre et de reconstitution plutôt qu'une idée de bouleversement. Elle professe sans fiel et sans haine la morale politique que le grand homme conçut le premier. Elle développe ces grands principes de justice, d'autorité, de liberté, qu'on oublie trop souvent dans les temps de trouble.

Voulant surtout persuader et convaincre, elle

prêche la concorde et la confiance, et en appelle plus volontiers à la raison qu'à la force. Mais si, poussée à bout par trop de persécution, elle devenait le seul espoir des populations malheureuses, et le dernier refuge de la gloire et de l'honneur du pays, alors, reprenant son casque et sa lance, et montant sur l'autel de la patrie, elle dirait au peuple, trompé par tant de ministres et d'orateurs, ce que saint Remi disait au fier Sicambre : « Renverse tes faux dieux et tes images d'argile ; brûle ce que tu as adoré jusqu'ici, et adore ce que tu as brûlé. »

CHAPITRE PREMIER.

DES GOUVERNEMENTS EN GÉNÉRAL.

Mouvement général du progrès. — Les gouvernements. Leur forme. Leur mission.

Toutes les révolutions qui ont agité les peuples, tous les efforts des grands hommes, guerriers ou législateurs, ne doivent-ils aboutir à rien? Nous remuons-nous constamment dans un cercle vicieux, où les lumières succèdent à l'ignorance, et la barbarie à la civilisation? Loin de nous une pensée aussi affligeante! Le feu sacré qui nous anime doit nous mener à un résultat digne de la puissance divine qui nous l'inspire. L'amélioration des sociétés marche sans cesse, malgré les obstacles; elle ne connaît de limites que celles du monde.

« Le genre humain, a dit Pascal, est un homme qui ne meurt jamais, et qui se perfectionne toujours. » Image sublime de vérité et de profondeur! Le genre humain ne meurt pas, mais il subit cependant toutes les maladies auxquelles l'homme est sujet; et quoiqu'il se perfectionne sans cesse, il n'est pas exempt des passions humaines, arsenal dangereux mais indispensable, qui est la cause de notre élévation ou de notre ruine.

Cette comparaison résume les principes sur lesquels se fonde la vie des peuples, cette vie, qui a deux natures et deux instincts : l'un divin, qui tend à nous perfectionner, l'autre mortel, qui tend à nous corrompre.

La société renferme donc en elle deux éléments contraires : d'un côté, immortalité et progrès; de l'autre, malaise et désorganisation.

Les générations qui se succèdent participent toutes des mêmes éléments.

Les peuples ont tous quelque chose de commun : c'est le besoin de perfectionnement; ils ont chacun quelque chose de particulier : c'est le genre de malaise qui paralyse leurs efforts.

Les gouvernements ont été établis pour aider la société à vaincre les obstacles qui entravaient sa marche. Leur forme a dû varier suivant la nature du mal qu'ils étaient appelés à guérir, suivant l'époque, suivant le peuple qu'ils devaient régir. Leur tâche n'a jamais été et ne sera jamais facile, parce que les deux éléments contraires dont se compose notre existence exigent l'emploi de moyens différents. Sous le rapport de notre essence divine, il ne nous faut pour marcher que liberté et travail; sous le rapport de notre nature mortelle, il nous faut, pour nous conduire, un guide et un appui.

Un gouvernement n'est donc pas, comme l'a dit

un économiste distingué, *un ulcère nécessaire*, mais c'est plutôt le moteur bienfaisant de tout organisme social.

En déroulant à nos yeux le tableau de l'histoire, nous y trouvons sans cesse ces deux grands phénomènes : d'un côté, un système constant, qui obéit à une progression régulière, qui avance sans jamais revenir sur ses pas : c'est le progrès; de l'autre, au contraire, nous ne voyons que flexibilité et mobilité : ce sont les formes de gouvernement.

Le progrès ne disparaît jamais, mais il se déplace souvent; il va des gouvernants aux gouvernés. La tendance des révolutions est de le ramener toujours parmi les gouvernants. Lorsqu'il est à la tête des sociétés, il marche hardiment, car il conduit; lorsqu'il est dans la masse, il marche à pas lents, car il lutte. Dans le premier cas, le peuple confiant se laisse gouverner; dans le second cas, il veut au contraire tout faire par lui-même.

Depuis que le monde existe, le progrès a toujours eu lieu. Pour le reconnaître, il suffit de mesurer la route suivie par la civilisation; la trace en est marquée par les grands hommes qui en sont comme les bornes milliaires; chacun a un degré supérieur qui nous rapproche du but; et l'on va d'Alexandre à César, de César à Constantin, de Constantin à Charlemagne, de Charlemagne à Napoléon.

Les formes de gouvernement, au contraire, ne suivent pas des lois constantes. Les républiques sont aussi vieilles que le monde ; l'élection et l'hérédité se sont, depuis des siècles, disputé le pouvoir, et le pouvoir est resté tour à tour à ceux qui avaient pour eux les sciences et les lumières, le droit ou la force. Il ne saurait donc y avoir de gouvernement assis sur des formes invariables ; il n'y a pas plus de formule gouvernementale pour le bonheur des peuples, qu'il n'y a de panacée universelle qui guérisse de tous les maux. « Toute question de forme politique, a dit Carrel [1], a ses données dans l'état de la société, nullement ailleurs. » Ces paroles renferment une grande vérité. En politique, le bien n'est que relatif, jamais absolu.

En admettant les idées qui précèdent, il serait impossible d'attacher une haute importance aux distinctions savantes que les publicistes ont faites entre le gouvernement d'un seul et le gouvernement de plusieurs, entre les gouvernements démocratiques et les gouvernements aristocratiques [2].

---

1. *Histoire de la contre-révolution en Angleterre*, Introduction, p. 3.

2. Loin de moi l'idée d'entrer en discussion sur le mérite de la monarchie, ou de la république ; je laisse aux philosophes et aux métaphysiciens le soin de résoudre un problème qu'*a priori* je crois insoluble. Je ne vois dans la monarchie ni le principe de droit divin, ni tous les vices que l'on veut y trouver. Je ne vois uniquement dans le système héréditaire que la garantie de l'intégrité d'un pays. Pour apprécier cette opinion, il suffit de se rappeler que les deux monarchies de France et d'Allemagne na-

Tous ont été bons, puisqu'ils ont duré; telle forme a été la meilleure pour tel peuple qui a duré le plus longtemps. Mais *a priori*, le meilleur gouvernement est celui qui remplit bien sa mission, c'est-à-dire celui qui se formule sur le besoin de l'époque, et qui, en se modelant sur l'état présent de la société, emploie les moyens nécessaires pour frayer une route plane et facile à la civilisation qui s'avance.

Je le dis à regret, je ne vois aujourd'hui que deux gouvernements qui remplissent bien leur mission providentielle : ce sont les deux colosses qui sont au bout du monde, l'un à l'extrémité du nouveau, l'autre à l'extrémité de l'ancien[1]. Tandis que notre vieux centre européen est comme un volcan qui se consume dans son cratère, les deux nations orientale et occidentale marchent, sans hésiter, vers le perfectionnement, l'une par la volonté d'un seul, l'autre par la liberté.

La Providence a confié aux Etats-Unis d'Amé-

---

quirent en même temps du partage de l'empire de Charlemagne; la couronne devint purement élective en Allemagne, elle resta héréditaire en France. Huit cents ans plus tard, l'Allemagne est divisée en douze cents États environ : sa nationalité a disparu, tandis qu'en France le principe héréditaire a détruit tous les petits souverains, et formé une nation grande et compacte.

1. Je ne prétends pas dire par là que tous les autres gouvernements de l'Europe soient mauvais; je veux dire seulement que, dans le moment actuel, il n'en est aucun qui soit à la hauteur d'une aussi grande mission.

rique le soin de peupler et de gagner à la civilisation tout cet immense territoire qui s'étend de l'Atlantique à la mer du Sud, et du pôle nord à l'équateur. Le gouvernement, qui n'est qu'une simple administration, n'a eu, jusqu'à présent, qu'à mettre en pratique ce vieil adage, *laissez faire, laissez passer*, pour favoriser cet instinct irrésistible qui pousse vers l'ouest les peuples d'Amérique.

En Russie, c'est à la dynastie impériale qu'on doit tous les progrès qui, depuis un siècle et demi, ont tiré ce vaste empire de la barbarie. Le pouvoir impérial doit lutter contre les vieux préjugés de notre vieille Europe; il faut qu'il centralise, autant que possible, dans les mains d'un seul, les forces de l'État, afin de détruire tous les abus qui se perpétuent à l'abri des franchises communales et féodales. L'Orient ne peut recevoir que de lui les améliorations qu'il attend.

Mais toi, France de Henri IV, de Louis XIV, de Carnot, de Napoléon, toi qui fus toujours pour l'occident de l'Europe la source des progrès, toi qui possèdes les deux soutiens des empires, le génie des arts pacifiques et le génie de la guerre, n'as-tu plus de mission à remplir? Épuiseras-tu tes forces et ton énergie à lutter sans cesse avec tes propres enfants? Non, telle ne peut être ta destinée; bientôt viendra le jour où, pour te gouverner, il faudra comprendre que ton rôle est de mettre dans tous les traités ton épée de Brennus en faveur de la civilisation.

CHAPITRE II.

IDÉES GÉNÉRALES.

Mission de l'Empereur. — La liberté suivra la même marche que la Religion. — Rétablissement de la Monarchie et de la Religion catholique. — Comment il faut juger Napoléon.

Lorsque des idées, qui ont gouverné le monde pendant de longues périodes, perdent, par la transformation nécessaire des sociétés, de leur force et de leur empire, il en surgit de nouvelles, destinées à remplacer celles qui les précédaient. Quoiqu'elles portent en elles un germe réorganisateur, elles procèdent cependant par la désorganisation. Mais tant est grande la présomption des idées naissantes, et tant plaît à notre existence éphémère l'idée de durée, qu'à chaque pierre qu'elles arrachent du vieil édifice, elles proclament ce débris, sur lequel elles se posent, comme une nouvelle fondation à bases indestructibles; jusqu'à ce que d'autres éboulements, s'ensevelissant réciproquement, leur prouvent qu'elles ont ébranlé sans avoir construit, et qu'il faut à leur ouvrage de plus solides matériaux, pour être à l'abri des ruines du passé qui s'écroule.

C'est ainsi que les idées de 89, idées qui, après avoir bouleversé l'Europe, finiront par assurer son repos, paraissaient déjà en 91, avoir détruit l'ancien ordre de choses et en avoir créé un nouveau. Mais l'enfantement de la liberté est pénible, et l'œuvre des siècles ne se détruit pas sans des secousses terribles! 93 suivit de près 91, et l'on vit ruines sur ruines, transformations sur transformations ; jusqu'à ce qu'enfin Napoléon apparut, débrouilla ce chaos de néant et de gloire, sépara les vérités des passions, les éléments de succès des germes de mort, et ramena à l'idée de synthèse tous ces grands principes qui, luttant sans cesse entre eux, compromettaient le succès auquel tous étaient intéressés.

Napoléon, en arrivant sur la scène du monde, vit que son rôle était d'être l'*exécuteur testamentaire* de la révolution. Le feu destructeur des partis était éteint, et lorsque la révolution mourante, mais non vaincue, légua à Napoléon l'accomplissement de ses dernières volontés, elle dut lui dire : « Affermis sur des bases solides les principaux résultats de mes efforts, réunis les Français divisés, repousse l'Europe féodale liguée contre moi, cicatrise mes plaies, éclaire les nations, exécute en étendue ce que j'ai dû faire en profondeur ; sois pour l'Europe ce que j'ai été pour la France ; et quand même tu devrais arroser de ton sang l'arbre de la civilisation, voir tes projets méconnus et les tiens sans patrie errer dans le monde, n'abandonne jamais la cause sacrée du peuple français, et fais-la triompher par tous les moyens que le génie enfante, que l'humanité approuve. »

Cette grande mission, Napoléon l'accomplit jusqu'au bout. Sa tâche fut difficile. Il fallait asseoir une société, bouillonnante encore de haine et de rancune, sur de nouveaux principes; se servir, pour consolider, des mêmes instruments qui jusque-là n'avaient servi qu'à abattre.

Le sort commun à toute nouvelle vérité qui surgit est d'effrayer au lieu de séduire, de blesser au lieu de convaincre. C'est qu'elle s'élance avec d'autant plus de force qu'elle a été plus longtemps comprimée; c'est qu'ayant des obstacles à vaincre, il faut qu'elle lutte et qu'elle renverse, jusqu'à ce que, comprise et adoptée par la généralité, elle devienne la base d'un nouvel ordre social.

La liberté suivra la même marche que la religion chrétienne. Arme de mort pour la vieille société romaine, le christianisme a excité pendant longtemps la crainte et la haine des peuples; puis, à force de martyrs et de persécutions, la religion du Christ a pénétré dans les esprits et dans les consciences; bientôt elle eut à ses ordres des armées et des rois; Constantin et Charlemagne la promenèrent triomphante en Europe. Alors la religion déposa ses armes de guerre; elle dévoila à tous les yeux les principes d'ordre et de paix qu'elle renfermait, et devint l'élément organisateur des sociétés, l'appui même du pouvoir. Il en sera ainsi de la liberté. Elle a déjà eu les mêmes phases. En 1793, elle effraya les peuples autant que les souverains; puis, ayant revêtu des formes plus douces, elle s'insinua partout à la suite de nos bataillons. En 1815, tous les partis adoptèrent son drapeau, et, s'étayant de sa force morale, ils se couvrirent de ses couleurs. L'adoption n'était pas sincère : la liberté fut obligée de reprendre son armure de guerre. Avec la lutte reparurent les craintes. Espérons que bientôt elles cesseront et que la liberté revêtira ses habits de fête pour ne plus les quitter.

L'empereur Napoléon a contribué plus que tout autre à accélérer le règne de la liberté, en sauvant l'influence morale de la révolution, et en diminuant les craintes qu'elle inspirait [1]. Sans le Consulat et l'Empire, la révolution n'eût été qu'un grand drame qui laisse de grands souvenirs, mais peu de traces. La révolution se serait noyée dans la contre-révolution, tandis que le contraire a eu lieu, parce que Napoléon enracina en France et introduisit partout en Europe les principaux bienfaits de la grande crise de 89, et que, pour nous servir de ses expressions, *il dessouilla la révolution, affermit les rois et ennoblit les peuples.* Il dessouilla la révolution,

---

[1]. Ce sont les craintes que la révolution française inspira aux souverains qui arrêtèrent chez eux les progrès qui avaient été introduits, avant 1789, par Joseph II en Autriche, et par Léopold en Italie.

en séparant les vérités qu'elle fit triompher des passions qui dans leur délire les avaient obscurcies; il raffermit les rois, en rendant le pouvoir honoré et respectable; il ennoblit les peuples, en leur donnant la conscience de leur force et ces institutions qui relèvent l'homme à ses propres yeux. L'Empereur doit être considéré comme le messie des idées nouvelles. Car, il faut le dire, dans les moments qui suivent de près un bouleversement social, l'essentiel n'est pas de mettre en application des principes dans toute la subtilité de leur théorie, mais de s'emparer du génie régénérateur, de s'identifier avec les sentiments du peuple et de le diriger hardiment vers le but qu'il veut atteindre. Pour être capable d'accomplir une tâche semblable, il faut que *votre fibre réponde à celle du peuple*[1]; que vous sentiez comme lui, et que vos intérêts soient tellement confondus que vous ne puissiez vaincre ou tomber qu'ensemble!

C'est cette union de sentiments, d'instincts et de volontés qui a fait toute la force de l'Empereur. On commettrait une grave erreur si l'on croyait qu'un grand homme a l'omnipotence et qu'il ne puise de force qu'en lui-même. Savoir deviner, profiter et conduire, telles sont les premières qualités d'un génie supérieur. « Je n'ai garde, disait Napoléon, de tomber dans la faute des hommes à systèmes modernes, de me croire, par moi seul et

---

[1]. Paroles de l'Empereur.

par mes idées, la sagesse des nations. Le génie de l'ouvrier est de savoir se servir des matériaux qu'il a sous la main. »

Une des premières nécessités pour un gouvernement, c'est de bien connaître l'état du pays qu'il régit et de savoir où sont les éléments de force sur lesquels il doit s'appuyer. L'ancienne monarchie avait pour soutiens la noblesse et le clergé, parce que c'était alors dans ces deux classes que résidaient les deux principaux éléments de force, la richesse territoriale et l'influence morale. La révolution avait détruit tout cet édifice féodal : elle avait déplacé les intérêts, créé de nouvelles sources de puissance et de richesse, fait naître de nouvelles idées.

Tenter de ramener l'ancien régime, s'appuyer sur des forces qui n'avaient plus de racines, eût été folie. L'Empereur, tout en rétablissant les formes anciennes, ne basa son autorité que sur une séve jeune et vigoureuse, les intérêts nouveaux. Il rétablit la religion, mais sans faire du clergé un moyen de gouvernement. Aussi le passage de la république à la monarchie et le rétablissement des cultes, au lieu d'éveiller des craintes, rassurèrent les esprits; car, loin de froisser aucun intérêt, ils satisfaisaient à des besoins politiques et moraux, et répondaient au vœu du plus grand nombre. En effet, si ces transformations n'eussent pas été dans les sentiments et les idées de la majorité, Napoléon ne les aurait pas accomplies; car il devinait juste, et son pouvoir moral, il voulait l'augmenter et non l'affaiblir. Aussi jamais de si grands changements ne se firent avec moins d'efforts. Napoléon n'eut qu'à dire : « Qu'on ouvre les églises! » et les fidèles s'y précipitèrent à l'envi. Il a dit à la nation : « Voulez-vous un pouvoir héréditaire? » et la nation répondit affirmativement par quatre millions de votes [1]. C'est qu'il est difficile de se dépouiller entièrement du passé ; une génération a, comme un individu, des antécédents qui la dominent. Nos sentiments ne sont pour la plupart que des traditions. Esclave des souvenirs de son enfance, l'homme obéit toute sa vie, sans s'en douter, aux impressions qu'il a reçues dans son jeune âge, aux épreuves et aux influences auxquelles il a été en butte. La vie d'un peuple est soumise aux mêmes lois générales. Un jour seul ne fait pas d'une république de cinq cents ans une monarchie héréditaire, ni d'une monarchie de quatorze cents ans une république élective.

[1]. Quelques personnes veulent révoquer en doute la légitimité d'une telle élection; mais elles attaquent ainsi toutes les constitutions de la République, car ces constitutions n'obtinrent pas même une sanction aussi forte.

Constitution de 1791 non soumise à l'acceptation du peuple.

	Votants.	Acceptants.	Refusants.
Constitution de 1793	—	1,801,018	11,600
» de l'an III	—	1,057,390	49,977
» de l'an VIII (Consulat)	3,012,569	3,011,004	1,562
Consulat à vie	3,577,259	3,568,888	8,374
Empire héréditaire (1804)	3,524,254	3,321,675	2,579

Voyez Rome! pendant cinq cents ans ses formes républicaines l'ont mise à la tête du monde ; pendant cinq cents ans le système électif a produit de grands hommes ; et la dignité de consul, de sénateur, de tribun, a été bien au-dessus des trônes des rois, que les Romains n'avaient connus qu'en les voyant attachés au char triomphal du vainqueur. Aussi, quoique Rome ne fût plus capable de supporter ces institutions séculaires qui avaient fait sa grandeur et sa force, elle conserva néanmoins, pendant six cents ans encore, sous les empereurs, les formes vénérées de la République. De même la République française, qui succédait à une monarchie de quatorze cents ans, dont le résultat avait été de faire une France grande et glorieuse par le seul principe de la centralisation monarchique, en dépit des vices et des erreurs des rois ; de même cette république non-seulement se revêtit bientôt des formes anciennes, mais dès son origine elle conserva le caractère distinctif de la monarchie, en proclamant et en renforçant par tous les moyens cette centralisation du pouvoir, qui avait été l'élément vital de la nationalité française.

Ajoutons à ces considérations que Napoléon et César, qui se trouvèrent tous les deux dans des circonstances analogues, durent agir par les mêmes motifs dans un sens opposé. Tous les deux voulaient reconstituer, avec les anciennes formes, sur de nouveaux principes [1]. César devait donc vouloir

---

1. L'Empereur, dans son *Précis des guerres de César*, a

conserver les formes républicaines, Napoléon rétablir celles de la monarchie.

Au commencement du dix-neuvième siècle, les idées étaient toutes portées pour l'hérédité du pouvoir de l'Empereur, soit par la force traditionnelle des anciennes institutions, soit par le prestige qui environnait l'homme investi de l'autorité, soit enfin par le désir d'un ordre de choses qui donnât plus de garantie de stabilité. Mais la difficulté de l'établissement de la République pouvait s'expliquer peut-être par une autre considération. La France était démocratique depuis 1789 ; or, dans un grand État européen, il est difficile de concevoir l'existence d'une république sans aristocratie[1].

Il y a pour tous pays deux sortes d'intérêts bien

suffisamment prouvé que ce grand homme n'a jamais voulu, n'a jamais pu vouloir se faire roi : « Vainqueur, dit Napoléon, César ne gouverna que comme consul, dictateur ou tribun ; il confirma donc, au lieu de les discréditer, les formes anciennes de la République. Auguste même, longtemps après, et lorsque les générations républicaines tout entières étaient détruites par les proscriptions et la guerre des triumvirs, n'eut jamais l'idée d'élever un trône. C'eût été, de la part de César, une étrange politique de remplacer la chaise curule des vainqueurs du monde par le trône pourri, méprisé des vaincus. »

1. Je trouve dans l'*Histoire de la Révolution*, par M. Thiers, une idée analogue, t. VIII, p. 12. « En y réfléchissant mieux, on aurait vu qu'un corps aristocratique convient *plus particulièrement* aux républiques. » On peut ajouter que l'aristocratie n'a pas besoin de chef, tandis que la nature de la démocratie est de se personnifier dans un homme.

distincts et souvent opposés : les intérêts généraux et les intérêts particuliers; autrement dit, les intérêts permanents et les intérêts passagers. Les premiers ne changent pas avec les générations; leur esprit se transmet d'âge en âge par tradition plutôt que par calcul. Ces intérêts ne peuvent être représentés que par une aristocratie, ou, à son défaut, par une famille héréditaire. Les intérêts passagers ou particuliers, au contraire, changent continuellement selon les circonstances, et ne peuvent être bien compris que par des délégués du peuple, qui, se renouvelant sans cesse, soient l'expression fidèle des besoins et des désirs des masses. Or, la France n'ayant plus et ne pouvant plus avoir d'aristocratie, c'est-à-dire de ces corps privilégiés dont l'influence n'est grande que parce que le temps a consacré leur autorité, la République eût été privée de ce pouvoir conservateur qui, gardien fidèle, quoique souvent oppressif, des intérêts généraux et permanents, a fait pendant des siècles à Rome, à Venise et à Londres, la grandeur de ces pays par la simple persévérance dans un système national.

Pour obvier à ce manque de fixité et de suite, qui est le plus grand défaut des républiques démocratiques, il fallait créer une famille héréditaire qui fût la conservatrice de ces intérêts généraux, et dont la puissance ne fût basée que sur l'esprit démocratique de la nation.

Que les opinions diffèrent sur la valeur de ces

considérations; qu'on blâme Napoléon d'avoir surmonté d'une couronne ses lauriers républicains; qu'on blâme le peuple français d'avoir voulu et sanctionné ce changement, tout est susceptible de controverse. Mais il est un point sur lequel tous ceux qui reconnaissent dans l'Empereur un grand homme doivent tomber d'accord : c'est que, se fût-il trompé, ses intentions durent toujours être à la hauteur de ses facultés. Le comble de l'inconséquence est de prêter à un grand génie toutes les faiblesses de la médiocrité. Il y a cependant des esprits vulgaires qui, jaloux de la supériorité du mérite, semblent vouloir s'en venger en lui attribuant leurs mesquines passions! Ainsi, au lieu de comprendre qu'un grand homme n'a pu être dirigé que par de grandes conceptions, par des raisons d'État de la plus haute portée, ils disent : Napoléon s'est fait empereur par ambition personnelle; il s'est entouré de noms illustres de l'ancien régime pour satisfaire son amour-propre; il a dépensé les trésors de la France et le plus pur de son sang pour agrandir sa puissance et pour mettre ses frères sur des trônes; enfin il a épousé une archiduchesse d'Autriche pour mettre une vraie princesse dans son lit. — « Ai-je donc régné sur des pygmées en intelligence, qu'ils m'aient si peu compris? » s'écriait Napoléon à Sainte-Hélène dans un moment d'humeur.... Que son âme se console! Les masses depuis longtemps lui ont rendu justice; chaque jour qui s'écoule, en découvrant une des misères qu'il avait guéries, un mal qu'il avait extirpé, explique assez ses nobles projets. Et ses grandes pensées, qui brillent d'autant plus que le présent s'obscurcit, sont comme des phares lumineux, qui font entrevoir au milieu des ténèbres et des tempêtes un avenir de sécurité !

CHAPITRE III.

QUESTION INTÉRIEURE.

I

Tendance générale. — Principes de fusion, d'égalité, d'ordre, de justice. — Intérêts populaires. — Instruction publique, agriculture, industrie, travaux publics.

Les divers gouvernements qui s'étaient succédé depuis 1789 jusqu'en 1800 avaient, malgré leurs excès, obtenu de grands résultats. L'indépendance de la France avait été maintenue, la féodalité avait été détruite, des principes salutaires avaient été répandus. Cependant rien n'était encore solidement établi; trop d'éléments contraires étaient en présence.

A l'époque où Napoléon arriva au pouvoir, le génie du législateur consistait à juger d'un coup d'œil les rapports qui existaient entre le passé et le présent, entre le présent et l'avenir.

Il fallait résoudre les questions suivantes :

Quelles sont les idées qui sont passées sans retour?

Quelles sont celles qui doivent triompher par la suite?

Enfin, quelles sont les idées qui peuvent être appliquées immédiatement et qui accéléreront le règne de celles qui doivent prévaloir?

L'Empereur fit d'un coup d'œil cette distinction, et, tout en prévoyant les possibilités futures, il se borna à la réalisation des possibilités actuelles.

La grande difficulté des révolutions est d'éviter la confusion dans les idées populaires. Le devoir de tout gouvernement est de combattre les idées fausses et de diriger les idées vraies, en se mettant hardiment à leur tête; car si, au lieu de conduire, un gouvernement se laisse entraîner, il court à sa perte, et il compromet la société au lieu de la protéger.

C'est parce que l'Empereur fut le représentant des idées vraies de son siècle, qu'il acquit si facilement l'ascendant le plus immense. Quant aux idées nuisibles, il ne les attaqua jamais de front, mais il les prit à revers, parlementa, traita avec elles, et enfin les soumit par une influence morale; il savait que la violence ne vaut rien contre des idées.

Ayant toujours un but devant les yeux, il employa, suivant les circonstances, les moyens les plus prompts pour y arriver.

Quel est son but? La liberté.

Oui, la liberté!... et plus on étudiera l'histoire de Napoléon, plus on se convaincra de cette vérité. Car la liberté est comme un fleuve : pour qu'elle apporte l'abondance et non la dévastation, il faut qu'on lui creuse un lit large et profond. Si, dans son cours régulier et majestueux, elle reste dans ses limites naturelles, les pays qu'elle traverse bénissent son passage; mais si elle vient comme un torrent qui déborde, on la regarde comme le plus terrible des fléaux, elle éveille toutes les haines, et l'on voit alors des hommes, dans leur prévention, repousser la liberté parce qu'elle détruit, comme si l'on devait bannir le feu parce qu'il brûle, et l'eau parce qu'elle inonde.

La liberté, dira-t-on, n'était pas assurée par les lois impériales! Son nom n'était pas, il est vrai, en tête de toutes les lois, ni affiché à tous les carrefours, mais chaque loi de l'Empire en préparait le règne paisible et sûr.

Quand, dans un pays, il y a des partis acharnés les uns contre les autres, des haines violentes, il faut que ces partis disparaissent, que ces haines s'apaisent, avant que la liberté soit possible.

Quand, dans un pays démocratisé comme l'était la France, le principe d'égalité n'est pas appliqué généralement, il faut l'introduire dans toutes les lois, avant que la liberté soit possible.

Lorsqu'il n'y a plus ni esprit public, ni religion, ni foi politique, il faut recréer au moins une de ces trois choses, avant que la liberté soit possible.

Lorsque les changements successifs de constitution ont ébranlé le respect dû à la loi, il faut recréer l'influence légale, avant que la liberté soit possible.

Lorsque les anciennes mœurs ont été détruites par une révolution sociale, il faut en recréer de nouvelles d'accord avec les nouveaux principes, avant que la liberté soit possible.

Quand le gouvernement, quelle que soit sa forme, n'a plus ni force ni prestige ; que l'ordre n'existe ni dans l'administration ni dans l'État, il faut recréer le prestige, il faut rétablir l'ordre, avant que la liberté soit possible.

Lorsque dans une nation il n'y a plus d'aristocratie et qu'il n'y a d'organisé que l'armée, il faut reconstituer un ordre civil, basé sur une organisation précise et régulière, avant que la liberté soit possible.

Enfin, lorsqu'un pays est en guerre avec ses voisins et qu'il renferme encore dans son sein des partisans de l'étranger, il faut vaincre les ennemis et se faire des alliés sûrs, avant que la liberté soit possible.

Il faut plaindre les peuples qui veulent récolter avant d'avoir labouré le champ, ensemencé la terre, et donné à la plante le temps de germer, d'éclore et de mûrir. Une erreur fatale est de croire qu'il suffise d'une déclaration de principes pour constituer un nouvel ordre de choses !

Après une révolution, l'essentiel n'est pas de faire une constitution, mais d'adopter un système qui, basé sur les principes populaires, possède toute la force nécessaire pour fonder et établir, et qui, tout en surmontant les difficultés du moment, ait en lui cette flexibilité qui permette de se plier aux circonstances. D'ailleurs, après une lutte, une constitution peut-elle se garantir des passions réactionnaires? et quel danger n'y a-t-il pas à traduire, en principes généraux, des exigences transitoires [1]! « Une constitution, a dit Napoléon, est l'œuvre du temps ; on ne saurait y laisser une trop large voie aux améliorations. »

Nous allons parcourir, sous les points de vue précédents, les actions de l'Empereur. Juger, c'est comparer. Nous comparerons donc son règne avec l'époque immédiate qui l'a précédé, avec l'époque qui l'a suivi. Nous jugerons ses projets, sur ce qu'il a fait étant vainqueur, sur ce qu'il a laissé malgré sa défaite.

Lorsque Napoléon revint d'Égypte, toute la France l'accueillit avec transport; on vit en lui le sauveur de la révolution, qui était au moment de

---

[1]. On pourrait citer mille exemples à l'appui de cette assertion; nous nous bornerons à rappeler qu'en 92, pour empêcher que l'autorité ne rétablît indirectement l'inégalité dans le partage, on avait, pour ainsi dire, ôté aux citoyens la liberté de tester. Napoléon réforma cette loi réactionnaire. Sous la Restauration, on détestait en France les troupes suisses, qui étaient mieux payées que les troupes françaises. Après la révolution de 1830, on ne se contenta pas de les renvoyer, on introduisit dans la charte un article qui interdisait au gouvernement de prendre à sa solde des troupes étrangères. Un an plus tard surviennent les malheurs de la Pologne; 6,000 Polonais se réfugient en France, on voudrait les enrégimenter; la loi réactionnaire de la veille s'y oppose.

périr. Fatiguée par tant d'efforts successifs, ballottée par tant de partis différents, la France s'était endormie au bruit de ses victoires, et semblait prête à perdre tout le fruit de ce qu'elle avait acquis. Le gouvernement était sans force morale, sans principes, sans vertu. Les fournisseurs et les faiseurs d'affaires étaient à la tête de la société, et y tenaient le premier rang au milieu de la corruption. Les généraux d'armée, tels que Championnet à Naples et Brune en Lombardie [1], se sentant les plus forts, commençaient à ne plus obéir au gouvernement et emprisonnaient ses représentants. Le crédit était anéanti, le trésor était vide, la rente était tombée à 11 francs; le gaspillage était dans l'administration; le brigandage le plus odieux infestait la France, et l'Ouest était toujours en insurrection. Enfin, l'ancien régime s'avançait d'une manière effrayante, depuis qu'à côté du bonnet de la liberté on n'apercevait plus la hache du licteur.

On parlait sans cesse de liberté et d'égalité, et chaque parti n'en voulait que pour lui. Nous voulons l'égalité, disaient les uns, mais nous ne voulons pas accorder les droits de citoyen aux parents des nobles et des émigrés; nous voulons laisser 145,000 Français dans l'exil [2]. Nous voulons l'égalité, disaient les autres, mais nous ne voulons pas

---

[1]. Thiers, *Histoire de la Révolution*, t. X, p. 2.

[2]. Ce nombre est celui fixé par le rapport du ministre de la police, an VIII.

accorder d'emplois aux conventionnels. Enfin, nous voulons la liberté, mais nous maintenons la loi qui condamne à la peine de mort ceux dont les écrits tendraient à rappeler l'ancien régime; nous maintenons la loi des otages qui détruit la sécurité de 200,000 familles [1]; nous maintenons les entraves qui rendent nulle la liberté des cultes, etc., etc.

Une telle contradiction entre les principes proclamés et leur application tendait à introduire la confusion dans les idées et dans les choses. Il devait en être ainsi, tant qu'il n'y aurait pas un pouvoir national qui, par sa stabilité et la conscience de sa force, fût exempt de passions, et pût donner protection à tous les partis, sans rien perdre de son caractère populaire.

Les hommes ont eu, dans tous les temps, les mêmes passions. Les causes qui produisent les grands changements sont différentes, mais les effets sont souvent les mêmes. On a presque toujours vu, dans les temps de troubles, les opprimés réclamer pour eux la liberté, et, une fois obtenue, la refuser à ceux qui étaient leurs oppresseurs. Il y avait en Angleterre au dix-septième siècle une secte religieuse et républicaine, qui, persécutée par l'intolérance du clergé et du gouvernement, se décida à abandonner le pays de ses ancêtres et à aller au delà des mers, dans un monde inhabité, jouir de cette douce et sainte liberté que l'ancien

---

1. Bignon, t. I, p. 11.

monde lui refusait. Victimes de l'intolérance, conscients des maux qu'elle fait souffrir, ah! certes, dans la patrie qu'ils vont fonder, ces hommes indépendants seront plus justes que leurs oppresseurs. Mais, inconséquence du cœur humain! la première loi des puritains, fondant une nouvelle société dans l'État de Massachusetts, est la peine de mort pour ceux qui s'écarteront de leur doctrine religieuse!

Admirons l'esprit napoléonien, il ne fut jamais ni exclusif ni intolérant. Supérieur aux petites passions des partis, généreux comme le peuple qu'il était appelé à gouverner, l'Empereur professa toujours cette maxime : qu'en politique il faut guérir les maux, jamais les venger.

L'abus du pouvoir royal, la tyrannie de la noblesse, avaient produit cette réaction immense qu'on appela la révolution de 89. Celle-ci amena d'autres réactions opposées et funestes. Avec Napoléon cessèrent toutes les passions réactionnaires. Fort de l'assentiment du peuple, il procéda rapidement à l'abolition de toutes les lois injustes, il cicatrisa toutes les plaies, récompensa tous les mérites, adopta toutes les gloires, et fit concourir tous les Français à un seul but, la prospérité de la France.

A peine investi du pouvoir, le Premier Consul révoque les lois qui excluaient les parents des émigrés et des ci-devant nobles de l'exercice des droits politiques et des fonctions publiques. La loi de l'emprunt forcé est rapportée et remplacée par une subvention extraordinaire additionnelle aux contributions. Napoléon fait cesser les réquisitions en nature et abolit la loi des otages. Il rappelle les écrivains condamnés à la déportation par la loi du 19 fructidor an V, tels que Carnot, Portalis, Siméon. Il fait revenir les conventionnels Barère et Vadier. Il ouvre les portes de la France à plus de 100,000 émigrés, parmi lesquels étaient compris les membres de l'Assemblée constituante. Il fait réintégrer dans leur emploi quelques conventionnels qu'on avait voulu écarter. Il pacifie la Vendée, organise l'administration des municipalités dans les villes de Lyon, Marseille et Bordeaux. Il s'écriait un jour au conseil d'État : « Gouverner par un parti, c'est se mettre tôt ou tard dans sa dépendance. On ne m'y prendra pas; je suis national. Je me sers de tous ceux qui ont de la capacité et la volonté de marcher avec moi. Voilà pourquoi j'ai composé mon conseil d'État de constituants qu'on appelait modérés ou Feuillants, comme Defermon, Rœderer, Regnier, Regnault; de royalistes comme Devaines et Dufresnes; enfin de Jacobins comme Brune, Réal et Berlier. J'aime les honnêtes gens de tous les partis. »...

N'oublions pas surtout de remarquer que tout ce qu'entreprit Napoléon pour opérer une fusion générale, il le fit sans renoncer aux principes de la révolution. Il avait rappelé les émigrés, sans toucher à l'irrévocabilité de la vente des biens nationaux. Il avait rétabli la religion catholique, tout en proclamant la liberté des consciences, et en donnant une rétribution égale aux ministres de tous les cultes. Il se fit sacrer par le souverain pontife, sans souscrire à aucune des concessions que lui demandait le pape sur les libertés de l'Église gallicane. Il épousa la fille de l'empereur d'Autriche, sans abandonner aucun des droits de la France sur les conquêtes qu'elle avait faites. Il rétablit les titres nobiliaires, mais sans y attacher de priviléges ni de prérogatives; ces titres allaient atteindre toutes les naissances, tous les services, toutes les professions. Sous l'Empire, toute idée de caste était détruite, personne ne pensait à se vanter de ses parchemins; on demandait à un homme ce qu'il avait fait, et non de qui il était né.

La première qualité d'un peuple qui aspire à un gouvernement libre, est le respect de la loi. Or, une loi n'a de force que l'intérêt qu'a chaque citoyen de la respecter ou de l'enfreindre. Pour enraciner dans le peuple le respect de la loi, il fallait qu'elle fût exécutée dans l'intérêt de tous, et qu'elle consacrât le principe de l'égalité dans toute son extension; il fallait recréer le prestige du pouvoir et enraciner dans les mœurs les principes de la révolution; car les mœurs sont le sanctuaire des institutions. A la naissance d'une nouvelle société, c'est le législateur qui fait les mœurs ou qui les corrige; tandis que plus tard ce sont les mœurs qui font les lois ou qui les conservent intactes d'âge en âge. Lorsque les institutions sont d'accord non-seulement avec les intérêts, mais encore avec les sentiments et les habitudes de chacun, c'est alors que se forme cet esprit public, cet esprit général qui fait la force d'un pays, parce qu'il sert de rempart contre tout empiétement de pouvoir, contre toute attaque des partis. « Il y a dans chaque nation, dit Montesquieu, un esprit général sur lequel la puissance même est fondée. Quand elle choque cet esprit, elle se choque elle-même et s'arrête nécessairement. »

Cet esprit général, si difficile à créer après une révolution, se forma sous l'Empire par l'établissement de ces Codes qui fixaient le droit de chacun, par la morale sévère introduite dans l'administration, par la promptitude avec laquelle le pouvoir réprimait toutes les injustices, enfin par le zèle que l'Empereur mettait sans cesse à satisfaire les besoins matériels et moraux de la nation....

L'instruction publique devait, sous un régime éclairé comme l'était celui de l'Empire, participer à l'impulsion imprimée par le chef de l'État à toutes les branches de l'administration. « Il n'y a, disait l'Empereur, que ceux qui veulent tromper les peuples et gouverner à leur profit, qui peuvent vouloir les retenir dans l'ignorance, car plus les peuples seront éclairés, plus il y aura de gens convaincus de la nécessité des lois, du besoin de les défendre, et plus la société sera assise, heureuse, prospère; et s'il peut arriver jamais que les lumières soient nuisibles à la multitude, ce ne sera que quand le gouvernement, en hostilité avec les intérêts du peuple, l'acculera dans une position forcée, ou réduira la dernière classe à mourir de misère; car alors il se trouvera plus d'esprit pour se défendre ou devenir criminel. »

La Convention nationale avait déjà beaucoup fait en renversant l'édifice gothique de l'enseignement. Mais, dans les moments de troubles, il est difficile de fonder; et les établissements d'instruction projetés étaient restés imparfaits. Il n'y avait d'écoles primaires que dans les villes, les écoles centrales étaient désertes. Napoléon divisa, en 1802, l'enseignement en trois classes : 1° les écoles municipales ou primaires; il devait en être créé 23,000; 2° les écoles secondaires, ou colléges communaux; 3° les lycées et les écoles spéciales, entretenus aux frais du trésor. L'Institut était la tête de tout l'édifice....

Les premières dispositions adoptées par Napoléon avaient fait faire de grands progrès à l'instruction publique. De nombreuses écoles s'étaient élevées; mais elles étaient isolées et indépendantes les unes des autres. L'état des hommes qui se consacraient à l'enseignement n'était pas assuré; ils n'étaient point assujettis à un règlement commun. L'Empereur conçut le projet de lier par des rapports immédiats tous ces établissements, en réunissant en un corps tous les professeurs, et en relevant l'importance de leur état à l'égal des emplois les plus considérés [1].

L'université devait tendre sans relâche à perfectionner l'enseignement dans tous les genres, à favoriser la composition des ouvrages classiques, et veiller surtout à ce que l'enseignement des sciences fût toujours au niveau des connaissances acquises et à ce que l'esprit de système ne pût jamais en arrêter les progrès. . . .

L'agriculture n'a cessé de faire de grands progrès sous l'Empire. « C'est par des comparaisons et des exemples, disait Napoléon, que l'agriculture, comme tous les autres arts, se perfectionne. » Il ordonnait aux préfets de lui faire connaître les propriétaires cultivateurs qui se distingueraient soit par une culture mieux entendue et mieux raisonnée, soit par une éducation plus soignée des bestiaux et par l'amélioration des espèces. Dans les départements qui étaient arriérés pour la culture, on engageait les bons propriétaires à envoyer leurs enfants étudier la méthode usitée dans les départements où l'agriculture était florissante. Des éloges et des distinctions étaient décernés à ceux qui avaient le mieux profité.

Le Code rural, projeté dès 1802, fut soumis en 1808 à des commissions consultatives, formées dans chaque ressort de cour d'appel, et composées de juges, d'administrateurs et d'agriculteurs

---

[1]. L'Université de France, instituée par décret du 17 mars 1808.   (*Note de l'éditeur.*)

les plus distingués. Il ne put être achevé sous l'Empire....

L'industrie non-seulement fut encouragée, mais on peut dire qu'elle fut en quelque sorte créée; elle atteignit en peu de temps un degré extraordinaire de prospérité.

L'Empereur releva l'industrie en faisant concourir les sciences à son amélioration. « Si l'on m'eût laissé le temps, disait-il, bientôt il n'y aurait plus eu de métiers en France; tous eussent été des arts. » En effet, la chimie et la mécanique furent sous son règne employées à perfectionner toutes les branches d'industrie. Aussi que de machines furent créées, que d'inventions virent le jour durant le régime impérial!...

Les prix les plus élevés furent fondés pour encourager toutes les inventions. Une somme d'un million fut promise à l'inventeur de la meilleure machine pour filer le lin; un premier prix de 40,000 francs, et un second de 20,000, à l'auteur de la machine la plus propre à ouvrir, carder, peigner et filer la laine.

Il créa des manufactures de coton, qui comportent le coton filé, le tissu; enfin l'impression. Avant l'Empire, l'art de filer le coton n'était pas pratiqué en France; les tissus nous venaient de l'étranger. Le coton fut cultivé avec avantage au midi de la France, en Corse, en Italie; on en évalua en 1810 la récolte à 100,000 kilogrammes. Les mérinos furent élevés et répandus dans tout l'Empire. Napoléon ordonna qu'on fit des fouilles pour chercher du granit, et c'est à cet ordre qu'on doit les carrières qu'on exploite aujourd'hui [1]. Les produits européens remplacèrent les produits exotiques; le pastel suppléa à l'indigo; la betterave fut substituée à la canne à sucre, et la garance à la cochenille; les fabriques de soudes artificielles remplacèrent les soudes étrangères; et maintenant tous ces différents produits sont, pour la plupart, une source de richesses pour la France. La fabrication du sucre de betterave s'élève à 50 millions de kilogrammes par an [2]....

Les travaux publics, que l'Empereur fit exécuter sur une si grande échelle, furent non-seulement une des causes principales de la prospérité intérieure, mais ils favorisèrent même un grand progrès social. En effet, ces travaux, en multipliant les communications, produisaient trois grands avantages : le premier, d'employer tous les bras oisifs et de soulager ainsi les classes pauvres; le second, de favoriser l'agriculture, l'industrie et le commerce, la création de nouvelles routes et de canaux augmentant la valeur des terres, et facilitant l'écoulement de tous les produits; le troisième enfin était de détruire l'esprit de localité, et de faire disparaître les barrières qui séparent non-seulement les provinces d'un État, mais les différentes

1. Bignon.

2. Elle s'est élevée, dans ces dernières années, à plus de 150 millions de kilogrammes. (*Note de l'éditeur.*)

nations, en facilitant tous les rapports des hommes entre eux, et en resserrant les liens qui doivent les unir.

II

Organisation politique. — Principes fondamentaux. — Accusation de despotisme du Gouvernement militaire. — Réponse à ces accusations.

En premier lieu, qu'il me soit permis de dire que je considère comme un malheur la fatale tendance qu'on a en France de vouloir toujours copier les institutions des peuples étrangers, pour les adopter parmi nous. Sous la République on était Romain; puis la constitution anglaise a paru le chef-d'œuvre de la civilisation; les titres de *noble pair* et d'*honorable député* ont semblé plus libéraux que ceux de tribun et de sénateur, comme si en France, cette patrie de l'honneur, être *honorable* était un titre et non une qualité. Enfin plus tard a surgi l'école américaine. Ne serons-nous donc jamais nous-mêmes? L'Angleterre, il est vrai, nous a offert pendant longtemps un beau spectacle de liberté parlementaire. Mais quel est l'élément de la constitution anglaise, quelle est la base de l'édifice? l'aristocratie. Supprimez-la, et en Angleterre vous n'auriez rien d'organisé; « de même qu'à Rome, a dit Napoléon, si l'on eût ôté la religion, il ne serait rien resté. »

Aux États-Unis d'Amérique nous voyons aussi de grandes choses; mais où trouver un seul rapport entre ce pays et la France? Les États-Unis ne sont pas encore devenus un monde social ; car l'organisation d'un tel monde suppose la fixité et l'ordre ; la fixité, l'attachement au sol, à la propriété, conditions impossibles à remplir, tant que l'esprit commerçant et la disproportion entre le nombre d'habitants et la grandeur du territoire ne feront regarder la terre que comme une marchandise. L'homme n'a pas encore pris racine en Amérique, il ne s'est pas incorporé à la terre ; les intérêts sont personnels et non territoriaux [1]. En Amérique, le commerce est en première ligne ; ensuite vient l'industrie, et en dernier l'agriculture ; c'est donc l'Europe renversée.

La France, sous beaucoup de rapports, est à la tête de la civilisation : et on semble douter qu'elle puisse se donner des lois qui soient uniquement françaises, c'est-à-dire des lois adaptées à nos besoins, modelées sur notre nature, subordonnées à notre position politique! Prenons des pays étrangers les améliorations qu'une longue expérience a consacrées; mais gardons dans nos lois la forme, l'instinct et l'esprit français. « La politique, a dit un écrivain [2], est l'application de l'histoire à la morale des sociétés. » On peut en dire autant d'une constitution : il faut que le pacte qui lie les divers membres d'une société puise sa forme dans l'expérience des temps passés, les choses

---

1. Voyez à ce sujet Tocqueville.
2. M. Daunou.

dans l'état présent de cette société, son esprit dans l'avenir. Une constitution doit être faite uniquement pour la nation à laquelle on veut l'adapter. Elle doit être comme un vêtement qui, pour être bien fait, ne doit aller qu'à un seul homme.

Sous le rapport politique, l'Empereur n'a pu organiser la France que provisoirement ; mais toutes ses institutions renfermaient un germe de perfectionnement qu'à la paix il eût développé.

Constatons d'abord une vérité, c'est que lorsque le peuple français proclama Napoléon empereur, la France était tellement fatiguée des désordres et des changements continuels, que tout concourait à investir le chef de l'État du pouvoir le plus absolu. L'Empereur n'eut donc pas besoin de le convoiter, il n'eut au contraire qu'à s'en défendre. Autant autrefois l'opinion publique avait réclamé l'affaiblissement du pouvoir, parce qu'elle le croyait hostile, autant elle se prêtait à le renforcer, depuis qu'elle le voyait tutélaire et réparateur. Il n'eût tenu qu'à Napoléon de n'avoir ni corps législatif, ni sénat, tant on était las de ces discussions éternelles, entretenues, comme il le disait lui-même, par une foule de gens qui s'acharnaient à disputer sur les nuances avant d'avoir assuré le triomphe de la couleur.

L'empereur Napoléon ne commit pas la faute de beaucoup d'hommes d'État, de vouloir assujettir la nation à une théorie abstraite, qui devient alors pour un pays comme le lit de Procuste; il étudia, au contraire, avec soin le caractère du peuple français, ses besoins, son état présent; et, d'après ces données, il formula un système, qu'il modifia encore suivant les circonstances. « Où en serais-je, disait-il, vis-à-vis de l'Europe entière, avec un gouvernement que je bâtis au milieu des décombres, dont les fondements ne sont pas encore assis, et dont à tout instant je dois combiner les formes avec des circonstances nouvelles qui naissent de la variation même de la politique extérieure, si je soumettais quelques-unes de ces combinaisons à des méthodes absolues qui n'admettent pas de modifications, et qui ne sont efficaces que parce qu'elles sont immuables? »

L'idée prédominante qui a présidé à tous les établissements de l'Empereur à l'intérieur, est le désir de fonder un ordre civil [1]. La France est entourée de puissants voisins. Depuis Henri IV, elle est en butte à la jalousie de l'Europe. Il lui faut une grande armée permanente pour maintenir son indépendance. Cette armée est organisée, elle a des colonels, des généraux, des maréchaux; mais le reste de la nation ne l'est pas; et à côté de

---

1. « Je veux constituer en France l'ordre civil. Il n'y a eu jusqu'à présent dans le monde que deux pouvoirs, le militaire et l'ecclésiastique. Les barbares qui ont envahi l'empire romain n'ont pu former d'établissement solide, parce qu'ils manquaient à la fois d'un corps de prêtres et d'un ordre civil. » (Paroles de l'Empereur au conseil d'État.)

cette hiérarchie militaire, à côté de ces dignités auxquelles la gloire donne tant d'éclat, il faut qu'il y ait aussi des dignités civiles qui aient la même prépondérance ; sinon le gouvernement risquerait toujours de tomber dans les mains d'un soldat heureux. Les États-Unis nous offrent un exemple frappant des inconvénients qu'entraîne la faiblesse de l'autorité civile. Quoique dans ce pays il n'y ait aucun des ferments de discorde qui bouillonneront longtemps encore en Europe, le pouvoir civil central étant faible, toute organisation indépendante de lui l'effraye, car elle le menace. Ce n'est pas seulement le pouvoir militaire qu'on redoute, mais le pouvoir d'argent, la banque : de là, la division des partis. Le gouverneur de la banque pourrait avoir plus d'influence que le président ; à plus forte raison un général vainqueur éclipserait bientôt le pouvoir civil. Dans les républiques italiennes, ainsi qu'en Angleterre, l'aristocratie était l'ordre civil organisé ; mais la France n'ayant plus heureusement de corps privilégiés, c'était par une hiérarchie démocratique qu'on pouvait se procurer les mêmes avantages sans froisser les principes d'égalité.

Examinons sous ce point de vue les constitutions de l'Empire.

Les principes sur lesquels reposaient les lois impériales, sont :

L'égalité civile, d'accord avec le principe démocratique.

La hiérarchie, d'accord avec les principes d'ordre et de stabilité.

Napoléon est le chef suprême de l'État, l'élu du peuple, le représentant de la nation. Dans ses actes publics, l'Empereur se glorifia toujours de ne devoir tout qu'au peuple français. Lorsque, entouré de rois et d'hommages, du pied des Pyrénées, il dispose des trônes et des empires, il réclame avec énergie le titre de premier représentant du peuple, qu'on semblait vouloir donner exclusivement au corps législatif [1].

Le pouvoir impérial seul se transmet par droit d'hérédité. Il n'y a point d'autre emploi héréditaire en France; tous sont accordés à l'élection ou au mérite.

Il y a deux chambres : le sénat et le corps législatif.

Le sénat, dont le nom est plus populaire que celui de chambre des pairs, est composé des membres proposés par les colléges électoraux : un tiers seul est laissé à la nomination de l'Empereur. Il est présidé par un membre nommé par le chef de l'État; il veille au maintien de la constitution; il est garant de la liberté individuelle et de la liberté de la presse [2]....

---

1. Voir la note insérée par ordre de l'Empereur dans le *Moniteur* du 19 décembre 1808.

2. M. Bignon, dans son *Histoire de l'Empire*, s'exprime ainsi :

« Le système établi n'était pas vicieux en lui-même, ni

Le corps législatif est nommé par les collèges électoraux des départements; les membres de ce corps sont rétribués pendant les sessions....

Le conseil d'État était un des premiers rouages de l'Empire. Composé des hommes les plus distingués, il formait le conseil privé du souverain. Les hommes qui en faisaient partie, affranchis de toute gêne, ne visant point à faire de l'effet, et stimulés par la présence du souverain, élaboraient les lois sans autre préoccupation que les intérêts de la France. Les orateurs du conseil d'État devaient porter à l'acceptation des chambres les lois qui avaient été préparées dans son sein.

L'Empereur créa des auditeurs au conseil d'État; leur nombre fut porté à trois cent cinquante; ils furent divisés en trois classes, et attachés à toutes les administrations. Le conseil d'État formait ainsi une pépinière d'hommes instruits et éclairés, capables de bien administrer le pays. Familiers à toutes les grandes questions politiques, ils recevaient du gouvernement des missions importantes.

Cette institution remplissait une grande lacune;

les libertés de la nation entièrement laissées sans garanties. Si ces garanties deviennent illusoires, si les commissions sénatoriales de la liberté individuelle et de la liberté de la presse doivent rester un jour sans efficacité ou même sans action, c'est que la France parcourt un ordre d'événements dans lequel les questions d'intérêt domestique et de droit privé seront nécessairement subordonnées aux besoins de la force publique et de la puissance extérieure. »

car, lorsque dans un pays il y a des écoles pour l'art du jurisconsulte, pour l'art de guérir, pour l'art de la guerre, pour la théologie, etc., n'est-il pas choquant qu'il n'y en ait pas pour l'art de gouverner, qui est certainement le plus difficile de tous, car il embrasse toutes les sciences exactes, politiques et morales [1] ?

« Je ménageais à mon fils une situation des plus heureuses, disait l'Empereur à Sainte-Hélène. J'élevais précisément pour lui une école nouvelle, la nombreuse classe des auditeurs au conseil d'État. Leur éducation finie et leur âge venu, ils eussent un beau jour relevé tous les postes de l'Empire; forts de nos principes et des exemples de nos devanciers, ils se fussent trouvés, tous, de douze à quinze ans plus âgés que mon fils; ce qui l'eût placé précisément entre deux générations et tous leurs avantages : la maturité, l'expérience et la sagesse, au-dessus; la jeunesse, la célérité, la prestesse, au-dessous. »

Le conseil du contentieux fut institué comme

---

1. « A défaut d'une tribune effective que le gouvernement constitutionnel eût donnée à la France, jamais chef de royauté n'eut un conseil aussi éclairé, où toutes les questions d'ordre administratif et civil fussent discutées avec plus de franchise et d'indépendance. A défaut de cette tribune qui eût exprimé l'opinion publique, jamais chef de royauté ne devina mieux la véritable opinion; jamais nul autre n'en démêla mieux les caractères et ne sut si bien profiter, souvent de sa rectitude, quelquefois aussi de ses erreurs. » (Thibaudeau.)

tribunal spécial pour le jugement des fonctionnaires publics, pour les appels des conseils de préfecture, pour les questions relatives à la fourniture des subsistances, pour violations des lois de l'État, etc.

Le désir de l'Empereur de relever les corps politiques se manifesta par la création de la dignité de grand électeur, par les honneurs dont il environna le président du corps législatif [1], par les exposés détaillés de l'état de l'Empire qu'il faisait présenter au corps législatif, par l'importance qu'il donnait aux sessions d'ouverture. Se regardant comme le premier représentant de la nation, il se croyait dans l'obligation de rendre compte de ses actes devant les corps constitués. Aussi l'ouverture du corps législatif ne fut jamais sous son règne une vaine cérémonie, il ne venait pas s'asseoir sur un trône, avec tous les dehors d'une royauté du seizième siècle, pour répéter banalement les paroles de ses ministres ; mais, au contraire, debout devant le corps législatif, il lui communiquait ses idées sans détour. Ce n'était pas la faiblesse qui se cachait sous l'appareil de la force ; c'était au contraire la force qui de son plein gré rendait hommage aux corps constitués.

Au lieu d'influencer les élections, on vit Napoléon recommander souvent aux hommes qui l'entouraient de ne pas se porter candidats au sénat ;

---

1. Le président du corps législatif avait une garde d'honneur.

il leur disait qu'ils pouvaient parvenir à ce poste par une autre route, qu'il fallait laisser cette satisfaction aux notables des provinces.

Les principes qui dirigeaient l'Empereur dans le choix des fonctionnaires publics étaient bien plus rationnels que ceux d'après lesquels on procède aujourd'hui. Lorsqu'il nomme le chef d'une administration, il ne consulte pas la nuance politique de l'homme, mais sa capacité comme fonctionnaire. C'est ainsi qu'au lieu de rechercher les antécédents politiques des ministres qu'il emploie, il ne leur demande que des connaissances spéciales : Chaptal, chimiste célèbre, est chargé d'ouvrir des routes nouvelles à l'industrie ; le savant Denon est nommé directeur du musée des arts ; Mollien, ministre du trésor. Si les finances ont été si prospères sous l'Empire, c'est en grande partie parce que Gaudin, duc de Gaëte, est entré au ministère des finances sous le Consulat, et qu'il n'en est sorti qu'en 1814.

Afin que la route fût ouverte à toutes les améliorations, la cour de cassation était chargée de faire pour les lois ce que l'Institut accomplissait pour les sciences. Tous les ans, elle devait présenter un compte rendu des améliorations dont les diverses parties de la législation étaient susceptibles, et faire connaître les vices et les défauts que l'expérience avait constatés.

On doit aussi remarquer dans les institutions de l'Empire un mouvement continuel, qui de la circonférence agit sur le centre, et du centre réagit vers la circonférence, semblable au sang qui, dans le corps humain, afflue vers le cœur, et qui du cœur reflue vers les extrémités. D'un côté, on voit le peuple participant par l'élection à tous les emplois politiques; d'un autre, les corps politiques présidés par des hommes qui tiennent au pouvoir. Les grands dignitaires de l'Empire présidaient les colléges électoraux des plus grandes villes; les autres grands officiers ou les membres de la Légion d'honneur présidaient les autres colléges [1].

Les conseillers d'État en service extraordinaire étaient envoyés dans les départements pour surveiller l'administration; ils transmettaient les projets du gouvernement, et recevaient les plaintes et les vœux des populations. Les sénateurs qui jouissaient des bénéfices des sénatoreries étaient tenus à une résidence de trois mois par an dans leur arrondissement, afin d'y apporter l'opinion du centre, et de rapporter à Paris l'opinion de l'arrondissement.

La création de la Légion d'honneur, qui divisait le territoire français en seize arrondissements avec désignation du chef-lieu, était, suivant les expressions du rapporteur de la loi, une institution politique qui plaçait dans la société des intermédiaires,

---

[1]. Chaque collége électoral terminait sa session par le vote d'une adresse à l'Empereur, qui lui était présentée par une députation.

par lesquels les actes du pouvoir étaient traduits à l'opinion avec fidélité et bienveillance, et par lesquels l'opinion pouvait remonter jusqu'au pouvoir.

On sait tout le bien que produisit l'introduction du Code Napoléon; il avait mis plusieurs parties de la législation en harmonie avec les principes de la révolution, et il avait considérablement diminué les procès en mettant une foule de causes à la portée de chacun. Mais ce code ne répondait pas encore à tous les désirs de l'Empereur, il projetait un code universel, afin qu'il n'y eût plus d'autres lois que celles inscrites dans ce seul code, et qu'on pût proclamer, une fois pour toutes, nul et non avenu tout ce qui n'y serait pas compris : « Car, ajoutait-il, avec quelques édits de Chilpéric ou de Pharamond déterrés au besoin, il n'y a personne qui puisse se dire à l'abri d'être dûment et légalement pendu. »

Pour résumer le système impérial, on peut dire que la base en est démocratique, puisque tous les pouvoirs viennent du peuple; tandis que l'organisation est hiérarchique, puisqu'il y a dans la société des degrés différents pour stimuler toutes les capacités.

Le concours est ouvert à 40 millions d'âmes; le mérite seul les distingue; les différents degrés de l'échelle sociale les récompensent.

Ainsi, politiquement : assemblées de canton, colléges électoraux, corps législatif, conseil d'État, sénat, grands dignitaires.

Pour l'armée, tout homme est soldat, tout soldat peut devenir un officier : colonel, général, maréchal.

Pour la Légion d'honneur, tous les mérites y ont le même droit : services civils, militaires, industriels, ecclésiastiques, scientifiques; tous peuvent obtenir les grades de légionnaires, officiers, commandants, grands officiers, grands aigles.

L'instruction publique a ses écoles primaires, ses écoles secondaires, ses lycées, et l'Institut comme tête de tout l'édifice.

La justice a ses tribunaux de première instance, ses cours impériales, sa cour de cassation.

Enfin l'administration a ses maires, ses adjoints, ses sous-préfets, ses préfets, ses ministres, ses conseillers d'État.

Napoléon était donc en quelque sorte le foyer autour duquel venaient se grouper toutes les forces nationales. Il avait divisé la France : administrativement, par les arrondissements communaux et les préfectures; politiquement, par les colléges électoraux et les sénatoreries; militairement, par les divisions militaires; judiciairement, par les cours impériales; religieusement, par les évêchés; philosophiquement, par les lycées; moralement, par les arrondissements de la Légion d'honneur.

Le corps politique, comme le corps enseignant, comme le corps administratif, avait ses pieds dans les communes et sa tête dans le sénat.

Le gouvernement de l'Empereur était donc, pour

nous servir d'une comparaison, un colosse pyramidal à base large et à tête haute.

Après avoir parcouru la période de 1800 à 1814, si l'on porte ses regards sur l'époque actuelle, on voit que la plupart des institutions fondées par l'Empereur existent encore, et qu'elles ont à elles seules maintenu l'administration. Quoique privée de la force motrice, la France obéit depuis vingt-quatre ans à l'impulsion que Napoléon lui avait imprimée. Mais il ne faut pas juger de l'Empire par les fausses imitations que nous avons vues; on a copié les choses, comme si l'on avait toujours ignoré l'esprit qui avait présidé à leur création. On doit à deux causes tous les prodiges que l'on vit éclore sous l'Empire malgré les guerres : l'une tient au génie de l'homme, l'autre au système qu'il avait établi. Sous l'Empire, toutes les intelligences, toutes les capacités de la France étaient appelées à concourir à un seul but, la prospérité du pays. Depuis, au contraire, toutes les intelligences n'ont été occupées qu'à lutter entre elles, qu'à discuter sur la route à suivre, au lieu d'avancer. La discipline politique s'est rompue, et, au lieu de marcher droit à un but en colonne serrée, chacun a improvisé un ordre de marche particulier et s'est séparé du corps d'armée.

On a dit que l'Empereur était un despote. Sa puissance avait, il est vrai, toute la force nécessaire pour créer; elle était en proportion de la confiance que le peuple avait en lui. « Avec Napoléon, dit le général Foy, qu'on ne peut, certes, accuser de partialité, on ne connaissait ni les vexations des subalternes, ni l'intolérance des castes, ni l'intolérable domination des partis. La loi était forte, souvent dure, mais égale pour tous [1]. »

Napoléon était despote, a-t-on dit; et cependant il ne prononçait jamais de destitutions sans une enquête, sans un rapport préalable, et rarement même sans avoir entendu le fonctionnaire inculpé. Jamais, pour les questions civiles ou administratives, Napoléon ne prit de parti, sans une discussion préalable, sur les questions qu'il s'agissait de régler [2]. Jamais souverain ne demanda autant de conseils que l'Empereur, car il ne cherchait qu'une chose, la vérité. Pouvait-il être despote par système, celui qui, par ses codes et son organisation, tendit sans cesse à remplacer l'arbitraire par la loi? Nous le voyons en 1810 empêcher l'expropriation pour cause d'utilité publique sans jugement préalable, et établir le conseil du contentieux, pour régler l'emploi de cette portion d'arbitraire nécessaire à l'administration de l'État. Il disait à cette occasion : « Je veux qu'on gouverne l'État par des moyens légaux, et qu'on légalise par l'intervention d'un corps constitué ce qu'on peut être obligé de faire hors de la loi. »

Nous le voyons encore en 1810 manifester son

---

1. *Guerre de la Péninsule*, t. I, p. 18.
2. Bignon, t. V, p. 178.

mécontentement de ce qu'on n'ait pas fait de loi sur la presse; et, ce qu'il est surtout utile de remarquer, c'est que l'Empereur prononçait souvent ces paroles mémorables : « Je ne veux pas que ce pouvoir reste à mes successeurs, parce qu'ils pourraient en abuser. »

Lorsqu'on lit l'histoire, on est étonné de la sévérité des jugements portés par les Français sur leur propre gouvernement, et de leur indulgence pour les gouvernements étrangers. Voici, par exemple, le jugement que Carrel portait sur l'administration de Cromwell; et, certes, le protecteur anglais était bien au-dessous du héros français : « Il fut heureux pour l'Angleterre qu'un tel homme (Cromwell) prît sur lui la responsabilité d'une violence inévitable, parce que l'ordre vint de l'usurpation au lieu de l'anarchie, et que l'ordre est nécessaire. Partout, et dans tous les temps, ce sont les besoins qui ont fait les conventions, appelées principes, et toujours les principes se sont tus devant les besoins. Il fallait ici de la sécurité, du repos, une grandeur qui imposât aux ennemis extérieurs de la révolution et aux intérêts commerciaux, ennemis de ceux de l'Angleterre. Il fallait une administration qui comprît tous les partis et n'appartînt à aucun, qui fût instruite de toutes les idées de ce temps, et n'en professât exclusivement aucune; qui se servît de l'armée et ne se mît point à sa suite. Cromwell eut raison contre les royalistes, parce qu'ils étaient ennemis du pays; contre les presbytériens, parce qu'ils étaient intolérants et ne comprenaient pas la révolution; contre les niveleurs, parce qu'ils demandaient l'impossible; enfin, contre les républicains exaltés, parce qu'ils ne comprenaient pas l'opinion générale. »

Ces paroles ne sont-elles pas l'explication fidèle du règne de l'Empereur? Et cependant on entend parfois encore des voix françaises proférer des accusations injustes, et répéter, par exemple, que le gouvernement de Napoléon fut le gouvernement du sabre! Si cette opinion avait pu devenir générale, ce serait le cas de répéter avec Montesquieu: « Malheur à la réputation de tout prince qui est opprimé par un parti qui devient le dominant, ou qui a tenté de détruire un préjugé qui lui survit! »

Jamais, en effet, pouvoir à l'intérieur ne fut moins militaire que celui de l'Empereur. Dans tous ses actes, on voit percer cette tendance à donner à l'ordre civil la prééminence sur l'ordre militaire. Sous le régime impérial, aucun poste de l'administration civile ne fut occupé par des militaires. Celui qui créa les dignités civiles pour les opposer aux dignités de l'armée; qui, par l'institution de la Légion d'honneur, voulut récompenser de la même manière les services du citoyen et les services du soldat; qui, dès son avénement au pouvoir, s'occupa du sort des employés civils; qui donna toujours la préséance à ces derniers; qui, à l'intérieur, et même dans les pays conquis, envoyait des conseillers d'État revêtus d'une autorité administrative supérieure à celle des généraux : tel est l'homme que l'esprit de parti a voulu nous peindre comme le partisan du régime militaire ¹!

On s'est plaint de ce que l'uniforme et la discipline militaire étaient introduits dans les lycées. Mais est-ce un mal de propager dans la nation l'esprit militaire, cet esprit qui éveille les plus nobles passions, l'honneur, le désintéressement, l'amour de la patrie, et qui donne des habitudes d'ordre, de régularité et de soumission? L'esprit militaire n'est dangereux qu'autant qu'il est l'apanage exclusif d'une caste ².

1. M. Thibaudeau, dans son *Histoire sous le Consulat*, en rapportant ce que l'Empereur disait au conseil d'État, qu'il n'y avait pas d'homme plus civil que lui, ajoute : « Si le militaire avait de l'importance et de la considération, son autorité était rigoureusement circonscrite dans ses attributions naturelles; ses moindres écarts étaient de suite sévèrement réprimés. Le Premier Consul soutenait les tribunaux et les préfets contre les généraux; le citoyen n'était soumis qu'à l'autorité civile. Dire le contraire, c'est nier l'évidence. » (T. II, p. 213.)

« Un général, eût-il été chargé de témoignages de la faveur du souverain, n'aurait pu faire arrêter un coupable obscur. Dans le conflit assez fréquent entre l'autorité militaire et l'autorité civile, on donnait presque toujours raison à la dernière. » (*Ibid.*, t. I, p. 82.)

« En 1806, Junot, gouverneur de Paris, fut accusé d'un délit de chasse. Il méconnaissait l'autorité des tribunaux. Il fut obligé de transiger pour empêcher une exécution. » (Thibaudeau, t. V, p. 318.)

2. « A l'exception du maniement des armes et de l'exercice de peloton, pour lesquels on se trouvait à la portée de la force des élèves, il n'y avait, dans tous leurs mouve-

Quant à l'uniforme militaire, l'Empereur le fit adopter dans les lycées et les écoles spéciales, dans un but d'égalité. Un jour qu'il visitait le prytanée de Saint-Cyr, il fut choqué de la différence qui existait dans l'habillement des élèves ; les uns avaient un costume recherché, les vêtements des autres étaient en lambeaux. L'Empereur déclara qu'il ne voulait pas de distinction parmi les élèves ; que l'égalité devait être le premier élément de l'éducation ; et il fit donner à tous le même uniforme.

Enfin c'était un étrange gouvernement militaire que celui où la tranquillité dans le vaste empire se maintenait sans un soldat, tandis que le chef de l'État et l'armée étaient à 800 lieues de la capitale [1]. Aussi l'aigle impériale, que tant de lauriers

---

ments, dans leurs études, leurs repas, leurs récréations, d'autre différence que celle du tambour à la cloche. Entre ces deux instruments, nous donnons sans hésiter la préférence au tambour. La cloche rappelle des idées d'humilité, d'abnégation ; le tambour celles de gloire et d'honneur. Sous le régime de la cloche on fouettait les élèves ; les punitions corporelles étaient interdites sous celui du tambour. Les lycéens observaient une discipline, avaient une tenue soignée et une attitude mâle que les écoliers de la plupart des colléges n'eurent jamais. On leur inspirait, dit-on, le goût des armes. Tous les jeunes gens n'étaient-ils pas soumis à la loi de la conscription ? (Thibaudeau.)

1. « Aucune troupe n'était nécessaire même dans les pays réunis. Le Piémont, la Toscane, Gênes, n'avaient pas 1,500 hommes de troupes. Dans le temps que l'Empereur était à Vienne, il n'y avait que 1,200 hommes de garnison à Paris. L'Empereur se promenait au milieu de la foule qui

ont illustrée, n'a jamais été souillée du sang français répandu par des troupes françaises. Il y a peu de gouvernements qui puissent en dire autant de leur drapeau !

L'éloge de l'Empereur est dans les faits; il suffit de feuilleter le *Moniteur*. Sa gloire est comme le soleil; aveugle qui ne la voit pas. Des détracteurs obscurs ne changeront pas l'influence irrécusable d'actes patents; quelques gouttes d'encre répandues dans la mer ne sauraient altérer la couleur de ses eaux. Cependant, comme il y a des esprits vulgaires qui ne peuvent comprendre ce qui est grand, et que, dans les époques de transition, l'esprit de parti défigure les grands traits historiques, il n'est pas inutile de rappeler aux masses, qui ont tant d'admiration pour l'Empereur, que leur vénération n'est pas basée sur l'éclat trompeur d'une vaine gloire, mais sur l'appréciation exacte d'actions qui avaient pour but le bien-être de l'humanité.

couvrait le Carrousel, ou dans le parc de Saint-Cloud, dans une calèche à quatre chevaux, au pas, avec l'Impératrice et un seul page, au milieu de 150,000 spectateurs environnant sa voiture. Les contemporains l'ont vu. » (Thibaudeau, t. VIII, p. 176.)

CHAPITRE IV.

QUESTION ÉTRANGÈRE.

Politique napoléonienne.

Il y a trois manières d'envisager les rapports de la France avec les gouvernements étrangers. Elles se formulent dans les trois systèmes suivants :

Il y a une politique aveugle et passionnée, qui voudrait jeter le gant à l'Europe et détrôner tous les rois.

Il y en a une autre, qui lui est entièrement opposée, et qui consiste à maintenir la paix, en achetant l'amitié des souverains aux dépens de l'honneur et des intérêts du pays.

Enfin, il y a une troisième politique, qui offre franchement l'alliance de la France à tous les gouvernements qui veulent marcher avec elle dans des intérêts communs.

Avec la première, il ne peut y avoir ni paix ni trêve ; avec la seconde, il n'y a pas de guerre, mais aussi point d'indépendance ; avec la troisième, pas de paix sans honneur, pas de guerre universelle.

Le troisième système est la politique napoléonienne ; c'est celle que l'Empereur a mise en pratique durant toute sa carrière. Si Napoléon a succombé malgré elle, sa chute tient à des causes que nous expliquerons plus tard ; mais, ce qui est bien certain, c'est que, sans cette politique, il n'eût jamais triomphé des attaques de l'Europe. « Rome, dit Montesquieu, s'est agrandie, parce qu'elle n'avait eu que des guerres successives, chaque nation, par un bonheur inconcevable, ne l'attaquant que quand l'autre avait été ruinée. »

Ce que le hasard et la fortune firent pour l'agrandissement de Rome, Napoléon l'obtint en faveur de la France par sa politique.

Dès 1796, lorsque, avec 30,000 hommes, il fait la conquête de l'Italie, il est non-seulement grand général, mais profond politique. Le Directoire, dans son ignorance des choses, envoie au général Bonaparte l'ordre de détrôner le roi de Sardaigne et de marcher sur Rome, laissant sur ses derrières 80,000 Autrichiens qui débouchaient du Tyrol. Napoléon s'affranchit d'instructions aussi mal calculées. Il conclut une alliance offensive et défensive avec le roi de Piémont, fait un traité avec le pape, et bat les Autrichiens ; le fruit de cette conduite est la paix de Campo-Formio. Enfin, quelques années se sont à peine écoulées, que Napoléon, naguère chef d'un État qui était en guerre avec toute l'Europe, réunit sous le drapeau tricolore, pour marcher sur Moscou, des Prussiens.

des Hanovriens, des Hollandais, des Saxons, des Westphaliens, des Polonais, des Autrichiens, des Wurtembergeois, des Bavarois, des Suisses, des Lombards, des Toscans, des Napolitains, etc., etc.

C'est par l'agglomération de tous ces peuples réunis sous ses ordres qu'on peut juger de l'habileté de la politique de l'Empereur. S'il n'a pas réussi à Moscou, ce n'est pas que ses combinaisons aient été mal prises : il a fallu que la fatalité et les éléments se liguassent contre lui. C'est que les risques dans une aussi grande entreprise sont en proportion des résultats qu'on veut obtenir.

Dès que Napoléon eut la puissance en main, il dut évidemment avoir un but général à atteindre ; mais, suivant la marche des événements, ses vues se sont modifiées, son but s'est agrandi ou rétréci. « Je n'avais pas la folie, disait-il, de vouloir tordre les événements à mon système ; mais, au contraire, je pliais mon système sur la contexture des événements. »

Assurer l'indépendance de la France, établir une paix européenne solide, tel est le but auquel il fut si près de parvenir, malgré la complication des événements et le conflit continuel d'intérêts opposés. Plus les secrets diplomatiques se dévoileront, plus on se convaincra de cette vérité, que Napoléon fut conduit pas à pas, par la force des choses, à cette puissance gigantesque qui fut créée par la guerre, et que la guerre détruisit. Il ne fut pas agresseur ; au contraire, il fut sans cesse obligé de repousser les coalitions de l'Europe. Si parfois il a l'air de devancer les projets de ses ennemis, c'est que dans l'initiative est la garantie du succès. « Et d'ailleurs, comme l'a dit Mignet[1], le véritable auteur de la guerre n'est pas celui qui la déclare, mais celui qui la rend nécessaire. »

Parcourons rapidement ce grand drame qui a commencé à Arcole et qui a fini à Waterloo; et nous verrons que Napoléon apparaît comme un de ces êtres extraordinaires que crée la Providence pour être l'instrument majestueux de ses impénétrables desseins, et dont la mission est tellement tracée d'avance, qu'une force invincible semble les obliger de l'accomplir.

Après avoir fait la conquête de l'Italie et avoir porté le flambeau de la civilisation au pied des Pyramides, là où en fut le berceau, il revient en Europe, et, par la bataille de Marengo, obtient la paix dont la France a un si grand besoin. Mais cette paix est de trop courte durée; l'Angleterre veut la guerre. Il semble que les deux peuples les plus civilisés soient forcés par la Providence à éclairer le monde, l'un en excitant les nations contre la France, l'autre en les conquérant pour les régénérer. Un moment ces deux colosses se regardent face à face; il n'y a qu'un détroit à franchir; ils vont lutter corps à corps. Mais tel n'est pas l'arrêt du sort. Le génie civilisateur du

---

1. *Histoire de la Révolution.*

siècle doit marcher vers l'Est. Peuples de l'Illyrie, de la Carinthie, peuples du Danube et de la Sprée, de l'Elbe et de la Vistule, vous le verrez, vous suivrez ses lois; vainqueur, vous l'adorerez; vous le haïrez ensuite, pour, après sa disparition, le regretter et le bénir!

Chaque coalition qui se forme augmente la prépondérance de la France; car le dieu des batailles est avec nous, et la puissance de Napoléon s'accroît en raison de la haine de ses ennemis. Nos alliés profitent de nos conquêtes. En 1805, la France a comme alliés la Prusse, les petits États de l'Allemagne, l'Italie et l'Espagne; Ulm et Austerlitz donnent le Hanovre à la Prusse, Venise à l'Italie, le Tyrol à la Bavière. La Prusse se détache de l'alliance française; Napoléon est obligé de la dompter à Iéna [1]. Le royaume de Westphalie naît du démembrement de la Prusse et des victoires d'Eylau et de Friedland. Un avenir de paix se fait entrevoir à Tilsitt. Les deux plus puissants monarques du monde, représentant 80 millions d'hommes et la civilisation de l'Occident et de

---

[1]. « On se demandera un jour pourquoi, dans les six dernières années de son règne, Napoléon s'est montré sans pitié pour la Prusse; c'est que la Prusse aura été la puissance qui lui aura fait le plus de mal, en le forçant à la combattre, à la détruire; elle qu'il eût voulu étendre, fortifier, agrandir, pour assurer, par son concours, l'immobilité de la Russie et de l'Autriche, pour donner au système continental un développement incontesté, et par là forcer l'Angleterre à la paix. » (Bignon.)

l'Orient, se rencontrent sur un fleuve qui sépare de bien grands intérêts. L'entrevue d'Alexandre et de Napoléon sur le Niémen fut alors pour l'Europe comme l'union des deux pôles voltaïques, qui, par la différence de leur nature, produisent la lumière électrique en se rencontrant. Comment ne pas croire en effet à un avenir brillant de prospérité, lorsque ces deux grands monarques sont d'accord pour le repos du monde? Napoléon, en 1808, se trouve à Erfurth, au milieu d'un congrès de rois maîtrisés ou convaincus; mais l'Angleterre, elle, n'est ni maîtrisée ni convaincue; elle a des flottes qui couvrent toutes les côtes, et de l'or qui fait pencher la balance des traités. 1809 voit une nouvelle coalition; elle se termine par Eckmühl et Wagram. L'aigle française plane à Brême, Lubeck et Hambourg. La Bavière obtient le pays de Salzbourg. L'Illyrie aussi fait partie du grand empire.

Les vues de l'Empereur se sont agrandies en proportion du terrain de ses exploits; les événements l'ont mis à même de vouloir la régénération de l'Europe. La plus grande difficulté pour Napoléon n'a pas été de vaincre, mais de disposer de ses conquêtes. Comme souverain de la France, il doit en user dans un intérêt français : comme grand homme, dans un intérêt européen. C'est-à-dire qu'il faut que l'emploi de ses conquêtes satisfasse l'intérêt momentané de la guerre, tout en lui fournissant les moyens de fonder un système de paix générale. Les provinces qu'il incorpore à la France ne sont donc qu'autant de moyens d'échange [1], qu'il tient en réserve jusqu'à une pacification définitive. Mais comme ces incorporations font supposer une volonté d'établir une monarchie universelle, il fonde des royaumes qui ont une apparence d'indépendance, et il élève ses frères sur des trônes, pour qu'ils soient dans les divers pays les piliers d'un nouvel édifice, et qu'ils concilient avec les chances d'un établissement transitoire l'apparence de la stabilité. Eux seuls, en effet, pouvaient, quoique rois, être soumis à sa volonté, et se résoudre, suivant les décrets de sa politique, à quitter un trône pour redevenir princes français; ils alliaient l'indépendance apparente de la royauté avec la dépendance de famille. Aussi a-t-on vu l'Empereur changer, suivant les événements, les gouvernements de la Hollande, de Naples, de la Lombardie, de l'Espagne et du grand-duché de Berg.

Ce fut une fatalité pour Napoléon que d'être obligé de créer tant de nouveaux royaumes; c'est donc à tort qu'on a avancé qu'il aurait dû, dans son intérêt, détrôner les souverains de Prusse et d'Autriche, lorsqu'il occupait leurs capitales. L'Empereur n'eût fait par là qu'augmenter ses embar-

---

1. « L'Illyrie est une sentinelle avancée aux portes de Vienne; je la rendrai plus tard pour la Gallicie. » (Paroles de Napoléon.) Il disait à une députation de Berlin en 1807 : « Je n'ai pas voulu la guerre; j'ai assez du Rhin. »

ras, et se créer plus d'ennemis ; car ces souverains étaient aimés de leurs peuples. Et d'ailleurs qui mettre à leur place? On n'aime pas plus au delà du Rhin les gouvernements imposés par nous que nous n'aimons ceux que les étrangers nous imposent. Qu'on se rappelle qu'en 1808 Napoléon crut nécessaire de changer la dynastie d'une grande nation. Cette dynastie était tellement dégénérée qu'elle applaudit elle-même à sa chute! Le pays dont elle remettait le sort entre les mains de l'Empereur était celui pour la régénération duquel l'influence française était le plus nécessaire. Et cependant toute l'Espagne se leva pour réclamer le monarque que l'étranger lui enlevait!

L'Empereur concilia donc, autant que cela fut possible, les intérêts momentanés, les exigences transitoires, avec son grand but de remaniement de l'Europe, basé sur les intérêts de tous. Mais le sort sembla toujours l'obliger à de nouvelles guerres; et comme il ne suffisait pas que Napoléon eût affranchi des entraves des siècles passés l'Italie, la Suisse, l'Allemagne, il faut encore qu'il conduise ses armées sous le ciel brûlant de l'Andalousie, et dans les neiges de la Russie, et que, semblable à celles de César, ses légions, même en mourant, laissent, comme traces de leur passage, les germes d'une nouvelle civilisation. En 1812, la lutte redevient plus terrible. Pour que la paix universelle puisse s'établir et se consolider, il faut que l'Angleterre à l'occident, et la Russie à l'est, soient persuadées par la raison ou domptées par la victoire. Les grands desseins de l'Empereur vont s'accomplir; l'occident de l'Europe marche sur Moscou. Mais, hélas! un hiver a tout changé!... L'Europe napoléonienne ne peut plus exister. Qu'à la grandeur des revers on juge du résultat gigantesque du succès!... Il ne s'agit plus pour le grand homme de combiner et de fonder, il faut qu'il défende et qu'il protége la France et ses alliés. Le champ de bataille est porté de la Bérésina aux buttes de Montmartre. La paix! la paix! s'écrient des lâches qui s'étaient tus jusqu'alors. Mais l'âme de l'Empereur est inaccessible aux conseils pusillanimes; quoique son corps saigne de toutes parts, plutôt la mort, s'écrie-t-il, qu'une paix honteuse! plutôt la mort que d'être empereur d'une France plus petite que je ne l'ai reçue!

Un éclair luit encore!... mais bientôt survient Waterloo!... Ici toute voix française s'arrête et ne trouve plus que des larmes! des larmes pour pleurer avec les vaincus, des larmes pour pleurer avec les vainqueurs, qui regretteront tôt ou tard d'avoir renversé le seul homme qui s'était fait médiateur entre deux siècles ennemis!

Toutes nos guerres sont venues de l'Angleterre. Elle n'a jamais voulu entendre aucune proposition de paix. Croyait-elle donc que l'Empereur voulait sa ruine? Il n'eut jamais une semblable pensée. Il ne fit qu'agir de représailles. L'Empereur estimait le peuple anglais, et il aurait fait tous les sacrifices pour obtenir la paix, tous, excepté ceux qui eussent compromis son honneur. En 1800, le Premier Consul écrivait au roi d'Angleterre : « La guerre qui, depuis huit ans, ravage les quatre parties du monde, doit-elle être éternelle? N'y a-t-il donc aucun moyen de s'entendre? Comment les deux nations les plus éclairées de l'Europe, puissantes et fortes plus que ne l'exigent leur sûreté et leur indépendance, peuvent-elles sacrifier à des idées de vaine grandeur le bien du commerce, la prospérité intérieure, le bonheur des familles? Comment ne sentent-elles pas que la paix est le premier des besoins comme la première des gloires? »

En 1805, l'Empereur adresse au même souverain les paroles suivantes : « Le monde est assez grand pour que nos deux nations puissent y vivre, et la raison a assez de puissance pour qu'on trouve les moyens de tout concilier, si de part et d'autre on en a la volonté. La paix est le vœu de mon cœur; mais la guerre n'a jamais été contraire à ma gloire. Je conjure Votre Majesté de ne pas se refuser au bonheur de donner elle-même la paix. »

En 1808, à Erfurth, Napoléon se joint à Alexandre pour amener le cabinet britannique à des idées de conciliation.

Enfin, en 1812, lorsque l'Empereur était à l'apogée de sa puissance, il fait encore les mêmes propositions à l'Angleterre. Toujours il a demandé la paix après une victoire. Jamais il n'y a consenti après une défaite. « Une nation, disait-il, retrouve des hommes plus aisément qu'elle ne retrouve son honneur. »

Il serait trop pénible de penser que la guerre n'a été entretenue que par des passions haineuses ou des intérêts de partis. Si une lutte aussi acharnée s'est perpétuée longtemps, c'est sans doute parce que les deux peuples se connaissaient trop peu, et que chaque gouvernement s'abusait réciproquement sur l'état de son voisin. L'Angleterre ne voyait peut-être dans Napoléon qu'un despote qui opprime son pays, et qui épuise toutes ses ressources pour satisfaire son ambition guerrière ; elle ne savait pas reconnaître que l'Empereur était l'élu du peuple, dont il représentait tous les intérêts matériels et moraux, pour lesquels la France avait combattu depuis 1789. On pourrait de même avancer que le gouvernement français, confondant l'aristocratie éclairée de l'Angleterre avec l'aristocratie féodale qui pesait sur la France avant la révolution, croyait avoir affaire à un gouvernement oppresseur. Mais l'aristocratie anglaise est comme le Briarée de la fable : elle tient au peuple par cent mille racines ; elle a obtenu de lui autant de sacrifices que Napoléon a obtenu d'efforts de la nation française. Et ce qui est digne de remarque dans la lutte de ces deux pays, c'est que la rivalité de l'Angleterre mit un instant Napoléon en mesure de réaliser contre cette puissance un projet européen semblable à celui que Henri IV eût accompli contre l'Espagne, de concert avec Élisabeth, si le fer d'un assassin n'eût ravi ce grand monarque à la France et à l'Europe.

CHAPITRE V.

BUT OU TENDAIT L'EMPEREUR.

Association européenne. — Liberté en France.

Lorsque le sort des armes eut rendu Napoléon maître de la plus grande partie du continent, il voulut faire servir ses conquêtes à l'établissement d'une confédération européenne [1].

Prompt à saisir la tendance de la civilisation, l'Empereur en accélérait la marche en exécutant sur-le-champ ce qui n'était renfermé que dans les lointains décrets de la Providence. Son génie lui faisait prévoir que la rivalité qui divise les différentes nations de l'Europe disparaîtrait devant un intérêt général bien entendu.

Plus le monde se perfectionne, plus les bar-

---

1. Il fit précéder l'acte additionnel par ces paroles remarquables : « J'avais, dit-il en parlant du passé, pour but d'organiser un grand système fédératif européen, que j'avais adopté comme conforme à l'esprit du siècle et favorable aux progrès de la civilisation. Pour parvenir à le compléter et à lui donner toute l'étendue et toute la stabilité dont il était susceptible, j'avais ajourné l'établissement de plusieurs institutions intérieures plus spécialement destinées à protéger la liberté des citoyens. »

rières qui divisent les hommes s'élargissent, plus il y a de pays que les mêmes intérêts tendent à réunir.

Dans l'enfance des sociétés, l'état de nature existait d'homme à homme; puis un intérêt commun réunit un petit nombre d'individus, qui renoncèrent à quelques-uns de leurs droits naturels, afin que la société leur garantît l'entière jouissance de tous les autres. Alors se forma la tribu ou la peuplade, association d'hommes où l'état de nature disparut, et où la loi remplaça le droit du plus fort. Plus la civilisation a fait de progrès, plus cette transformation s'est opérée sur une grande échelle. On se battait d'abord de porte à porte, de colline à colline; puis l'esprit de conquête et l'esprit de défense ont formé des villes, des provinces, des États; et un danger commun ayant réuni une grande partie de ces fractions territoriales, les nations se formèrent. Alors l'intérêt national embrassant tous les intérêts locaux et provinciaux, on ne se battit plus que de peuple à peuple; et chaque peuple à son tour s'est promené triomphant sur le territoire de son voisin, lorsqu'il a eu un grand homme à sa tête et une grande cause derrière lui. La commune, la ville, la province, ont donc, l'une après l'autre, agrandi leur sphère sociale, et reculé les limites du cercle au delà duquel existe l'état de nature. Cette transformation s'est arrêtée à la frontière de chaque pays; et c'est encore la force et non le droit qui décide du sort des peuples.

Remplacer entre les nations de l'Europe l'état de nature par l'état social, telle était donc la pensée de l'Empereur; toutes ses combinaisons politiques tendaient à cet immense résultat; mais pour y arriver, il fallait amener l'Angleterre et la Russie à seconder franchement ses vues.

« Tant qu'on se battra en Europe, a dit Napoléon, ce sera là une guerre civile. »

« La sainte alliance est une idée qu'on m'a volée, » c'est-à-dire, la sainte alliance des peuples par les rois et non celle des rois contre les peuples : là est l'immense différence entre son idée et la manière dont on l'a réalisée. Napoléon avait déplacé les souverains dans l'intérêt momentané des peuples; en 1815, on déplaça les peuples dans l'intérêt particulier des souverains. Les hommes d'État de cette époque, ne consultant que des rancunes ou des passions, basèrent un équilibre européen sur les rivalités des grandes puissances, au lieu de l'asseoir sur des intérêts généraux; aussi leur système s'est-il écroulé de toutes parts.

La politique de l'Empereur, au contraire, consistait à fonder une association européenne solide, en faisant reposer son système sur des nationalités complètes et sur des intérêts généraux satisfaits. Si la fortune ne l'eût pas abandonné, il aurait eu dans ses mains tous les moyens de constituer l'Europe; il avait gardé en réserve des pays entiers dont il pourrait disposer pour atteindre son but. Hollandais, Romains, Piémontais, habitants de

Brême et de Hambourg, vous tous qui avez été étonnés de vous trouver Français, vous rentrerez dans l'atmosphère de nationalité qui convient à vos antécédents et à votre position; et la France, en cédant les droits que la victoire lui avait donnés sur vous, agira encore dans son propre intérêt; car son intérêt ne peut se séparer de celui des peuples civilisés. Pour cimenter l'association européenne, l'Empereur, suivant ses propres paroles, eût fait adopter un code européen, une cour de cassation européenne, redressant pour tous les erreurs, comme la cour de cassation en France redresse les erreurs de ses tribunaux. Il eût fondé un Institut européen pour animer, diriger et coordonner toutes les associations savantes en Europe [1]. L'uniformité des monnaies, des poids, des mesures, l'uniformité de la législation, eussent été obtenues par sa puissante intervention.

La dernière grande transformation eût donc été

---

1. L'Empereur avait déjà commencé cette espèce d'association européenne pour les sciences, en donnant des prix européens pour les découvertes ou inventions nouvelles. Malgré l'état de guerre, Davy à Londres, et Hermann à Berlin, gagnèrent des prix créés par l'Institut.

Dans une même pensée de confraternité européenne, l'Empereur fit déclarer, par un sénatus-consulte du 21 février 1808, que ceux qui auraient rendu ou rendraient des services importants à l'État, ou qui apporteraient dans son sein des talents, des inventions, ou une industrie utile, ou qui formeraient de grands établissements, pourraient, après un an de domicile, être admis à jouir du titre de citoyen français, qui leur serait conféré par un décret.

accomplie pour notre continent. Et de même que dans le principe les intérêts communaux s'étaient élevés au-dessus des intérêts individuels; puis les intérêts de cité au-dessus des intérêts de commune, les intérêts de province au-dessus des intérêts de cité; enfin les intérêts de nation au-dessus des intérêts de province; de même aussi, les intérêts européens auraient dominé les intérêts nationaux; et l'humanité eût été satisfaite; car la Providence n'a pu vouloir qu'une nation ne fût heureuse qu'aux dépens des autres, et qu'il n'y eût en Europe que des vainqueurs et des vaincus, et non des membres réconciliés d'une même et grande famille.

L'Europe napoléonienne fondée, l'Empereur eût procédé en France aux établissements de paix. Il eût consolidé la liberté; il n'avait qu'à détendre les fils du réseau qu'il avait formé.

Le gouvernement de Napoléon, plus que tout autre, pouvait supporter la liberté; par cette unique raison que la liberté eût affermi son trône, tandis qu'elle renverse les trônes qui n'ont pas de base solide.

La liberté eût affermi sa puissance, parce que Napoléon avait établi en France tout ce qui doit précéder la liberté[1]; parce que son pouvoir reposait sur la masse entière de la nation; parce que ses intérêts étaient les mêmes que ceux du peuple;

1. Voyez le commencement du troisième chapitre, p. 32.

parce qu'enfin la confiance la plus entière régnait entre les gouvernants et les gouvernés.

En effet, sans intérêts identiques, sans confiance absolue, aucune autorité n'est possible; car, quelque bien que fasse ou veuille faire un gouvernement, il est condamné à périr si on prête à tous ses actes des intentions coupables. « L'une des qualités indispensables d'un gouvernement, a dit M. Thiers [1], c'est d'avoir cette bonne renommée qui repousse l'injustice. Quand il l'a perdue et qu'on lui impute tout à crime, les torts des autres et ceux mêmes de la fortune, il n'a plus la faculté de gouverner, et cette impuissance doit le condamner... à se retirer. »

En Angleterre, en 1687, le défaut de confiance du peuple envers le souverain amena de funestes conséquences. Le roi Jacques II publia de sa propre autorité une déclaration de liberté de conscience pour tous ses sujets; mais la nation se méfia des intentions du souverain, et croyant qu'il voulait par là favoriser le triomphe du catholicisme, elle fut indignée d'un acte qu'elle supposait dicté par la duplicité, quoique le principe en fût juste et généreux.

L'empereur Napoléon, au contraire, possédant la confiance illimitée du peuple, tout lui était facile. Il avait d'abord surmonté la plus grande difficulté, et jeté les principaux fondements d'un établisse-

---

1. *Histoire de la Révolution*, t. X, p. 276.

ment solide, en réconciliant entre eux tous les membres de la famille française. Tous étaient d'accord sur la base fondamentale de la constitution. Les intérêts de la majorité se confondaient à un tel point dans ceux de la dynastie de Napoléon, qu'en 1811, à l'endroit même où quelques années auparavant on avait juré haine implacable à la royauté, on vit tout Paris, toute la France saluer de ses acclamations la naissance d'un enfant, parce que cet enfant paraissait être un gage de la durée et de la stabilité du gouvernement impérial.

Aimé surtout des classes populaires, Napoléon pouvait-il craindre de donner des droits politiques à tous les citoyens? Lorsque, nommé consul à vie, il rétablit le principe du droit d'élection, il proféra ces paroles remarquables : « Pour la *stabilité* du gouvernement, il faut que le peuple ait plus de part aux élections. » Ainsi, déjà en 1803, Napoléon prévoyait que la liberté fortifierait son pouvoir : ayant ses plus chauds partisans dans le peuple, plus il abaissait le cens électoral, plus ses amis naturels avaient de chances d'arriver à l'assemblée législative; plus il donnait de pouvoir aux masses, plus il affermissait le sien.

La liberté de discussion dans les chambres n'eût pas eu non plus d'effets dangereux pour le gouvernement impérial; car tous étant d'accord sur les questions fondamentales, l'opposition n'eût servi qu'à faire naître une noble émulation, et au lieu de dépenser son énergie à provoquer au renversement, elle aurait borné ses efforts à améliorer.

Enfin la liberté de la presse n'eût servi qu'à mettre en évidence la grandeur des conceptions de Napoléon, qu'à proclamer les bienfaits de son règne. Général, consul, empereur, ayant tout fait pour le peuple, eût-il craint qu'on lui reprochât des conquêtes qui n'avaient eu pour résultat que la prospérité et la grandeur de la France, que la paix du monde? Non; ce n'était pas un gouvernement resplendissant de lauriers civils et militaires qui pouvait redouter le grand jour! Plus une autorité a de force morale, moins l'emploi de la force matérielle lui est nécessaire; plus l'opinion lui confère de pouvoir, plus elle peut se dispenser d'en faire usage.

Répétons-le donc, l'identité des intérêts entre le souverain et le peuple, voilà la base essentielle d'une dynastie. Un gouvernement est inébranlable quand il peut se dire : Ce qui profitera au plus grand nombre, ce qui assurera la liberté des citoyens et la prospérité du pays, fera aussi la force de mon autorité et consolidera mon pouvoir. Mais lorsqu'un gouvernement n'a ses partisans que dans une seule classe, que la liberté ne donne des armes qu'à ses ennemis, comment peut-on espérer de lui qu'il étende le système d'élection, qu'il favorise la liberté? Peut-on demander à un gouvernement qu'il se suicide lui-même?

Ainsi, avec Napoléon, on arrivait sans secousses

et sans troubles à un état normal, où la liberté eût été le soutien du pouvoir, la garantie du bien-être général, au lieu d'être une arme de guerre, une torche de discorde.

C'est avec l'impression que laisse un rêve enivrant qu'on s'arrête sur le tableau de bonheur et de stabilité qu'eût présenté l'Europe si les vastes projets de l'Empereur eussent été accomplis. Chaque pays, circonscrit dans ses limites naturelles, uni à son voisin par des rapports d'intérêt et d'amitié, aurait joui à l'intérieur des bienfaits de l'indépendance, de la paix et de la liberté. Les souverains, exempts de crainte et de soupçon, ne se seraient appliqués qu'à améliorer le sort de leurs peuples, et à faire pénétrer chez eux tous les avantages de la civilisation!

Au lieu de cela, qu'avons-nous maintenant en Europe? Chacun en s'endormant le soir craint le réveil du lendemain; car le germe du mal est partout, et toute âme honnête redoute presque le bien, à cause des sacrifices qu'il faudrait pour l'obtenir.

Hommes de la liberté, qui vous êtes réjouis de la chute de Napoléon, votre erreur a été funeste! Que d'années s'écouleront encore, que de luttes et de sacrifices avant que vous soyez arrivés au point où Napoléon vous avait fait parvenir!

Et vous, hommes d'État du congrès de Vienne, qui avez été les maîtres du monde sur les débris de l'Empire, votre rôle aurait pu être beau, vous ne l'avez pas compris! Vous avez ameuté, au nom de la liberté et même de la licence, les peuples contre Napoléon; vous l'avez mis au ban de l'Europe comme un despote et un tyran; vous avez dit avoir délivré les nations et assuré leur repos. Elles vous ont crus un moment; mais on ne bâtit rien de solide sur un mensonge et sur une erreur! Napoléon avait fermé le gouffre des révolutions : vous l'avez rouvert en le renversant. Prenez garde que ce gouffre ne vous engloutisse!

CHAPITRE VI.

CAUSE DE LA CHUTE DE L'EMPEREUR.

Nous avons montré dans les chapitres précédents toutes les chances de durée qu'avaient les créations impériales. Mais, dira-t-on, l'édifice que vous trouvez si solide à l'intérieur a été renversé. Cette politique étrangère que vous trouvez si profonde a été la cause de sa ruine!

A cela nous répondons : L'édifice à l'intérieur était solide, car ce n'est pas de l'intérieur qu'est venu le choc qui l'a renversé ; quant au système conçu par l'Empereur, il n'a pu s'établir définitivement, et pour apprécier sa force, il eût fallu d'abord qu'il eût été mis en pratique.

L'Empereur est tombé parce qu'il a achevé trop tôt son ouvrage, parce que les événements se pressant avec trop de rapidité, il vainquit, pour ainsi dire, trop promptement. Devançant par son génie et le temps et les hommes, heureux, on le crut un dieu ; malheureux, on ne vit plus que sa témérité. Emporté par le flot de la victoire, Napoléon ne put être suivi dans son rapide essor par les philosophes, qui, bornant leurs idées au cercle étroit du foyer domestique, pour un rayon de liberté, aidèrent à étouffer le foyer même de la civilisation.

D'un autre côté, les peuples étrangers, impatients des maux momentanés de la guerre, oublièrent les bienfaits que Napoléon leur apportait, et pour un mal passager, ils repoussèrent tout un avenir d'indépendance. C'est qu'il n'était pas donné même au plus grand génie des temps modernes de pouvoir, en quelques années, détruire à l'étranger toutes les préventions, persuader toutes les consciences.

La France avait trop grandi par la révolution pour ne pas éveiller des rivalités et des haines; pour les calmer, il eût fallu descendre dès le commencement de l'Empire. Ces mêmes rivalités firent, au contraire, monter Napoléon jusqu'à l'apogée de sa puissance; quand ensuite il fut obligé de descendre, il ne lui fut plus possible de s'arrêter.

Le temps n'ayant point cimenté ses alliances, ni effacé le souvenir de rancunes trop récentes, au premier échec, ses alliés se tournèrent contre lui. Trompé dans ses prévisions, l'Empereur ne voulut plus adhérer à des propositions qu'il ne croyait pas sincères; les étrangers, de leur côté, en voyant Napoléon toujours plus fier après une défaite, pensèrent qu'il ne consentirait jamais à une paix définitive.

Napoléon n'est tombé que parce que ses projets s'agrandissant en proportion des éléments qu'il avait à sa disposition, il voulut en dix ans d'empire faire l'ouvrage de plusieurs siècles.

Ce n'est donc pas par impuissance que l'Empereur a succombé, mais par épuisement; et, malgré des revers effroyables, des calamités sans nombre, le peuple français l'a toujours affermi par ses suffrages, soutenu par ses efforts, encouragé par son attachement.

C'est une consolation pour ceux qui sentent le sang du grand homme couler dans leurs veines, que de penser aux regrets qui ont accompagné sa disparition. Elle est grande et enorgueillissante la pensée qu'il a fallu tous les efforts de l'Europe combinée pour arracher Napoléon à cette France qu'il avait rendue si grande! Ce n'est pas le peuple français en courroux qui a sapé son trône, il a fallu à deux fois 1,200,000 étrangers pour briser le sceptre impérial!

Ce sont pour un souverain de belles funérailles que celles où la patrie éplorée et la gloire en deuil l'accompagnent à son dernier séjour!

LES
STUARTS ET GUILLAUME III.

FRAGMENT HISTORIQUE.

En livrant à la publicité cet extrait de mes études historiques, j'obéis au désir de repousser d'injustes attaques par le simple exposé de mes convictions et de mes pensées.

Je n'ignore pas que le silence convient au malheur ; il est inutile au vaincu de refaire à la fortune le procès qu'il a subi de la part des hommes ; cependant, lorsque les vainqueurs ont abusé de leur victoire au point de s'en venger comme d'une défaite, appelant à leur aide la calomnie et le mensonge, ces armes de la faiblesse et de la peur, la résistance devient un devoir, et se taire serait lâcheté.

Loin de moi l'idée de recommencer une polémique où les passions luttent toujours avec plus de succès que la raison! Il me suffit, pour venger mon honneur, de prouver que si je me suis embarqué audacieusement sur une mer orageuse, ce n'est pas sans avoir d'avance médité profondément sur les causes et les effets des révolutions, sur les écueils de la réussite comme sur les gouffres du naufrage.

Pendant qu'à Paris on déifie les restes mortels de l'Empereur, moi, son neveu, je suis enterré vivant dans une étroite enceinte; mais je me ris de l'inconséquence des hommes, et je remercie le ciel de m'avoir donné comme refuge, après tant d'épreuves cruelles, une prison sur le sol français. Soutenu par une foi ardente et une conscience pure, je m'enveloppe dans mon malheur avec résignation, et je me console du présent en voyant l'avenir de mes ennemis écrit en caractères ineffaçables dans l'histoire de tous les peuples.

Citadelle de Ham, le 10 mai 1841.

CHAPITRE PREMIER.

EXPOSÉ.

L'Angleterre, en 1649, a été ébranlée par une grande révolution : la tête d'un roi[1] a roulé sur l'échafaud ; la république fut proclamée, elle dura onze ans[2].

En 1660, le fils du roi décapité fut ramené en triomphe dans Londres.

Charles II régna un quart de siècle ; mais il laissa (1685) à son frère un pouvoir chancelant, que Jacques II ne put conserver que trois années.

Enfin, en 1688, une nouvelle révolution vint s'établir comme médiatrice entre tous les partis qui, depuis quarante-huit ans, divisaient l'Angleterre....

La vie des peuples se compose de drames complets et d'actes isolés. Lorsqu'on embrasse dans leur ensemble les événements du drame, on découvre la raison de tous les faits, le lien de toutes les idées, la cause de tous les changements ; mais si l'on ne considère que les actes partiels, ces

---

1. Charles Ier.

2. La république fut proclamée en 1649 ; le protectorat fut établi en 1653, Cromwell mourut en 1658. Deux ans après sa mort eut lieu la restauration.

grandes convulsions sociales n'apparaissent plus que comme l'effet du hasard et de l'inconséquence humaine.

En rapprochant les périodes détachées de l'histoire de la Grande-Bretagne, sans envisager leur rapport philosophique, on voit le peuple anglais adorer le pouvoir absolu d'Élisabeth, et renverser le pouvoir moins arbitraire de Charles Ier. On le voit se révolter contre ce prince pour la levée illégale de quelques impôts, et se laisser ensuite taxer et gouverner, sans contrôle et sans droit [1], par le Long-Parlement de Cromwell. On le voit enfin, de son libre arbitre, venir abjurer la révolution aux pieds de Charles II, pour plus tard maudire son règne et renverser son frère.

Que de contradictions cet aperçu superficiel des faits ne semble-t-il pas contenir! Et cependant, si nous embrassons d'un coup d'œil tout le drame historique qui commença au seizième siècle, et dont le dénoûment n'eut lieu qu'à la fin du dix-septième, nous verrons que la nation anglaise a toujours voulu la même chose, et qu'elle ne s'est reposée qu'après avoir atteint le terme de ses désirs, le but de ses volontés.

Depuis le seizième siècle, les Anglais cherchaient à obtenir :

Premièrement, et avant tout, l'affermissement

---

[1]. Nous disons *sans droit*, parce que ni le Long-Parlement ni Cromwell ne firent légitimer leur pouvoir par une élection libre.

de leur réforme religieuse, qui représentait chez eux tous les intérêts nationaux.

Secondement, la prépondérance de leur marine, et par conséquent l'accroissement de leur influence sur le continent.

Troisièmement, l'entier usage de leurs libertés.

Élisabeth assura le triomphe de la cause du protestantisme, elle augmenta la gloire nationale. Sa mémoire fut bénie.

La république et Cromwell cachèrent, à l'abri de la dignité nationale, leurs vues despotiques et exclusives. Ils passèrent.

Les Stuarts froissèrent également les trois grandes volontés de la majorité anglaise. Ils tombèrent.

Guillaume III seul assura à la fois la religion, la gloire et les libertés de son pays. Il consolida son ouvrage.

Ainsi donc, ce n'est pas le hasard qui règle les destinées des nations; ce n'est pas un accident imprévu qui renverse ou qui maintient les trônes; il y a une cause générale qui règle les événements et les fait dépendre logiquement les uns des autres.

Un gouvernement peut souvent violer impunément la légalité et même la liberté; mais, s'il ne se met pas franchement à la tête des grands intérêts de la civilisation, il n'a qu'une durée éphémère; et cette simple raison philosophique, qui est la cause de sa mort, est appelée *fatalité*, lorsqu'on ne veut pas s'en rendre compte.

Attribuer à des événements secondaires la chute des empires, c'est prendre pour la cause du péril ce qui n'a servi qu'à le déclarer.

Il a fallu à l'Angleterre près d'un siècle de lutte de la société contre les mauvaises passions du pouvoir, et du pouvoir contre les mauvaises passions de la société, pour bâtir cet immense *édifice anglais* que nous avons haï, que nous avons cherché à renverser, mais qu'il nous est impossible de ne pas admirer.

La cause nationale eut ces obstacles opposés à surmonter, parce qu'elle se divisa dès qu'elle ne fut plus conduite par cet esprit élevé qui animait Élisabeth; et elle fut tantôt trahie par la tyrannie, qui est l'erreur du vice, tantôt égarée par le fanatisme, qui est l'erreur de la vertu.

C'est que, dans tous les pays, les besoins et les griefs du peuple se formulent en idées, en principes, et forment des partis.

Ces associations d'individus qui naissent d'un mouvement commun, mais d'esprits différents, ont chacune leurs défauts et leurs passions, comme elles ont aussi chacune leur vérité. Pressées d'agir par la fermentation sociale, elles se heurtent, se détruisent réciproquement, jusqu'à ce que la vérité nationale, se formant de toutes ces vérités partielles, se soit élevée, d'un commun accord, au-dessus des passions politiques.

Pour consolider cette cause, il faut au pouvoir un représentant qui n'ait d'autres intérêts que les siens.

Pour l'Angleterre, sans aucun doute, avec ses antécédents et son organisation, la révolution de 1688 a été, à la fin du dix-septième siècle, l'expression sincère de cette vérité nationale, et Guillaume III son véritable représentant. La preuve, c'est que cette révolution a donné, jusqu'à nos jours, à l'Angleterre cent cinquante-trois années de prospérité, de grandeur et de liberté....

CHAPITRE II.

RÉVOLUTION DE 1688.

Jacques II. — Guillaume III.

Comme tous les pays qui ont été labourés par plusieurs révolutions successives, l'Angleterre, sous Jacques II, était livrée au doute et à l'abattement; tous les caractères semblaient usés, tous les principes confondus. Comment pouvait-il en être autrement, quand, en moins de cinquante ans, on avait changé tant de fois de systèmes, sans remédier aux maux de la société?...

C'est ce qui explique les acclamations presque universelles qui accueillirent l'avénement de Jacques II. On oublia les préventions qui existaient sous le règne précédent contre le duc d'York, parce qu'il était plus facile, pour les âmes découragées, d'oublier que de haïr; et on se prit à espérer par lassitude, comme on avait espéré par enthousiasme.

Jacques II ne manqua pas de prodiguer les promesses qui devaient flatter le sentiment national. « J'ai autrefois, disait le roi dans sa première harangue, hasardé ma vie pour la défense de la nation, et je suis aussi prêt que personne à m'exposer encore pour lui conserver ses justes droits et ses libertés [1].

» On répétait partout, en 1685 : Nous avons aujourd'hui un roi plein de valeur et de dignité, qui va faire respecter la nation au dehors, qui va l'élever au plus haut degré de gloire et de puissance, et qui surtout saura bien s'opposer aux prétentions de Louis XIV et humilier son orgueil. »

Mais Jacques II était un de ces hommes qui précipitent les catastrophes au lieu de les retarder. Pendant son exil, il avait abjuré la religion de ses pères : et toutes ses idées, toutes ses convictions étaient opposées à celles du peuple anglais. Il se trouvait dans la nécessité d'être parjure envers la nation ou envers lui-même, et cette communauté de sentiments qui engendre la confiance n'existant pas entre eux, la dissimulation et la violence devaient être les seuls soutiens de son autorité [2]....

---

1. Hume, t. X, p. 263.
2. En traçant les principaux faits des révolutions d'Angleterre, on éprouve au premier abord une répugnance naturelle, quand on est né catholique, à traiter avec mépris les hommes qui soutinrent cette religion dans la Grande-Bretagne; mais, en examinant les choses de plus près, on voit qu'il est juste d'en vouloir à ces hommes qui, par un zèle aveugle et par une conduite inconsidérée, compromirent et dépopularisèrent en Angleterre la véritable doctrine du Christ, en en faisant une question de parti et une arme de leurs passions. Leur conduite doit être flétrie; car jamais la religion catholique ne s'était trouvée dans une situation aussi favorable qu'en Angleterre, pour dominer par la pureté de ses principes et l'influence de sa

L'opposition se manifesta bientôt dans les Chambres, dans la noblesse, dans le clergé. Comme tous les pouvoirs qui s'en vont, il voulut remplacer la force morale, qui l'abandonnait, par la force matérielle, et il ne s'appuya plus que sur les conseils d'un ambassadeur étranger et sur son armée permanente, qu'il avait portée au chiffre immense, pour l'Angleterre, de quarante mille hommes [1].

Mais l'armée est une épée qui a la gloire pour poignée. Jacques II ne pouvait la manier. L'Angleterre voyait avec anxiété la marche imprudente du roi, qui foulait aux pieds ses libertés, sa religion, ses priviléges municipaux et universitaires, et qui abandonnait en même temps sa gloire et sa prépondérance au dehors. Cependant, tout restait

morale.... Tout esprit éclairé voyait si bien que les Stuarts perdaient la religion, que le pape Innocent XI témoignait hautement de son mécontentement de la conduite de Jacques II....

(*Nota.*) Il faut se rendre exactement compte du point de vue où l'auteur s'est placé ici. Il considère à quelles conditions un souverain se concilie la nation qu'il gouverne et marche d'accord avec elle. Il a choisi son exemple en Angleterre; par conséquent, ce sont les sentiments, les intérêts, les traditions du peuple anglais qu'il a dû envisager exclusivement. C'est ainsi qu'il condamne Jacques II pour avoir abandonné la foi protestante qui, « depuis le seizième siècle, est devenue l'emblème de tous les intérêts nationaux en Angleterre, » et qu'il applaudit Guillaume III pour « n'être plus un roi vassal de la France ».

(*L'éditeur.*)

1. Mazure, *Histoire de la révolution de* 1688, t. III, p. 134.

dans l'ordre, tant est grande dans les sociétés malades cette force d'inertie qui résiste aux changements. Le peuple avait bien des larmes pour ceux qui échouaient dans leurs entreprises contre le gouvernement ; il avait bien des applaudissements et des cris d'allégresse pour ceux qui échappaient par l'acquittement du jury aux vengeances du pouvoir ; mais il était trop fatigué et trop divisé pour se secourir lui-même.

L'Angleterre allait donc périr! tant de sang répandu pour la liberté, tant d'efforts généreux pour assurer les progrès de la civilisation, ne devaient-ils aboutir qu'au despotisme et à la honte? On sentait qu'un tel résultat était impossible, sans cependant deviner de quel côté viendrait le salut. On ne resta pas longtemps sans l'apercevoir.

Il existait en Hollande un homme qui, à l'âge de vingt-deux ans, avait sauvé son pays contre les flottes réunies de la France et de l'Angleterre, contre les armées commandées par les Turenne, les Condé, les Luxembourg, les Vauban, et qui l'avait sauvé par la seule énergie de son âme. Alors que tout le monde désespérait du salut des Provinces-Unies, lui seul, comptant sur le dévouement populaire, avait répondu aux ambassadeurs étrangers qui lui offraient une paix honteuse : « Je défendrai ma patrie jusqu'à mon dernier soupir, et je mourrai dans le dernier retranchement. » Guillaume, prince d'Orange, se trouvait en Europe le chef de la ligue protestante ; il avait donc un double titre à l'admiration des Anglais, son caractère et sa religion. Depuis son mariage avec la fille aînée de Jacques II, alors duc d'York, il s'occupait activement des intérêts de la Grande-Bretagne.

Les faits qui se passaient tous les jours sous ses yeux lui disaient hautement quel était son devoir, et ce que l'Angleterre attendait de lui. Pénétré de cette conviction profonde, qui seule inspire les grandes choses, il résolut de faire une descente dans ce pays et de le délivrer du joug qui l'opprimait.

Quelles furent, dans d'aussi graves circonstances, les raisons qui le décidèrent à tenter une entreprise si périlleuse pour sa gloire si elle n'eût pas réussi? L'ambition personnelle, répondront ceux qui veulent sans cesse rabaisser les grands dévouements, en ne prêtant aux hommes que des sentiments vulgaires et des passions sordides. Non, de plus hautes pensées président aux grandes actions. Guillaume dut se dire : Je représente sur le continent la cause protestante, qui s'appuie sur la liberté; cette cause a pour elle la majorité de la nation anglaise. Opprimé, j'irai la défendre. A la tête de quelques troupes, je passerai le détroit en dépit des flottes de Louis XIV, et je me présenterai à l'Angleterre comme libérateur. La révolution que j'opérerai au moyen de mon armée aura cet avantage que, sans danger pour le repos du pays, la volonté nationale pourra se manifester librement; car j'aurai la force de contenir toutes les mauvaises passions qui surgissent toujours dans les convulsions politiques. Je renverserai un gouvernement, en gardant intact le prestige de l'autorité; j'établirai la liberté sans désordre, et le pouvoir sans violence. Pour justifier mon initiative et mon intervention personnelle dans une lutte si grave, je ferai valoir, pour les uns, mon droit héréditaire; pour les autres, mes principes; pour tous, les intérêts communs du protestantisme et le besoin de s'opposer à l'agrandissement de la France; mais je n'accepterai rien que du vote libre de la nation, car on n'impose jamais sa volonté ni sa personne à un grand peuple!

Telles furent les idées qui guidèrent Guillaume. Toutes les actions de sa vie furent l'application de ces principes.

Le 10 octobre 1688, le prince d'Orange publia un manifeste qui contenait l'énumération des principaux abus du gouvernement de Jacques. Il en résultait la preuve évidente que Jacques II avait vendu à l'étranger l'honneur et l'intérêt anglais, et qu'il voulait détruire les lois et la religion du pays.

Le prince se présentait comme appelé par un grand nombre de membres du clergé, de la noblesse, et par le vœu du peuple. Il prétendait que les droits de sa femme et les siens propres lui imposaient l'obligation de veiller à la sûreté de la constitution et de la religion. Son unique intention était de réparer les atteintes qui leur avaient été portées, et de mettre la nation en mesure de se faire justice. Pour cela, il fallait un *parlement libre*, formé, non d'après les nouvelles chartes qui avaient privé les villes et les bourgs de leurs droits, mais d'après les anciens statuts et usages; car il ne venait pas en conquérant, mais dans le seul but de seconder le vœu national [1].

Rarement les grandes entreprises réussissent du premier coup; on dirait qu'il faut qu'elles s'aiguisent d'abord contre les obstacles de tout genre. Guillaume, après avoir embarqué son armée expéditionnaire au Texel, le 30 octobre, fut repoussé par une affreuse tempête, qui dispersa sa flotte et lui fit perdre les ressources principales sur lesquelles il comptait; mais rien ne pouvait abattre sa persévérance. Il se rembarqua le 12 novembre, et le 15 il touchait à Torbay le sol de l'Angleterre. Son étendard portait ces belles paroles pour tout cœur anglais : « Je maintiendrai la religion protestante et les libertés de l'Angleterre. »

Il tint parole.

Jacques, en apprenant le débarquement de Guillaume, ouvrit les yeux, révoqua une partie des mesures injustes et arbitraires qu'il avait fait exécuter, et désavoua son alliance avec Louis XIV; mais le jour était venu où les concessions ne sont plus qu'un signal de détresse, et où les rois ne reconnaissent leurs fautes que pour les expier.

---

[1] Boulay (de la Meurthe), *Histoire de Jacques II*, p. 147.

Le prince d'Orange arriva à Londres sans obstacles. Les familles les plus distinguées avaient des comptes terribles à demander à Jacques; la nation, des griefs puissants à faire valoir; et l'armée ne pouvait rester fidèle à un gouvernement qui avait fait cause commune avec les ennemis de son pays.

Le cri de ralliement du peuple anglais était : Un parlement libre, point de papisme, point d'esclavage !

Jacques s'enfuit, puis revint à Londres, puis s'enfuit encore pour éviter d'être conduit dans le château de Ham[1], où Guillaume et son conseil avaient résolu de reléguer le souverain déchu.

Le prince d'Orange a réussi. Abusera-t-il de son triomphe et du premier enthousiasme du peuple pour son libérateur? Guillaume n'est point venu prendre une couronne d'assaut : il est venu consolider les destinées de l'Angleterre. D'ailleurs il a détruit le principe, regardé comme inviolable et sacré, de l'hérédité; il ne lui est possible de le combattre que par un autre principe, la souveraineté du peuple. On ne peut remplacer un droit acquis et reconnu qu'en lui opposant un autre droit légalement acquis et légalement reconnu. Il ne manquait pas cependant de conseillers qui lui disaient de s'emparer du pouvoir par droit de conquête, comme l'avait fait Guillaume le Conquérant,

---

1. Maison particulière située près de Londres sur les bords de la Tamise.

oubliant sans doute que six cents ans de civilisation avaient mis la force dans le droit national bien plus que dans l'épée. D'autres aussi le pressaient de saisir la couronne, en lui représentant les dangers de l'anarchie, ce fantôme complaisant qui sert toujours d'excuse à la tyrannie.

Guillaume resta inébranlable : il ne voulut pas usurper.

Les pairs et les évêques présents dans la capitale s'étaient assemblés à Westminster, et avaient formé une espèce de gouvernement provisoire. Ils lui présentèrent une adresse pour prendre momentanément les rênes du gouvernement; mais accepter des mains seules de l'aristocratie un pouvoir, même temporaire, n'était pas dans les vues de Guillaume. Il rassembla aussitôt tous les membres des deux derniers parlements tenus sous Charles II, parce que ces parlements seuls étaient estimés libres, la chambre des communes de Jacques ayant été élue sous l'empire de la loi qui violait la liberté des élections; il leur adjoignit le lord maire, les aldermen et cinquante membres de la municipalité de Londres[1]; et, après les avoir réunis à la chambre haute, il les engagea à prendre les mesures les plus efficaces pour convoquer un parlement libre, comme le portait sa déclaration. Après avoir délibéré, ces deux chambres se rendirent à Saint-James[2], et prièrent le prince

1. Hume, t. I, p. 370.
2. Le prince d'Orange resta au palais Saint-James jus-

d'Orange d'accepter le gouvernement jusqu'à la convocation d'une assemblée nationale [1].

Guillaume, ainsi autorisé par tous ceux qui pouvaient, dans les premiers moments, représenter la nation de la manière la plus légale, se chargea provisoirement de l'administration civile et militaire du royaume, et envoya partout des lettres circulaires pour qu'il fût procédé aux élections conformément aux anciens statuts et usages. Les troupes furent éloignées de tous les lieux où ces élections devaient se faire; le plus grand ordre y régna comme la plus grande liberté; et le 2 février le parlement, qui prit le nom de Convention, se réunit pour procéder légalement aux destinées de l'Angleterre. Dans cette assemblée, toutes les questions fondamentales furent librement agitées et longuement discutées. On adopta comme principe fondamental qu'il existait un contrat originel entre le roi et le peuple, que Jacques II l'avait violé et que le trône était vacant, et que Guillaume et Marie seraient élus roi et reine de la Grande-Bretagne, mais qu'au prince seul serait déférée l'administration.

Pendant ces graves délibérations, qui durèrent près d'un mois, le prince d'Orange avait gardé qu'au jour où la Convention vint lui déférer la couronne dans la salle des festins de White-Hall, qui était alors la résidence royale.

1. Voyez Pièces à l'appui, l'Adresse de la chambre au prince d'Orange.

une neutralité complète. Considérant comme son unique devoir de maintenir l'ordre, il avait même réprimé une pétition portée en tumulte au parlement, quoiqu'elle fût en sa faveur[1]. Plein de réserve et de dignité, il était resté impassible au milieu des passions qui s'agitaient, et n'était entré dans aucune intrigue avec les électeurs ni avec les membres du parlement; on lui reprochait même des manières sèches et peu prévenantes envers ceux dont il pouvait espérer l'appui ; mais la grande âme de Guillaume dédaignait une popularité qui ne s'acquiert que par des bassesses.

Il ne rompit le silence que sur la fin des délibérations, et annonça que si le pouvoir ne lui était pas déféré de manière à satisfaire ses vues et sa conscience, il retournerait en Hollande et laisserait la Convention arranger ses affaires elle-même, préférant, disait-il, la vie privée à une position qui lui donnerait d'immenses difficultés, tout en lui ôtant les moyens nécessaires de faire le bien du pays. Déclaration sublime d'un homme de cœur, qui ne veut pas régner par amour du rang suprême, mais pour accomplir une mission et pour faire triompher une cause.

La Convention n'avait pas cru devoir borner son ouvrage à élire un nouveau roi : elle avait joint à l'acte de reconnaissance de Guillaume une déclaration des droits de la nation anglaise;

---

[1]. Hume, t. X, p. 384.

où toutes les garanties que l'on avait réclamées dans les derniers temps étaient sanctionnées, la prérogative royale réduite à de justes bornes et plus exactement définie que jamais [1].

Le prince d'Orange agit envers l'Écosse comme envers l'Angleterre. Il fit convoquer une Convention d'après le mode le plus favorable à la liberté des votes. Cette Convention lui déféra la couronne, sans oublier de proclamer en même temps les droits du peuple. Quant à l'Irlande, elle était en révolte contre l'Angleterre, il alla lui-même la dompter.

Guillaume est légitime souverain du pays, puisqu'il a été élu par le libre suffrage d'une assemblée, qui elle-même a été librement élue dans ce but par la nation. Comment va-t-il consolider son trône, lui qui, indépendamment des embarras que rencontre toujours un nouveau gouvernement, sera assiégé par des dangers sans nombre, inhérents aux circonstances de l'époque?

A l'extérieur, il a un ennemi redoutable qui toujours le menace. Jacques II a conservé l'Irlande, et il est soutenu par les armées du plus grand souverain de l'Europe, roi dont les volontés sont presque toujours accomplies, parce qu'il a de grands hommes pour les exécuter. Sur le continent, les alliés de Guillaume réclament son appui

---

[1]. Ce qui légitime encore la décision de cette assemblée, c'est que le parlement qui lui succéda, en 1690, confirma tous les actes de la Convention.

contre les envahissements de Louis XIV; à l'intérieur, il faut qu'il attire à lui tous les partis, qu'il apaise toutes les haines, qu'il cicatrise toutes les blessures, en faisant concourir à ses vues deux chambres composées de tant d'éléments divers.

Ce n'est plus avec un pouvoir illimité comme celui d'Élisabeth, mais avec la liberté, qu'il doit organiser un pays en fermentation, et repousser un ennemi qui n'a qu'à dire : *je veux*, pour être obéi. Il ne trouve partout que des éléments de trouble et de division. Les républicains voient avec peine son installation, et les partisans de Jacques sont prêts à convertir aux yeux du peuple tous ses malheurs en fautes, toutes ses fautes en crimes. Les sectes religieuses, qui sont toutes politiques, le laissent réciproquement, et, s'il en protége une, il mécontente toutes les autres.

La chambre haute est divisée en deux camps dont chacun brigue le pouvoir, et le parti qui ne gouverne pas se venge de son délaissement par une résistance presque factieuse.

La chambre des communes, quoique composée en grande partie d'hommes favorables à la révolution, est pleine de défiance contre l'autorité royale, et pleine d'esprit de vengeance contre ses propres ennemis; il faut que Guillaume la rassure, et qu'il contienne en même temps ses passions réactionnaires.

Quel moyen emploiera-t-il donc pour surmonter tant de difficultés? Un seul! et il lui réussira.

C'est de rester fidèle à la cause de la révolution qui l'a appelé, et de la faire triompher, à l'intérieur par sa justice, à l'extérieur par son courage.

Admirons dans Guillaume son habileté à unir l'indépendance et la fermeté d'un chef avec la flexibilité d'un roi constitutionnel. Il cède tout ce qu'il peut céder sans déshonneur, et il tient ferme pour tout ce qu'il croit utile au bien du pays qui lui a confié ses destinées.

Si le parlement veut rechercher quelles sont les causes qui font échouer des entreprises importantes, s'il veut acquérir plus d'indépendance, s'il veut qu'on lui soumette les traités ou les négociations diplomatiques, s'il accuse les ministres, s'il blâme les nominations [1], s'il dispute au roi la disposition des biens confisqués en Irlande [2], s'il veut même, par jalousie du pouvoir militaire, que Guillaume se sépare de ses vieux bataillons qui l'ont assisté dans tous ses combats [3], le roi cède; mais à son tour, le chef politique est inébranlable, lorsqu'il s'agit de l'honneur national ou de quelque grande mesure de justice.

A l'extérieur, on aime à voir sa persévérance à soutenir, malgré des revers nombreux et une opposition factieuse, une lutte acharnée contre les enne-

---

1. Le parlement se plaignait de ce que le roi n'avait pas nommé à des emplois de juges de paix des hommes d'une position assez élevée.
2. Hume et Smollett, t. XI, p. 397.
3. *Idem*, t. XI, p. 381.

mis de son pays, jusqu'à ce qu'il ait obtenu une paix avantageuse.

A l'intérieur, on aime à voir sa constance et sa fermeté lorsque, ayant proposé un bill d'amnistie générale qui est rejeté par le parlement, il signe un acte de grâce qui doit avoir le même effet conciliateur; lorsque, dans le but d'unir les partis, il fait adopter un bill qui abolit les peines portées par des lois antérieures contre les non-conformistes; lorsque, dans la même pensée, il presse le parlement, à plusieurs reprises, de réunir en une seule église les presbytériens et les anglicans, ce qui eût confondu dans les mêmes dogmes religieux l'immense majorité de la nation ; lorsque enfin il s'oppose sans cesse aux mesures de rigueur qu'on lui propose contre les catholiques [1] et qu'il oublie les offenses et pardonne les injures.

Puisant toute sa force dans la gloire nationale, Guillaume fut toujours assez fort pour être juste.

Tandis que Jacques II n'avait fait qu'irriter la nation par sa déclaration en faveur de la liberté de conscience, parce qu'on crut qu'à l'abri de cette liberté il voulait protéger le catholicisme, Guillaume, au contraire, affermit son pouvoir par la tolérance. Le peuple ne supposait pas d'arrière-pensée au souverain qui avait les mêmes intérêts que lui.

1. Lorsque la députation de la Convention d'Écosse vint apporter à Guillaume sa déclaration, elle lui dit, entre autres choses, qu'elle espérait qu'il détruirait l'hérésie; il l'interrompit pour déclarer qu'il n'entendait pas persécuter.

Dès les premiers moments de son règne, le roi montra sa sollicitude pour le bien du peuple, en faisant abolir l'impôt sur les feux, qui était très-vexatoire pour les classes pauvres. Il fit preuve d'une grande impartialité en nommant les nouveaux juges, et en faisant tomber son choix sur les hommes les plus estimés et les plus indépendants.

Cependant il y eut alors, comme après tous les grands changements politiques, des ambitions déçues, des intérêts froissés, qui eurent recours aux conspirations pour tenter de renverser le nouveau gouvernement. Mais remarquons que ce ne furent jamais les hommes de la révolution qui employèrent ces moyens violents.

Quoiqu'il y eût alors une opinion opposée au nouveau régime, qu'on appelait républicain ou révolutionnaire [1], ce parti se tint tranquille; ce qui prouve que, s'il n'envisageait pas la cause de Guillaume comme la sienne propre, il trouvait cependant qu'elle garantissait les intérêts communs contre les mêmes ennemis.

Lorsqu'on intenta des procès politiques, les accusés ne furent jamais soustraits à leurs juges naturels : quelquefois le parlement porta des *bills d'attainder*; mais ce n'était pas alors la première chambre du pays qui descendait au triste rôle de tribunal exceptionnel; c'était la représentation nationale entière, qui, par la sentence, voulait montrer

---

1. Hume et Smollett, t. XI, p. 185.

son attachement au gouvernement et sa haine pour tout ce qui menaçait son existence.

On vit aussi de ces hommes fanatiques, qui mettent les destinées de leur pays au bout de leur poignard, attenter aux jours du roi; mais ils furent renvoyés avec mépris aux tribunaux ordinaires, dans la pensée que donner trop de crédit à un attentat, c'était en encourager d'autres.

Le complot qui eut lieu en 1696 contre la vie de Guillaume ne servit qu'à faire ressortir l'attachement général pour sa personne. Les deux chambres du parlement déclarèrent de nouveau que lui seul possédait des droits légitimes, et elles rédigèrent un acte d'association, par lequel elles s'engageaient à défendre contre tous le gouvernement et la personne du roi. Cette déclaration, signée par un nombre infini de citoyens de toutes les classes, fut pour Guillaume une seconde sanction populaire. Quoique le parlement se laissât entraîner parfois hors d'une saine politique, par des passions réactionnaires et des susceptibilités mesquines, il faut avouer cependant qu'il se montra souvent digne des grands intérêts qu'il avait à soutenir : en premier lieu, il discuta avec conscience et dignité les droits des vaincus, comme ceux du vainqueur, et établit franchement la base sur laquelle devait reposer le nouveau gouvernement. Il assura les garanties nécessaires contre les empiétements de la couronne. Il s'empressa surtout de repousser toute solidarité avec les actes tyranniques des règnes précédents, et non-seulement il cassa les jugements portés contre lord Russel, Algernon-Sidney et d'autres victimes du despotisme de Charles II, mais même il nomma un comité chargé d'une enquête contre les auteurs et complices du jugement qui les avait condamnés à mort [1].

Les chambres voulurent, dans les premiers temps, tenir le roi dans leur dépendance, en ne votant la liste civile que d'année en année. Ce ne fut qu'en 1697, lorsque Guillaume avait assuré une paix avantageuse à l'Angleterre, qu'elles fixèrent la liste civile pour toute la durée de son règne. Ainsi donc rien n'avait été précipité, et le parlement ne témoignait sa confiance qu'après neuf ans d'épreuve de l'exercice de l'autorité royale.

D'importantes améliorations furent alors adoptées par les chambres : entre autres innovations, on affecta à chaque différent service un revenu annuel.

On résolut que toute personne serait taxée suivant la juste valeur de ses biens réels et personnels, soit en fonds de terre ou fonds de commerce, soit en emplois, pensions ou professions.

On augmenta les garanties de la liberté individuelle en étendant, par un nouveau bill, les bienfaits de l'*habeas corpus* aux crimes de haute trahison, et la confiscation ne fit plus partie des

---

1. Hume, t. X, p. 77.

peines prononcées contre les délits politiques. Le bill triennal, qui fixait à trois ans la durée des parlements, fut adopté.

On décida que les résolutions prises dans le conseil privé seraient signées par tous ceux qui les auraient conseillées ou approuvées; que quiconque tiendrait de la couronne une pension ou une place lucrative ne pourrait être membre de la chambre des communes; que les juges recevraient un salaire fixe, et qu'ils ne pourraient plus être licitement révoqués que sur les adresses des deux chambres; qu'aucun pardon scellé du grand sceau d'Angleterre ne pourrait prévaloir contre une accusation intentée en parlement par la chambre des communes [1].

Ainsi, pendant que le roi rétablissait l'ordre et donnait un nouveau lustre au nom anglais, le parlement, de son côté, assurait les libertés publiques. Si, à l'intérieur, la politique de Guillaume était grande et nationale, à l'extérieur elle l'était bien davantage encore.

Depuis le jour où, dans le plus grand danger de la patrie, le peuple hollandais lui avait confié le pouvoir, Guillaume suivit, soit comme prince hollandais, soit comme roi d'Angleterre, la même conduite.

La puissance de Louis XIV excitait depuis longtemps la jalousie des souverains de l'Europe. Ils

---

[1]. Hume et Smollett, t. XI, p. 428.

s'étaient tous ligués contre le grand roi; mais, abandonnés par l'Angleterre, en 1678, la Hollande, l'Espagne et l'empereur d'Allemagne s'étaient vus forcés de reconnaître, par la paix de Nimègue, presque toutes les conquêtes de la France. Cette paix avait été en grande partie l'œuvre de la trahison de Charles II, qui avait par lâcheté vendu à Louis XIV l'honneur de son pays, l'intérêt de ses alliés, et qui avait laissé ainsi échapper l'occasion d'assurer la prépondérance de l'Angleterre. Ce traité était donc resté pour la Grande-Bretagne, sinon un monument de honte, du moins une preuve de la dépendance et de la faiblesse de son gouvernement.

Mais Guillaume n'a point accepté la couronne pour continuer la politique des Stuarts. A peine était-il arrivé à Londres, que, loin de rechercher une reconnaissance étrangère, il avait, dans les vingt-quatre heures, renvoyé à Versailles Barillon, ambassadeur de Louis XIV, cet habile serviteur de son maître, mais le funeste conseiller des Stuarts.

Dès qu'il se trouve à la tête du peuple anglais, il demande au parlement des subsides pour équiper ses flottes, pour augmenter ses armées.

Il reconquiert l'Irlande par la bataille de la Boyne : par la bataille navale de la Hogue (1692), il détruit toutes les espérances de Jacques, et répare les désastres que ses flottes ont éprouvés sur mer.

Mais, sur le continent, les armes de Louis XIV sont toujours victorieuses : à Fleurus, à Steinkerque, à Neerwinde, à Marsaille en Piémont, comme dans les Pays-Bas, sur le Rhin comme sur le Ter [1], Guillaume et ses alliés sont battus, et les entreprises des flottes anglaises contre Dunkerque, Saint-Malo et les côtes de Bretagne ont toutes échoué. Cependant le génie fécond de Guillaume tire plus d'avantage de ses revers que ses ennemis de leurs succès. Louis XIV, qui avait autrefois conquis la moitié de la Hollande et de la Flandre, toute la Franche-Comté, sans coup férir, ne peut pas même entamer les Provinces-Unies, après les plus grands efforts et les plus sanglantes victoires.

Guillaume reste l'âme de la coalition, et encourage l'Espagne, la Hollande et l'Allemagne à soutenir la lutte.

Il passe tous les ans d'Angleterre sur le continent, pour arrêter les plans de campagne et se mettre à la tête des armées ; tous les ans il revient en Angleterre, pour apaiser les craintes du parlement, s'attirer son concours, lui expliquer ses grands desseins, et en obtenir les subsides nécessaires pour continuer la guerre. Quelquefois les chambres l'accueillent par des murmures, mais le peuple l'accompagne toujours de ses acclamations.

1. Le maréchal de Noailles gagna une bataille en Catalogne, sur les bords du Ter.

En ouvrant la session de 1696, il déclare que, malgré les propositions de paix, C'EST LES ARMES A LA MAIN QU'IL FAUT TRAITER AVEC LA FRANCE, et le parlement lui répond que, malgré les sacrifices que la nation a faits en hommes et en argent, il le soutiendra contre tous les ennemis au dedans comme au dehors.

Enfin, en 1697, sa persévérance a triomphé de la fortune de Louis XIV, et le succès a couronné ses efforts. La paix de Ryswick est signée entre la France, l'Angleterre, la Hollande, l'Espagne et l'empereur d'Allemagne. Par ce traité, qui était en tout point favorable à l'honneur et aux intérêts commerciaux de l'Angleterre et des Pays-Bas, Louis XIV reconnaissait Guillaume III, abandonnait la cause des Stuarts; il rendait aux alliés de Guillaume une grande partie des villes qu'il avait prises sur eux, et la Lorraine au fils de Charles V.

Ainsi donc Guillaume, en neuf ans, a surmonté tous les obstacles intérieurs et extérieurs qui s'opposaient à ses desseins; il a fait échouer toutes les tentatives de Jacques II, il a réuni en sa faveur la presque totalité de la nation, et il est parvenu à rendre à l'Angleterre toute son influence dans le congrès des rois.

Le 3 décembre 1697, le roi se rend au parlement et annonce qu'il avait atteint son but en ayant conclu une paix honorable.

Le chef de la fière Albion n'est plus, comme Charles II, le vassal de la France; il est devenu un des arbitres du sort de l'Europe, et au Sud comme au Nord, à l'Orient comme à l'Occident, on ne fera rien sans le consulter.

Par sa médiation se termine [1] la guerre de Hongrie, qui durait depuis quinze ans entre la Turquie et l'empereur d'Allemagne; et, par les secours qu'il envoie à Charles XII, il force la Pologne et le Danemark à conclure la paix avec la Suède.

Louis XIV même dispose d'avance avec lui de l'héritage de Charles II d'Espagne, dont la mort paraissait prochaine.

Plusieurs traités de partage éventuels sont convenus entre eux; mais il était difficile que deux caractères aussi fiers fussent longtemps unis dans leurs desseins.

Le testament du roi d'Espagne, qui déclare le duc d'Anjou seul héritier de cette monarchie, ranime toutes les jalousies contre la France; l'Angleterre, par son adhésion ou sa résistance, va décider du sort de l'Europe. Louis XIV, ne pouvant gagner le roi comme il gagnait les Stuarts, s'efforce par ses largesses de corrompre les membres influents du parlement [2], et Guillaume est forcé, par l'attitude des chambres, de reconnaître momentanément l'avénement d'un Bourbon au trône d'Espagne.

Mais les mauvaises dispositions du parlement

1. Hume et Smollett, t. XI, p. 379.
2. Hume et Smollett, t. XI, p. 422.

n'effrayent pas Guillaume ; il s'appuie sur le peuple, et sait qu'en réveillant les sentiments nationaux il brisera les obstacles qui voudraient l'empêcher de soutenir ses alliés et les grands intérêts de son pays sur le continent. L'opinion publique ne tarde pas à se prononcer. Nous ne voulons pas, disaient les Anglais dans la fameuse pétition du Kent, être plus esclaves des parlements que des rois. Guillaume dissout les chambres, et lorsqu'il en convoque de nouvelles, le 13 décembre 1701, il ouvre la session par un discours où il développe toute la profondeur et toute la nationalité de sa politique. Il leur demande de le soutenir dans ses vues, d'assurer le crédit public, de s'occuper du sort des pauvres, d'encourager le commerce et d'améliorer les mœurs. Il les conjure surtout de ne pas donner gain de cause à leur ennemi commun en abandonnant sur le continent les résultats de tous leurs efforts ; il les presse de saisir l'occasion d'assurer la prépondérance de l'Angleterre en se mettant en Europe à la tête du protestantisme. Enfin il fait appel à tous les sentiments d'honneur de la nation.

Cet appel ne fut pas fait en vain. La chambre des communes vote des subsides à l'unanimité ; la chambre des lords montre le même enthousiasme, et le discours de Guillaume est acheté par le peuple et encadré dans les chaumières [1] comme

---

1. Hume et Smollett, t. XII, p. 37.

l'image de la plus fidèle des conquêtes et de la politique de la révolution. Ce fut le testament politique de Guillaume, qui mourut quelques mois après (8 mars 1702), mais qui dut quitter la vie avec cette satisfaction intérieure qu'éprouve un grand homme qui a assuré la prospérité, la liberté et la grandeur de son pays.

CHAPITRE III.

CAUSES DE LA DÉCADENCE DES STUARTS ET DE LA GRANDEUR DE GUILLAUME III.

Les descendants de l'infortunée reine d'Écosse avaient reçu de la nature des qualités brillantes ; ils possédaient même cette affabilité de manières qui séduit les cœurs. Guillaume était sec, froid, réservé.

Le règne des Stuarts commença toujours sous les plus heureux auspices, tout semblait leur sourire. Guillaume, au contraire, fut dès les premiers jours entouré de dangers et de difficultés sans nombre. Pourquoi les premiers tombèrent-ils avec tant de chances de succès, tandis que le second triompha avec tant de chances de mort ?

Les Stuarts arrivèrent au trône à une époque où les progrès de la civilisation avaient divisé l'Angleterre en deux partis distincts : les intérêts anciens, forts de la consécration du temps ; les intérêts nouveaux, forts de l'ascendant de la raison.

Au lieu d'allier ces deux intérêts nationaux, ils ne soutinrent que les anciens droits et commencèrent la lutte. Cependant le bien général ne pouvait résulter que de la fusion intime de ces deux causes; et comme toute fusion a besoin de feu pour se produire, ce fut la guerre civile qui se chargea d'accélérer, sous les Stuarts, un résultat que Guillaume obtint par son patriotisme et son génie.

Les Stuarts se trouvaient toujours dans une position fausse. Représentants officiels du protestantisme, ils étaient catholiques au fond du cœur. Représentants obligés d'un système de liberté et de tolérance, ils étaient absolus par instinct. Représentants des intérêts anglais, ils étaient dévoués ou vendus à la France.

Guillaume, au contraire, était véritablement, par nature et par conviction, ce qu'il représentait sur le trône.

Par la manière dont le prince d'Orange établit son autorité, il devait avoir un avantage marqué sur les Stuarts. Ce n'était pas Charles Ier et Jacques II, héritant d'un pouvoir déjà déconsidéré et avili; ce n'était pas non plus Charles II, appelé par l'accord momentané des partis opposés, obligé d'être ou leur jouet ou leur oppresseur : c'était le fondateur d'un nouvel ordre de choses dont l'établissement avait été hâté par son courage et son habileté.

L'origine d'un pouvoir influe sur toute sa durée, de même qu'un édifice brave les siècles ou s'écroule en peu de jours, suivant que sa base est bien ou mal assise.

En général, les révolutions conduites et exécutées

par un chef [1] tournent entièrement au profit des masses; car, pour réussir, le chef est obligé d'abonder entièrement dans le sens national; et, pour se maintenir, il doit rester fidèle aux intérêts qui l'ont fait triompher; tandis que, au contraire, les révolutions faites par les masses ne profitent souvent qu'aux chefs, parce que le peuple croit, le lendemain de sa victoire, son ouvrage achevé, et qu'il est dans son essence de se reposer longtemps de tous les efforts qu'il lui a fallu pour vaincre.

Ainsi donc, Guillaume III, qui, par son illégitimité, repoussait toute solidarité avec les règnes précédents; qui, par sa personne et ses hauts faits, était le chef de sa cause et de la révolution; qui, enfin, par son élection libre, avait acquis un droit incontestable, avait posé profondément dans le sol anglais les bases de son trône.

Considérons maintenant la conduite personnelle de ces différents souverains.

Les Stuarts avaient du courage, de l'esprit, de la persévérance; mais ils employaient ces qualités à s'opposer aux besoins de leur peuple et au rebours des circonstances.

Ils résistaient là où il fallait céder, et ils cédaient là où la résistance était un devoir.

Ils n'avaient de persévérance que dans leur haine, jamais dans leur affection; et, une fois entraînés sur

---

[1]. Il est clair que je ne parle que des révolutions qui ont lieu dans les pays libres, où la force morale a plus d'empire que la force physique.

la pente révolutionnaire, ils manquèrent toujours de cette vertu qui seule peut sauver dans les grands périls, l'élan du cœur.

On peut gouverner une société tranquille et régulière avec les seuls dons de l'esprit; mais lorsque la violence a remplacé le droit, et que la marche méthodique de la civilisation a été rompue, un souverain ne regagne le chemin qu'il a perdu qu'en prenant de ces grandes et subites résolutions que le cœur seul inspire.

Lorsque Charles Iᵉʳ, résistant au torrent révolutionnaire, était bloqué dans Oxford, en 1644, par l'armée parlementaire, ce n'était pas en discutant minutieusement les prérogatives de la couronne et les droits du parlement qu'il pouvait regagner son influence perdue, mais en prenant une de ces grandes décisions qui étonnent par leur audace et plaisent par leur grandeur même, comme, par exemple, de se jeter dans Londres, seul, de sa personne, en se confiant à la générosité du peuple [1].

Lorsque Jacques II apprit les projets hostiles du prince d'Orange, ce n'était pas en implorant le secours de Louis XIV qu'il pouvait raffermir sa

---

1. Les craintes de nos ennemis nous montrent quelquefois, mieux que nos propres sentiments, nos véritables intérêts. En 1644, le parlement crut que le roi avait l'intention de venir se mettre dans Londres à la tête du peuple de la Cité, qui lui était dévoué; il fut saisi d'une terreur panique, et prit les mesures les plus énergiques pour empêcher Charles Iᵉʳ de réaliser un projet que d'ailleurs il n'eut jamais. (Voyez Guizot, t. II, p. 44.)

couronne, mais en faisant appel à la fidélité d'un parlement libre, et en tenant au pays ce langage élevé qui vibre si bien du haut d'un trône.

Une lutte ne peut se soutenir qu'à armes égales; et lorsque, dans le tourbillon des révolutions, le vice et la vertu, la vérité et l'erreur, se confondent par leur emportement mutuel, ce n'est que par les passions généreuses de l'âme qu'on dompte les passions haineuses des partis.

Mais les Stuarts avaient sur les lèvres ce que Guillaume avait dans le cœur : ils possédaient cette politesse du vice qui imite les vertus qu'on n'a pas, tandis que Guillaume avait cette rudesse de la vertu qui dédaigne tout fard et tout éclat d'emprunt.

Le protestantisme était devenu, en Angleterre, depuis le seizième siècle, l'emblème de tous les intérêts nationaux. Pour être puissants à l'intérieur comme à l'extérieur, les Stuarts n'avaient qu'à se mettre partout franchement à la tête de cette cause ; loin de là, ils l'abandonnèrent au dehors et mirent tous leurs efforts à la dompter au dedans.

Mais il n'y a jamais eu, chez les peuples libres, de gouvernement assez fort pour réprimer longtemps la liberté à l'intérieur sans donner de gloire au dehors. Aussi la marche du gouvernement des Stuarts se manifestait par des contradictions journalières qui violaient tantôt les règles de la justice, tantôt les règles de la politique.

Charles Ier, tout en abandonnant en Europe la cause protestante, ne pouvait empêcher qu'on ne recrutât chez lui des partisans et des soldats pour Gustave-Adolphe, ce héros du protestantisme.

Charles II était obligé, pour satisfaire à l'opinion publique, de donner sa nièce au prince d'Orange, chef de la ligue protestante.

Jacques II, quoique catholique et persécuteur, fut contraint à donner asile aux victimes de la révocation de l'édit de Nantes.

De sorte que les Stuarts réveillaient sans cesse les sympathies en faveur de la cause qu'ils voulaient sacrifier, et leur protection, loin d'être un signe de leur générosité, était une preuve de leur faiblesse et de leur lâcheté.

Mais on ne viole pas impunément la logique populaire. Maintenir la paix en réveillant des symboles de guerre ; protéger les persécutés en faisant cause commune avec les persécuteurs ; charger le peuple d'impôts, pour faire assister les peuples et l'armée à des traités honteux ; tendre journellement tous les ressorts du pouvoir, sans même garantir le repos public, voilà les inconséquences dont le peuple, tôt ou tard, devait leur demander compte !

Toujours en état d'hostilité envers la nation, les Stuarts recouraient tour à tour aux lois et aux hommes, aux choses les plus saintes ou les plus profanes, comme à des armes pour attaquer ou pour se défendre.

Se servant des ministres protestants pour rétablir le catholicisme, et envoyant les catholiques à l'échafaud ; se servant des hommes politiques pour abaisser le parlement, et les abandonnant ensuite aux vengeances parlementaires, ils étaient constamment entravés dans leurs projets, constamment entraînés dans une voie opposée à leurs désirs, et semblaient ne pas avoir de but parce qu'ils n'osaient avouer le leur.

Les Stuarts ne cherchaient jamais par l'application de quel grand principe, par l'adoption de quel grand système ils pouvaient assurer la prospérité et la prépondérance de leur pays ; mais par quels expédients mesquins, par quelles intrigues cachées, ils pouvaient soutenir leur pouvoir toujours dans l'embarras.

Ils ne cherchaient jamais *par quoi*, mais *par qui* ils pouvaient se maintenir, mettant ainsi toujours l'intérêt privé à la place de l'intérêt général, les questions de personnes à la place des questions de principes, et l'intrigue à la place de hautes conceptions politiques.

Guillaume, au contraire, mettait sous ses pieds tous les obstacles, et faisait concourir toutes les opinions diverses comme tous les individus opposés à un seul but, l'intérêt du pays.

Les Stuarts ne faisaient la guerre que pour soutenir par un peu de gloire leur pouvoir chancelant.

Guillaume la faisait pour accroître l'influence de l'Angleterre.

Après les défaites, les Stuarts demandaient

la paix ; Guillaume ne l'acceptait qu'après la victoire.

Le plus grand reproche qu'on puisse faire aux deux derniers Stuarts, c'est d'avoir toujours été les esclaves de Louis XIV. Lorsqu'ils se trouvaient dans l'embarras, ils en appelaient à l'appui de l'étranger, oubliant que souvent on pardonne tout à un souverain, excepté de ne pas être de son pays.

Tous les hommes, grands et petits, placent leur honneur quelque part. Les Stuarts le plaçaient comme une relique dans l'arche sainte des prérogatives royales. Guillaume plaçait le sien dans la fierté nationale.

Ici-bas, tous les hommes sont plus ou moins acteurs ; mais chacun choisit son théâtre et son auditoire, et met tous ses efforts comme toute son ambition à obtenir le suffrage de ce parterre de son adoption ; semblables à Alexandre, qui, sur les bords de l'Indus, pensait à l'approbation des Athéniens comme à la plus belle récompense de ses travaux.

Les Stuarts n'ambitionnaient que l'éloge d'une faction et d'un souverain étranger. Guillaume, au contraire, mettait sa gloire à mériter l'approbation de la postérité.

Tandis que les premiers ne savaient pas profiter des biens de la terre sous un ciel sans nuages, le second savait récolter pendant la tempête.

Les Stuarts rassemblaient le parlement pour le tromper ; Guillaume pour le convaincre. Les premiers cassaient ou prorogeaient les chambres toutes les fois qu'elles parlaient d'honneur national ou de liberté; le second les cassait lorsqu'elles étaient animées de passions réactionnaires ou de sentiments opposés à la gloire du pays.

Les Stuarts régnaient par la dissimulation et l'intrigue; Guillaume gouvernait par la franchise. Les Stuarts faisaient toujours grand bruit de leurs alarmes, pour cacher leurs coupables espérances. Guillaume avouait hautement ses espérances, pour dissiper les alarmes.

Pendant que les Stuarts hésitaient, Guillaume marchait.

Pendant que les Stuarts, dominés par la foule, ne voyaient autour d'eux que confusion, Guillaume avait déjà aperçu le but, s'était élancé et avait entraîné la foule après lui.

L'exemple de ces malheureux rois prouve que lorsqu'un gouvernement combat les idées et les vœux d'une nation, il produit toujours des résultats opposés à ses projets.

Les Stuarts voulaient rétablir le catholicisme; ils l'anéantirent pour des siècles en Angleterre. Ils voulaient relever la royauté; ils la compromirent. Ils voulaient assurer l'ordre, et ils n'amenèrent que bouleversements sur bouleversements. Il est donc vrai de dire que:

« Le plus grand ennemi d'une religion est celui qui veut l'imposer; le plus grand ennemi de la royauté, celui qui la dégrade; le plus grand ennemi du repos de son pays, celui qui rend une révolution nécessaire. »

Guillaume III réussit à fermer le gouffre des révolutions et à assurer les destinées de l'Angleterre, par cela seul que sa conduite fut tout l'opposé de celle des Stuarts ; car s'il eût suivi les mêmes errements et marché sur les mêmes traces, il eût compromis tout ce qu'il consolida.

Considérons, en effet, ce qui serait résulté si le prince d'Orange, après avoir détrôné Jacques II et violé le principe de l'hérédité, eût accepté la couronne du dernier parlement de Jacques II, et qu'au lieu de convoquer une convention nationale, expression libre de la volonté populaire, il n'eût ainsi tenu son autorité que d'une assemblée bâtarde qui n'avait aucun droit de la lui donner.

Supposons qu'au lieu de déchirer les traités des Stuarts, il eût imploré comme eux l'appui et la bienveillance d'une puissance étrangère ;

Supposons qu'au lieu de soutenir, les armes à la main, la cause protestante sur le continent, il l'eût abandonnée ;

Supposons que, sans venger l'Angleterre de tous les affronts qu'elle avait reçus, il eût conservé dans Londres une armée permanente plus nombreuse que les troupes de Jacques II, pour intimider le parlement et pour subir des humiliations étrangères ; qu'au lieu de poursuivre un grand but, il n'eût fait, comme les Stuarts, que des expéditions inutiles, pour tromper l'ardeur militaire et faire diversion à l'opinion publique;

Supposons qu'au lieu de s'appuyer sur des intérêts généraux, il eût blessé également les intérêts anciens et les intérêts nouveaux ; qu'il eût été, comme les Stuarts, parjure et aux hommes qui l'avaient secondé et aux promesses qu'il avait sanctionnées dans son manifeste; qu'au lieu de tenir aux chambres un langage plein de dignité, il n'eût fait appel qu'aux sentiments vulgaires, qu'aux passions basses et aux craintes de l'anarchie revendiquant avec elles la responsabilité des actes tyranniques des règnes précédents[1];

Supposons enfin qu'au lieu d'assurer la cause de la révolution de 1688, il l'eût trahie ; qu'au lieu de relever le nom anglais, il l'eût avili; qu'au lieu de soulager le peuple, il l'eût accablé d'impôts, sans augmenter ni sa gloire, ni son commerce, ni son industrie ; qu'il eût restreint les libertés, sans même garantir l'ordre public ; certes, une nouvelle révolution serait devenue une impérieuse nécessité. Car les sociétés ne subissent pas ces bouleversements qui compromettent souvent leur existence, pour changer de chef seulement; elles s'ébranlent pour changer de système, pour guérir leurs souffrances; elles réclament impérieusement le prix de leurs efforts, et ne se calment que lorsqu'elles l'ont obtenu.

[1]. Si, par exemple, le parlement eût revendiqué la responsabilité de l'assassinat juridique de lord Russell et de Sidney, au lieu de réhabiliter leur mémoire, comme il le fit.

Guillaume III satisfit aux exigences de son époque et rétablit la tranquillité publique; mais s'il eût suivi la politique des Stuarts, il eût été renversé, et les ennemis de la nation anglaise, en voyant encore de nouveaux besoins de changements, eussent accusé le peuple d'inconséquence et de légèreté, au lieu d'accuser les gouvernants d'aveuglement et de perfidie; ils eussent dit que l'Angleterre était une nation *ingouvernable*; ils l'eussent appelée, comme Jacques II la nomma dans ses Mémoires, une *nation empoisonnée*. Mais, en dépit de ces accusations, la cause nationale tôt ou tard eût triomphé, car Dieu et la raison eussent été pour elle!

Disons en terminant qu'il résulte de l'étude des époques que nous avons rappelées, des principes clairs, précis et applicables à tous les pays.

L'exemple des Stuarts prouve que *l'appui étranger est toujours impuissant à sauver les gouvernements que la nation n'adopte pas.*

Et l'histoire d'Angleterre dit hautement aux rois:

Marchez a la tête des idées de votre siècle, ces idées vous suivent et vous soutiennent.

Marchez a leur suite, elles vous entrainent.

Marchez contre elles, elles vous renversent.

DU PASSÉ ET DE L'AVENIR

DE L'ARTILLERIE.

AVANT-PROPOS.

Il y a plus de cinq siècles que les armes à feu parurent pour la première fois en Europe. Depuis cette époque le perfectionnement de ces armes n'a pas cessé d'être l'objet des travaux de la science et de la sollicitude des gouvernements.

Quelle est la série des progrès réalisés jusqu'à nos jours dans l'art de lancer des projectiles au moyen de la poudre?

Quelle influence ces progrès ont-ils exercée sur l'art de la guerre et sur la société elle-même?

Par quels moyens ont-ils été obtenus?

Enfin quels sont les progrès réalisables dans un avenir prochain?

Telles sont les questions que je me suis proposé de traiter [1].

---

[1]. On voit quel était le plan général du grand ouvrage intitulé : *Du passé et de l'avenir de l'artillerie*, que l'Empereur avait commencé. Le temps a manqué à Sa Majesté pour

On ne peut décrire les différentes phases d'un art, sans faire en quelque sorte l'histoire de la civilisation ; car tout se tient dans le savoir humain, et chacune de ses conquêtes a besoin du concours de toutes les autres.

Pour donner au matériel de l'artillerie une construction convenable, il fallait pouvoir diriger cette construction d'après les lois de la mécanique, de la physique, de la chimie, de la balistique ; il fallait par conséquent avoir découvert et formulé ces lois. Pour arriver à introduire dans ce grand attirail de machines l'uniformité, la simplicité, la régularité, l'ensemble nécessaires, il fallait que les gouvernements eux-mêmes eussent conquis et fondé l'unité, cette cause principale et féconde du progrès.

Les inventions trop au-dessus de leur époque restent inutiles jusqu'au moment où le niveau des connaissances générales est parvenu à les atteindre. Ainsi, quel avantage pouvait présenter une poudre plus vive et plus puissante, quand le

---

l'achever. Les extraits qui en ont été publiés dans la grande édition des *Œuvres de Napoléon III* forment un volume de plus de quatre cents pages, où l'histoire de l'artillerie sur les champs de bataille est conduite jusqu'à l'époque de Louis XIV. C'est à ce volume que nous empruntons les fragments qu'on va lire.   (*Note de l'Éditeur*).

métal des canons n'était pas capable de résister à l'action de cette poudre? De quel usage pouvaient être les boulets creux, tant qu'on n'avait pas rendu leur chargement facile, exempt de danger, et leur explosion certaine? A quoi pouvait servir, dans l'attaque des places, le tir à ricochet proposé par des ingénieurs italiens du seizième siècle, et employé plus tard avec tant de succès par Vauban, lorsque la fortification, encore dans l'enfance, offrait moins de lignes ricochables que la fortification actuelle? Comment les essais d'artillerie à cheval, tentés au seizième siècle, pouvaient-ils réussir, lorsque les conséquences de la rapidité des mouvements sur les champs de bataille étaient si peu senties, que la cavalerie ne chargeait qu'au trot? Il existe donc une dépendance mutuelle qui oblige nos inventions à s'appuyer les unes sur les autres, à s'attendre en quelque sorte. Une idée surgit, elle reste à l'état de problème pendant des années, des siècles même, jusqu'à ce qu'enfin des modifications successives lui permettent d'entrer dans le domaine de la pratique. On ne verra pas sans intérêt que depuis plusieurs siècles, selon toute probabilité, la poudre à canon était employée comme artifice, avant le jour où sa force motrice fut découverte, et que, cette force une fois reconnue, il fallut bien du temps encore pour rendre son application facile et générale. C'est que la civilisation ne procède point par bonds; elle suit une marche plus ou moins prompte, mais toujours régulière et graduée. Il y a filiation dans les idées comme dans les hommes, et les progrès humains ont une généalogie dont on peut suivre les traces à travers les siècles, comme on remonte vers la source oubliée des grands fleuves.

C'est cette généalogie que je me suis appliqué à suivre et à décrire, et, la marche du progrès une fois bien constatée, j'ai cru sans trop de présomption pouvoir, en suivant son développement logique, indiquer quelle doit être sa direction future.

Les armes à feu, je ne suis pas le premier à le dire, ont contribué à faire renaître la tactique et la stratégie, à relever l'autorité royale, à réduire les grands vassaux et à créer la grande unité française. Ce fut l'action de l'arme sur la société; puis est venue la réaction de la société sur l'arme, et le pouvoir central fortifié, les vrais principes de l'art de la guerre rétablis, ont à leur tour exercé une grande influence sur la construction et l'emploi des armes à feu.

Mais toutes ces modifications furent très-lentes à se produire. L'artillerie à feu, comme tout ce qui tient à notre humanité, n'a pas grandi en un jour. Son enfance a duré un siècle. Pendant ce temps, elle fut employée de concert avec les anciennes armes de jet, avec lesquelles elle lutta quelquefois avec avantage, mais souvent avec infériorité....

Je n'ai pas voulu faire un roman, mais une histoire consciencieuse; et, tout en étudiant avec amour l'artillerie dans ses origines et ses effets, j'ai cherché à ne pas exagérer les résultats généraux qu'elle a produits. Le rôle qu'elle a joué dans les batailles où s'est décidé le sort des nations, le rôle qu'elle a joué dans les siéges où le pouvoir central était sans cesse aux prises avec la féodalité, la part qui lui revient dans les progrès de la civilisation, dans l'application des sciences les plus diverses, sont des faits que j'ai cru suffisant d'indiquer à leur place pour les faire apprécier à leur juste valeur.

Après avoir constaté les faits relatifs à l'artillerie de campagne, j'ai voulu remonter aux causes des transformations si diverses et si nombreuses qu'on a trop exclusivement attribuées à l'artillerie. J'ai cherché à expliquer pourquoi les hommes d'armes, qui, montés sur de grands chevaux bardés de fer comme eux, régnèrent si longtemps en maîtres sur les champs de bataille, furent obligés de se faire infanterie et de combattre à pied pendant cent cinquante ans; pourquoi ils remontèrent à cheval, pourquoi ils quittèrent la lance et adoptèrent les armes à feu avec plus d'empressement que l'infanterie; pourquoi enfin la cavalerie abandonna l'ordre mince pour l'ordre profond et revint ensuite à l'ordre mince. J'ai cherché à expliquer pourquoi l'infanterie, assez compacte au commencement du quatorzième siècle, se disposa bientôt en lignes sans profondeur, pour adopter, dès la fin du quinzième siècle, un ordre profond qui, à partir du seizième siècle, a été en diminuant jusqu'à nos jours; pourquoi enfin elle abandonna successivement l'arc, la pique, l'arquebuse, le mousquet, jusqu'à l'adoption du fusil à baïonnette, invention qui lui permit d'agir à la fois comme arme de jet et arme de choc.

Les causes de tous ces changements sont intéressantes à approfondir, parce que cette investigation montre toujours quel était, aux différentes époques, l'élément prédominant dans les batailles; car l'organisation des armées n'a jamais été le résultat d'une théorie préconçue d'une manière plus ou moins scientifique, mais la conséquence forcée des nécessités qui, dans le moment, se faisaient le plus impérieusement sentir.

Ainsi, au quatorzième siècle, tout cède devant l'homme d'armes à cheval, mais aussi tout change pour lui résister. Au quinzième siècle, tout se transforme pour résister à l'archer; au seizième, tout se modifie pour résister aux gros bataillons de piquiers; enfin, vient le règne du canon, qui domine tous les ordres de bataille et force infanterie et cavalerie à obéir à ses lois. . . . .
. . . .

Pour entreprendre un travail de si longue haleine, il me fallait un puissant mobile; ce mobile, c'est l'amour de l'étude et de la vérité historique. J'adresse donc mon ouvrage à tous ceux qui aiment les sciences et l'histoire, ces guides dans la prospérité, ces consolateurs dans la mauvaise fortune.

CHAPITRE PREMIER.

DE PHILIPPE DE VALOIS A LOUIS XI.

1328-1461.

Composition des armées à l'époque de la première apparition des armes à feu.

Les armes à feu parurent en Europe au commencement du quatorzième siècle; mais leur influence lente et graduelle, comme les progrès de toutes les inventions humaines, tarda longtemps, sur le champ de bataille surtout, à acquérir une véritable importance.

Les principes sur lesquels repose l'art de la guerre étaient tombés en oubli. Les batailles n'étaient plus que de grands tournois, et la principale force des armées consistait dans la noblesse, qui combattait en rase campagne ou sur mer, défendait les villes, montait à l'assaut, remplissant ainsi à elle seule tous les rôles du soldat.

La composition des armées représente toujours fidèlement l'état politique d'une société. Ainsi, au moyen âge, lorsque la féodalité était dans toute sa force, l'armée, c'était le roi suivi de sa noblesse, qui elle-même était suivie de ses vassaux. Lorsqu'un grand danger menaçait le pays, le roi convoquait le ban et l'arrière-ban. Sous la première dénomination étaient compris tous les possesseurs de fiefs et d'arrière-fiefs; sous la seconde, tous les individus capables de porter les armes.

Les barons devaient servir soixante jours à leurs frais, sous peine de perdre leurs priviléges de noblesse ; passé ce temps, ils étaient à la solde du roi. Mais au lieu de ces levées en masse, on se bornait souvent à ordonner que les *ducs, comtes, barons, évêques, abbés, prélats*, etc., fournissent un certain nombre d'hommes d'armes, et qu'à leur tour les non-nobles donnassent tant d'hommes de pied par cent feux.

La principale unité militaire était la lance fournie, c'est-à-dire l'homme d'armes accompagné de plusieurs suivants à cheval nommés archers, pages, écuyers, coustillers, varlets. Il paraît, d'après une ordonnance de 1356, et d'après les *Chroniques* de DUGUESCLIN, que, lorsqu'on faisait des levées régulières sous les rois Jean et Charles V, l'homme d'armes n'avait que deux ou trois chevaux ; mais lorsque l'on convoquait les nobles en appelant sous les bannières uniquement ceux qui *avaient l'habitude de s'armer,* alors ils emmenaient autant de suivants que bon leur semblait. Sous Charles VI, la lance fournie comprenait ordinairement neuf à dix chevaux.

Les hommes d'armes étaient recouverts de fer autant que leurs moyens le leur permettaient. Au quatorzième siècle, l'habillement le plus général pour les gens d'armes était le *gamboison*, espèce de vêtement de peau ou de cuir rembourré, sur lequel ils endossaient une chemise de mailles de fer nommée *haubert* ou *haubergeon*. Par-dessus, ils mettaient une cuirasse appelée *plate* ou *crevice*, et un bouclier pendu au cou appelé *écu* ou *targe*. L'armure complète se composait du casque appelé *heaume* ou *bassinet*, du *hausse-col* ou *gorgeret*, de la *cuirasse*, du *brassard*, qui couvrait les bras, des *épaulières* qui couvraient les épaules, des *tassettes* qui couvraient le bas-ventre, des *cuissards* et des pièces de jambes appelées *grèves*; le *hallecret* était une cuirasse plus légère. Ils portaient sur l'armure une espèce de jupe brodée nommée au quatorzième siècle *sigladon*, puis, plus tard, *saye* ou *sayon*. Leurs armes étaient la lance longue de quatorze pieds, l'épée, la massue et la hache d'armes. En route, ils chargeaient leur armure sur un cheval ou sur des charrettes, et, pour soulager leur monture de guerre, ils se servaient de petits chevaux nommés *courtauds*; mais lorsqu'il s'agissait de combattre, *ils montaient sur leurs grands chevaux*, qui étaient comme eux recouverts de fer, capables de courir avec un lourd fardeau et de produire un choc souvent irrésistible. Les suivants, soit archers, arbalétriers à cheval ou écuyers, n'avaient pas d'armures complètes, leurs chevaux n'étaient pas bardés de fer. Ils formaient donc une cavalerie moins lourde.

Le nombre des hommes d'armes contenus dans une compagnie variait de vingt-cinq à quatre-vingts, suivant la dignité du chef, c'est-à-dire suivant que le capitaine était comte, baron, sénéchal, ou chevalier-banneret, ou chevalier-bachelier, ou écuyer. La solde était plus ou moins élevée, suivant le prix du cheval et la bonté de l'armure. On conçoit, en effet, que les bonnes armures venant de Milan dussent être rares et chères, et, dans un grand rassemblement, beaucoup de nobles étaient très-mal armés. En 1340, sur huit cents hommes d'armes du comte d'Armagnac, il n'y en avait que trois cents qui eussent des armures complètes.

Plus tard, sous Charles VII, plusieurs des gentilshommes qui venaient aider le roi à repousser les Anglais en 1429 n'avaient, dit la *Chronique de la Pucelle*, « de quoy s'armer et se monter, et y
» alloient comme archer et coustiller, montés sur
» petits chevaux. »

En France, la cavalerie chargeait en haie, c'est-à-dire sur un homme de hauteur. Cependant les pages et varlets, devant toujours venir au secours de leurs chefs, formaient un second rang. Les hommes d'armes s'avançaient sur le champ de bataille serrés en escadrons si denses, que, suivant l'expression des chroniques du temps, « un
» gant jeté au milieu d'eux ne serait pas tombé à
» terre. »

De cette double condition de se réunir sur plusieurs rangs et de ne combattre que sur un seul, résultait évidemment la nécessité, pour la cavalerie, de ne faire que des charges successives de cent cinquante à trois cents chevaux; mais la plupart du temps les combats dégénéraient en luttes corps à corps.

En Allemagne, au contraire, la cavalerie se réunissait sur plusieurs rangs, affectant la forme d'un triangle ou d'un coin, c'est-à-dire qu'au premier rang il n'y avait que sept chevaux; au second, huit; au troisième, neuf; chaque rang augmentant toujours d'une file jusqu'à la moitié de la profondeur de l'escadron.

La France possédait la cavalerie la plus redoutable, parce que c'était le pays où la féodalité était le plus fortement constituée. Jusqu'aux troubles de la Ligue, la gendarmerie française conserva toute sa supériorité, et ne trouva pas son égale; mais aussi c'était en France que le peuple était le moins habitué aux exercices militaires, le moins bien façonné à la guerre. Aux treizième et quatorzième siècles, l'infanterie était composée d'une foule d'éléments divers. Les hommes soldés par les villes, par les seigneurs ou par le roi, se nommaient soudoyers ou sergents. Ils étaient armés de piques ou d'arbalètes. Ils portaient le bassinet, une cotte de mailles appelée haubergeon, plate, brigantine, ou bien un plastron rembourré d'étoupe, nommé jacque ou hoqueton. Quelques-uns avaient le bouclier triangulaire appelé targe, que dans les marches ils pendaient au cou. Les pavésiens portaient un grand pavois ou immense bouclier. En se réunissant côte à côte, ils formaient un mur derrière lequel on était à l'abri des flèches. Leurs armes offensives étaient l'épée, le couteau, ou, comme le dit l'*Ordonnance du roi Jean*, « toute » chose dont ils se sauroient le mieux aider. »

On appelait bideaux des soldats qui étaient armés de deux dards, d'une lance et d'un coutelas, et qui n'avaient point d'armure défensive.

Les troupes auxiliaires étaient composées d'arbalétriers qu'on faisait venir d'Espagne, de Gênes ou de Gascogne. Ils étaient à peu près armés comme les soudoyers.

On appelait infanterie des communes les hommes de l'arrière-ban rassemblés par communes, et qui marchaient sous la bannière de leur paroisse; enfin ribauds, brigands, et plus tard aventuriers, tous les hommes sans aveu rassemblés de tous côtés, et qui formaient une infanterie irrégulière plus dangereuse peut-être pour les amis que pour les ennemis.

Ces deux dernières troupes, très-mal disciplinées, étaient armées de la manière la plus dissemblable. Les uns portaient la pique, d'autres l'arbalète, le maillet de plomb, la hache ou une épée sans fourreau.

La plus grande partie de l'infanterie des communes et les ribauds n'étaient vêtus que de jupes qui étaient souvent tellement déguenillées qu'elles semblaient avoir été déchirées par les chiens. Aussi lorsque les ribauds avaient, dans leur maraudage, rassemblé quelque butin, les soudoyers, qui étaient mieux armés qu'eux, leur dérobaient ce qu'ils avaient pris. A la bataille de Mons-en-Puelle, Philippe le Bel ayant ordonné que, pour se distinguer des ennemis, chacun se revêtît d'une écharpe blanche, les pauvres ribauds furent obligés de déchirer leurs chemises.

Il paraît même qu'à cette bataille une partie des hommes de pied français avaient des arbalètes de rebut auxquelles il manquait l'arc, de sorte qu'elles ne pouvaient servir que de massue.

Les Flamands avaient en outre, dès le commencement du quatorzième siècle, des hommes qui portaient la hallebarde, appelée *goden-dac* (qui signifiait bon jour en flamand), et qu'ils maniaient à deux mains. Ces hommes, pour être plus libres dans leurs mouvements, étaient placés en dehors des rangs.

La hallebarde était aussi en usage en France, comme le prouve l'*Ordonnance du roi Jean* du 8 octobre 1355; mais elle était peu estimée, tandis qu'en Suisse cette arme était déjà devenue célèbre par les combats de Morgarten (1315) et de Sempach (1386). Les hommes de pied se rassemblaient au nombre de vingt-cinq à trente en compagnies nommées connétablies, et chaque connétablie avait un pennon à queue; les bannières indiquant les plus grandes divisions étaient rangées sur le front de bataille par le soin des maréchaux; chaque seigneur banneret, comme chaque paroisse, avait sa bannière.

Ordre de bataille.

En avant de l'infanterie, on plaçait des espèces d'arbalètes à tour, appelées espringoles ou espringales, qui lançaient des pierres, et des dards nommés carreaux. A la bataille de Mons-en-Puelle (1304) les Français en avaient mis trois en batterie sur leur front, dont le projectile avait assez de force pour percer quatre ou cinq rangs.

L'armée était partagée ordinairement en plusieurs divisions appelées batailles. Souvent aussi on réunissait toutes ces batailles en une seule. Le front des armées était peu étendu.

L'infanterie était généralement rangée en première ligne, les gens de trait aux ailes, les hommes des communes massés au centre. A Courtray, l'infanterie française occupait en front une longueur de deux portées d'arc ou environ 400 mètres, et en profondeur le jet d'une petite pierre ou environ 30 mètres. Dans ce rectangle, 30,000 hommes environ pouvaient être serrés en masse, et ce chiffre est d'accord avec le nombre d'infanterie dont les historiens font mention.

A la bataille de Bouvines (1214) le front des deux armées n'était que de 1,040 pas, quoiqu'on fasse monter le nombre des Français à plus de 100,000 hommes.

Après la défaite de Courtray, on trouva cependant plus prudent de ne pas engager toutes ses forces à la fois. A Mont-Cassel, en 1328, l'armée française, forte d'environ 40,000 hommes, était divisée en dix batailles, et comptait cent soixante-onze bannières.

Quelquefois aussi l'infanterie se disposait en triangle ou en coin, ou bien formait de petits corps séparés, disposés en rond, au centre desquels les chevaliers se réfugiaient, afin de reprendre haleine. Nous en avons un exemple à la bataille de Bouvines, et plus tard au Mont-Cassel. En général, on cherchait autant que possible à ne pas changer de place, et à cette dernière bataille, les Flamands, d'après Froissart, ne bougèrent pas d'un pas « et » furent tués là où ils avaient mis leur bataille ».

Pour se mettre à l'abri de la cavalerie, les armées avaient l'habitude de se fortifier en s'entourant de leur charroi, qui, dans ce but, marchait en tête de la première division. Les charrettes servaient à porter les bagages, les tentes de campement, les armures et les munitions de rechange. Quelquefois on creusait des fossés dont le déblai formait naturellement des retranchements de campagne qu'on hérissait de pieux.

Depuis longtemps, la chevalerie considérait en France les hommes qui n'étaient ni nobles, ni sergents, ni soudoyers, comme un vil troupeau, et lorsqu'en 1208, 1,200 gens d'armes mirent en fuite 200,000 Albigeois (le nombre est sans doute exagéré), le chroniqueur s'écriait :

Esgardez quel chevalerie,
Vez quel flot de bergerie.

On comptait à peine pour quelque chose les gens de pied, et la chevalerie se chargeait elle-même quelquefois de mettre en déroute sa propre infanterie. Ainsi, à Courtray, en 1302, les pauvres fantassins français se battaient parfaitement bien et avaient déjà repoussé les Flamands, lorsque messire de Valepayelle dit au comte d'Artois :

> Sire, cil vilain tant feront,
> Que l'onneur en emporteront ;

et alors les hommes d'armes, se précipitant en avant, entr'ouvrent les rangs de leurs arbalétriers et piquenaires, les renversent et les étouffent.

A Crécy, Philippe de Valois fait tailler en pièces ses arbalétriers, en s'écriant : « Or tôt tuez toute » cette ribaudaille qui nous empêche la voie sans » raison. »

Il n'en était pas ainsi partout. Dans les pays où des villes ou des provinces s'étaient révoltées pour conquérir leur indépendance et leur liberté, le nerf des armées ne consistait plus dans les hommes d'armes à cheval, mais au contraire dans une masse d'hommes de pied, et l'infanterie flamande à Courtray, l'infanterie suisse à Morgarten, avaient déjà vaincu la noblesse. Mais ces succès n'avaient rien prouvé contre la bonté de la chevalerie. C'était plutôt au hasard et à la nature qu'on devait attribuer la défaite des hommes d'armes, car en Flandre un marais, et en Suisse les montagnes, pouvaient être regardés comme les principales causes de ces deux défaites. D'ailleurs, en France, les victoires de Mons-en-Puelle, en 1304, et de Mont-Cassel, en 1328, avaient effacé tout souvenir néfaste.

En Allemagne, la noblesse moins nombreuse avait toujours fait plus de cas de l'infanterie. Celle-ci était aussi mieux organisée. Cependant la gendarmerie française l'avait battue à Bouvines. Tous les faits passés prouvaient donc l'excellence, la toute-puissance de la chevalerie.

Mais vers l'époque où les armes à feu parurent pour la première fois sur le champ de bataille, les Anglais commencèrent à employer une infanterie redoutable par son nombre, par sa discipline et par l'esprit qui l'animait.

Infanterie anglaise. — Supériorité des archers anglais.

En Angleterre, les hommes de pied avaient été relevés à leurs propres yeux, et les nobles, qui, en s'appuyant sur le peuple, avaient obtenu la déclaration de la grande Charte, au lieu de dédaigner *la piétaille,* comme on appelait en France l'infanterie, tenaient à honneur de combattre à sa tête. Bien plus, les hommes d'armes anglais avaient pris l'habitude de combattre à pied depuis leur guerre contre les Écossais, qui, eux, étaient toujours à cheval. L'infanterie anglaise était composée d'archers qui maniaient avec une rare habileté un arc dont la longueur devait être égale à la taille de chaque soldat. Quoi qu'en aient dit des auteurs recommandables, tels que Hoyer et Mauvillon, l'arc des archers anglais était la meilleure arme de jet de l'époque. Sa portée moyenne était d'environ 200 mètres. Plus simple que l'arbalète, plus facile à porter et à mettre à l'abri de la pluie, l'arc avait surtout cet avantage décisif qu'il permettait à une main exercée de lancer dix à douze flèches en une minute, tandis que l'arbalète, arme lourde et gênante, longue à bander, soit avec les deux pieds, soit au moyen du cranequin, du pied de biche ou du cric, pouvait à peine tirer plus de deux ou trois coups dans le même temps.

L'arbalète, comparée à l'arc, fournissait une preuve de cette loi mécanique qui veut que l'on perde en vitesse ce que l'on gagne en force. Ainsi le vireton ou le carreau de l'arbalète, doué d'une plus grande quantité de mouvement que la flèche, pouvait percer un madrier de six pouces d'épaisseur ; mais sur le champ de bataille cet avantage était rendu nul par la lenteur du tir.

De plus, les carreaux étant plus lourds que les flèches, l'arbalétrier ne portait que dix-huit carreaux dans son carquois, tandis que l'archer anglais portait vingt-quatre flèches.

On voit souvent dans le récit des guerres les arbalétriers, dégoûtés de bander leur arme, la jeter de côté ou bien s'en servir comme d'une massue ; enfin l'infériorité de l'arbalète ressort de la description suivante que fait J. Juvénal des Ursins des arbalétriers du duc de Bourgogne, en 1411 : « Il

» avoit quatre mille arbalestriers, chacun garni de
» deux arbalestres, et deux gros valets dont l'un
» tenoit un grand'pennart (bouclier), et l'autre
» tendoit l'arbalestre, tellement que toujours il y
» en avoit une tendue. » Ainsi trois hommes et
deux arbalètes produisaient à peine le même effet
qu'un archer.

Mais, pour se servir de l'arc avec avantage, il
fallait des hommes vigoureux, habitués de bonne
heure à cet exercice. Il fallait, en un mot, un
peuple de soldats. L'arbalète, au contraire, exigeait
un plus court apprentissage, et pour la manier la
force musculaire était inutile.

Les archers anglais portaient pour armes défensives un bassinet, une jacque et une rondelle ou bouclier circulaire. Ils formaient une troupe légère qui pouvait marcher avec promptitude, et qui, par le nombre de traits qu'elle décochait en un court espace de temps, tuait les chevaux des gens d'armes et rendait par là tout leur courage inutile; car, jetés sous les chevaux avec leurs armures pesantes, les cavaliers ne pouvaient guère se relever sans aide.

Les Français avaient beau employer des arbalétriers génois, ceux-ci avaient à peine eu le temps de lancer un carreau, qu'ils étaient, pour ainsi dire, criblés par les flèches barbues des Anglais, qui tombaient *dru comme neige.*

Plusieurs auteurs modernes ne comprennent pas pourquoi, à Crécy, la pluie qui survint détendit les cordes des arcs des troupes auxiliaires françaises sans nuire aux archers anglais, et M. Michelet, dans son intéressante *Histoire de France*, demande à cette occasion : *Pourquoi les Génois ne cachèrent-ils pas leurs arcs sous leurs chaperons comme le firent les Anglais?* D'abord, le chaperon était une coiffure sous laquelle il eût été difficile de cacher autre chose que sa tête ; mais la raison péremptoire, c'est que ces Génois n'étaient pas armés d'arcs dont la corde pût facilement s'ôter, mais d'*arbalètes* dont la corde était invariablement fixée, armes trop volumineuses pour pouvoir être garanties de la pluie.

La funeste bataille de Crécy, en 1346, où les arbalétriers génois se trouvèrent dans une grande infériorité vis-à-vis des archers anglais, ne dessilla pas tous les yeux ; mais le prompt retour des mêmes malheurs à la bataille de Poitiers prouva que pour résister *à ces masses d'hommes de petit état*, comme les nommaient les chroniqueurs du temps, il fallait une force plus agile, plus disciplinée, plus nombreuse que la noblesse. Aussi, en 1394, il fut ordonné par toute la France que le peuple ne pourrait plus désormais s'adonner à d'autres jeux qu'à ceux de l'arc ou de l'arbalète ; et c'était admirable, dit le religieux de Saint-Denis, de voir l'aptitude du peuple pour cet exercice ; tous s'en mêlèrent, jusqu'aux enfants, et J. Juvénal des Ursins ajoute :
« En peu de temps les archers de France furent
» tellement duits à l'arc, qu'ils surmontoient à bien
» tirer les Anglois, et, en effet, si ensemble se

» fussent mis, *ils eussent été plus puissants que les* » *princes et les nobles,* et pour ce fut enjoint par » le roi qu'on cessât, » après de vives représentations des seigneurs et des nobles, dit le religieux de Saint-Denis. En Angleterre, au contraire, les rois faisaient tous leurs efforts pour que le tir de l'arc continuât à être le jeu favori des Anglais. Édouard III avait en 1363 défendu tous les jeux, même les combats de coqs, afin que tous les jours de fête le peuple ne prît d'autres divertissements que le tir de l'arc. Richard II, Henri V et Édouard IV rendirent des ordonnances dans le même sens. La crainte du peuple, l'absence d'une solide organisation militaire, telles furent sans cesse les causes de tous nos revers.

Cependant ces archers ne formaient qu'une infanterie légère sans consistance, ce qui obligeait la chevalerie anglaise à se mettre à pied ; si elle fût restée à cheval, l'avantage eût été pour les Français, car rien ne pouvait résister au choc de notre gendarmerie. Pour arrêter la fougue de celle-ci, les archers étaient placés en première ligne, formant la herse, c'est-à-dire fichant en terre devant eux un pieu pointu des deux bouts en guise de cheval de frise. Ces pieux ou plutôt ces piques avaient onze pieds de longueur.

Le père Daniel, et, d'après lui, plusieurs écrivains, se méprenant sur le véritable sens du mot herse, prétendent qu'à Crécy les archers anglais étaient disposés en bataillons profonds et triangulaires, imitant ainsi la forme de l'instrument aratoire nommé herse ; or, nous croyons au contraire, d'après les témoignages de Christine de Pisan et de Philippe de Clèves, que nous rapporterons tout à l'heure, que les archers anglais étaient placés devant leur gendarmerie en ligne étendue et mince, disposition qui leur permettait de se servir avec avantage de leurs arcs. Munis de leurs pieux, ils formaient une barrière infranchissable, et Froissart les comparait, non à un instrument aratoire, mais à la grille de bois et de fer, nommée également herse, qu'on abaissait devant les portes de toutes les forteresses.

Rôle de la chevalerie dans les batailles.— La chevalerie combat à pied.

Vers le milieu du quatorzième siècle, et au commencement du quinzième, les archers anglais exercèrent une immense influence sur la chevalerie française. Ces hommes d'armes qui naguère ne quittaient pas leurs chevaux, et portaient des souliers *à la poulaine* qui les empêchaient même de marcher, furent obligés, après Crécy, de suivre l'exemple anglais, et de mettre pied à terre dans toutes les batailles. A Poitiers, à Cocherel, à Auray, à Najara, à Monteil, à Pont-Valain, à Chizey, à Rosbeque, à Tongres, à Azincourt, à Crevant, à Verneuil, à Bulligneville, à Saint-Jacques, à Formigny, à Rippelmonde, la chevalerie anglaise, française et bourguignonne combattit à pied.

Cependant, toutes les fois que les Français et les Bourguignons croyaient pouvoir surprendre leurs ennemis avant que les archers fussent rangés en bataille, ils restaient à cheval, comme ils le firent à Baugy en 1421, à Patay en 1427, au combat des Harengs en 1429. Aussi les chefs étaient souvent obligés de donner l'ordre qu'on mît pied à terre sous peine de mort, comme cela eut lieu en 1423 et 1431. En général, leurs chevaux ne leur servaient que de rempart pour protéger les derrières de leur position, et ils ne remontaient dessus que pour suivre l'ennemi en cas de victoire ou pour s'enfuir en cas de déroute. Ils raccourcissaient leurs lances à la longueur de cinq pieds, afin de pouvoir les manier plus facilement et d'augmenter leur résistance; enfin ils ôtaient jusqu'à leurs nobles éperons et les fichaient en terre, les molettes en dessus, pour s'en servir en guise de chausse-trapes.

Les chevaliers allemands mettaient rarement pied à terre. Cependant le duc Léopold, au combat de Sempach, en 1386, renvoya tous ses chevaux sur les derrières de l'armée. Les Italiens aussi restaient généralement à cheval. Mais en 1422, un des plus habiles condottieri de l'Italie, le fameux Carmagnola, fut obligé de faire mettre à pied toute sa cavalerie, pour enfoncer les Suisses à Arbebo, près de Bellinzona.

Ainsi donc les hommes de pied suisses, comme les hommes de pied anglais, avaient forcé la chevalerie à se faire elle-même infanterie. Mais les hommes d'armes pesamment armés étaient de bien lourds fantassins, ils ne pouvaient marcher contre leurs ennemis qu'en se reposant plusieurs fois en chemin. On était obligé de régler d'avance de combien de *poses* ou *reposements* se composerait une attaque.

Il leur eût été impossible de faire de longues marches à pied; aussi s'il arrivait par hasard qu'ils perdissent leurs chevaux, ils étaient obligés de se défaire de leurs armures, comme cela arriva aux Anglais en 1373.

Quelquefois ils ôtaient leurs cuissards, afin d'être plus agiles.

A Azincourt, les chevaliers français, quoique à pied, étaient, d'après un témoin oculaire, Lefèvre de Saint-Remy, armés « de cotes d'acier longues, » passant le ginou et moult pesantes et par des- » sous harnois de jambe et par dessus blanc har- » nois et de plus bachinet de cavail », et cependant les flèches anglaises traversaient tout cet attirail.

Au combat qui eut lieu près de Termonde en 1452 contre les Gantois, les hommes d'armes bourguignons étaient si fatigués d'aller à pied qu'il fallait que leurs pages les soutinssent sous les bras pour les empêcher de tomber.

Aussi avait-on admis comme principe qu'il fallait attendre son ennemi et ne pas marcher à sa rencontre. « A Verneuil, dit l'auteur de la *Chro-* » *nique de la Pucelle*, les François et les Anglois

» commencèrent à marcher les uns contre les
» autres, mais les Anglois marchoient lentement
» et sagement sans se gueres eschauffer, mais les
» François marchoient trop hastivement, tellement
» qu'on disoit qu'ils étoient hors d'haleine avant
» que de se joindre. »

On peut donc affirmer que depuis 1346 jusqu'à la fin du quinzième siècle, la plus grande partie de la gendarmerie combattit presque toujours à pied. Il devait en être ainsi tant qu'on n'avait pas dans les armées une infanterie compacte capable de produire et de soutenir un choc.

L'infanterie proprement dite, n'étant composée que d'archers ou d'arbalétriers, se plaçait sur trois ou quatre rangs. Elle était en première ligne, devant ou sur les côtés de la première division des gens d'armes.

La chevalerie, partagée en trois grandes divisions, se formait à pied en bataillons profonds. Ces divisions, appelées avant-garde, bataille, et arrière-garde, étaient placées l'une derrière l'autre, de sorte que la plus grande partie des troupes était en réserve. On conservait quelques centaines d'hommes d'armes à cheval, pour mettre le désordre dans l'armée ennemie quand elle s'avançait en bataille. Cette disposition était très-vicieuse; elle fut cause de la défaite des Français à Poitiers et à Azincourt; car cette cavalerie, qui eût été si efficace contre un ennemi déjà ébranlé, venait échouer contre les pieux des archers anglais, et, repoussée, elle répandait le désordre dans l'avant-garde, qui, à son tour, ne pouvait guère rétrograder sans mettre la confusion parmi toutes les autres divisions placées derrière elle. Les Anglais, au contraire, ne commençaient jamais l'attaque avec la cavalerie, mais avec leurs archers ; ils plaçaient un petit nombre d'hommes à cheval sur les ailes, pour donner sur l'ennemi lorsque celui-ci était déjà ébranlé, et ils disposaient quelquefois leurs batailles d'hommes d'armes à pied en échelons, de sorte qu'elles pussent se secourir mutuellement, et que la déroute de l'une d'elles n'entraînât pas celle de toutes les autres.

Réformes militaires de Charles VII. — Création des francs archers.

La noblesse française n'avait que trop senti ce que pouvaient faire les mains plébéiennes des archers anglais ; mais comme elle composait seule la véritable armée, elle méprisait tous ceux qui, sans être nobles, se mêlaient du métier des armes. En 1415, elle refusa six mille arbalétriers que voulait lui envoyer la ville de Paris, disant : « Nous n'avons » que faire de ces boutiquiers. » Au combat de Senlis, en 1418, « il y avoit, dit Pierre de Fenin, » un capitaine de brigands (soldats armés de la » brigandine, espèce de cotte de mailles), lequel » avoit foison de gens de pié qui furent tous mors, » et faisoit on *grant risée pour ce que c'estoit tous gens* » *de povre estat.* »

Le bien résulte parfois de l'excès du mal ; Charles VII, qui avait vu le moment où la France déchirée par les dissensions allait devenir province anglaise, se hâta, dès qu'il eut repoussé les étrangers, d'organiser solidement la force militaire de la France. Ce souverain, auquel les historiens n'ont pas rendu la justice qui lui est due, commença, en 1439, la réforme de la cavalerie ; et, en 1445, il créa quinze compagnies d'hommes d'armes de cent lances chacune, qui furent appelées compagnies d'ordonnance ; il réduisit de dix à sept le nombre de chevaux qui composait la lance fournie.

En 1448, il créa les francs archers, ainsi nommés parce que chaque commune devait fournir un soldat par cinquante feux, qui serait franc de taille.

Le nombre des francs archers montait à seize mille ; les uns étaient armés de voulges et de piques, les autres d'arcs et d'arbalètes. Cinq cents archers formant une compagnie étaient commandés par un capitaine, et sept compagnies étaient sous les ordres d'un capitaine général, qui lui-même était chef immédiat de cinq cents hommes.

L'ordonnance de Charles VII, rendue aux Montil-lez-Tours le 28 août 1448, donne peu de détails. Elle dit que les archers se muniront d'arcs ou d'arbalètes garnies, et qu'ils seront habillés de « salade » (casque léger), dague, espée, arc, trousse et » jacque avec hucgues de brigandine ». Mais le considérant de l'ordonnance est remarquable, en ce que Charles VII annonce qu'il crée cette troupe, afin de pouvoir faire la guerre sans qu'*il soit besoing de s'aider d'autres gens de ses sujets,* c'est-à-dire sans les nobles, et il enjoint aux commissaires chargés de désigner les francs archers de prendre non les plus riches, mais les plus habiles à tirer de l'arc.

En 1303, au contraire, Philippe le Bel avait ordonné de prendre les hommes de pied « parmi les » plus riches et les plus suffisants ».

Pour porter leurs armes et leurs habillements, il était accordé aux francs archers une charrette par quinze soldats. Ainsi cette troupe, qui montait à seize mille hommes, aurait traîné à sa suite, si on l'eût rassemblée en totalité, le nombre effrayant de mille soixante-sept voitures.

Cette proportion cependant est encore au-dessous de celle dont fait mention Lefèvre de Saint-Remy, qui dit que le duc de Bourgogne, en 1411, avait, pour quarante à cinquante mille Flamands bien embastonnés, douze mille chariots chargés d'armures et d'habillements.

Mais, à cette époque, on ne tenait pas à faire des marches rapides, et les voitures, comme nous l'avons dit, servaient de fortifications de campagne.

A la fin du règne de Charles VII, l'armée commençait à n'être plus féodale, et on voit par les écrits de l'époque que le noble disparaissait devant le soldat. Ainsi J. de Beuil, l'auteur du *Jouvencel,* manuscrit que nous avons déjà cité, s'écrie : « Et vous die, que le harnois est de telle noblesse

» que depuis que l'homme d'armes a bassinet sur la
» teste, il est noble et suffisant à combattre un roi...
» Les armes anoblissent l'homme quel qu'il soit. »

Le même auteur, témoin de toutes les guerres de Charles VII, émet des principes qui, pour cette époque, ne manquent pas d'intérêt. Il recommande, suivant la coutume, de faire plusieurs batailles d'hommes d'armes à pied, les archers sur les flancs ; mais il place de petits *troupelets* d'hommes d'armes à cheval aux ailes, pour soutenir les hommes de trait. Les batailles de gens d'armes doivent serrer les rangs : car « les bons capitaines,
» dit-il, quant ce vient au joindre et l'assemblez
» dient toujours serrez, serrez, et allegueray un
» bon docteur en cette science, c'est Lahyre, dont
» il est bien nouvelle en toutes les guerres qui ont
» esté en France. »

Quand on est à pied, il faut attendre son ennemi de pied ferme, et ne pas marcher à sa rencontre ; car sans cela le moindre buisson vous met en désordre. Si on y est forcé, il faut attaquer par les ailes. Si on est à cheval, au contraire, l'avantage est pour l'assaillant, et il faut s'efforcer d'enfoncer le centre, et jamais ne mettre la cavalerie derrière des retranchements qui l'empêchent d'agir et de charger. On ne doit jamais poursuivre l'ennemi avec toutes ses troupes. Quand on marche, il faut s'entourer de tous les côtés d'éclaireurs « qu'on
» nomme *gardigeurs* ; car ils sont comme pour
» garder l'ost. »

Enfin, l'auteur, se lançant dans un ordre d'idées plus élevé, émet sur les causes de la défaite des Anglais en 1450 une opinion qui prouve toute la maturité de son jugement. Si les Anglais, dit-il, au lieu de s'enfermer dans les places de la Normandie et de la Guienne, eussent réuni toutes leurs garnisons, ils auraient pu tenir tête avec avantage aux troupes françaises; tandis qu'au contraire, disséminées dans une foule de places, ils les perdirent successivement, la perte des plus considérables entraînant celle de toutes les autres. Cette réflexion, vraie au quinzième siècle, l'était encore en 1813.

Le récit des guerres de cette époque montre également quelques perfectionnements dans l'art de disposer les troupes sur le champ de bataille. En 1429, Charles VII partagea ses troupes en quatre divisions dont la seconde, d'après l'expression des chroniques, *en manière d'une aile;* et la quatrième, sous les ordres de Jeanne d'Arc et de Dunois, formait un corps de réserve, *et se séparoit souvent pour escarmoucher.*

Ce qui veut dire que, des quatre divisions, deux étaient sur une même ligne, séparées par des intervalles à travers lesquels passaient et repassaient les soldats postés en troisième ligne.

Ainsi donc les institutions militaires, comme les principes élémentaires de stratégie et de tactique, sortaient du chaos du moyen âge; l'emploi judicieux de bataillons d'hommes d'armes à pied et d'un grand nombre d'archers avait produit ce résultat.

Usages féodaux.

En 1347, Édouard III fait le siége de Calais. Philippe de Valois lève une armée de *deux cent mille hommes*, pour venir au secours de cette ville et faire lever le siége. Il arrive sous les murs, et là il trouve la petite armée anglaise si bien retranchée qu'il n'ose l'attaquer, et qu'il envoie messire Eustache de Ribeumont auprès du roi d'Angleterre, à qui celui-ci tint le langage suivant : « Sire, le
» roi de France nous envoie devers vous et vous
» signifie qu'il est ci-venu et arrêté sur le mont
» de Sangattes pour vous combattre, *mais il ne*
» *peut ni voir ni trouver voie comment il puisse ve-*
» *nir jusques à vous;* si en a-t-il grand désir pour
» désassiéger sa bonne ville de Calais.... Si ver-
» roit volontiers que vous voulussiez mettre de
» votre conseil ensemble, et il y mettroit du sien,
» et par l'avis de ceux, *aviser une place là où on se*
» *pût combattre.* »

Le roi répondit : « Si dites-lui de par moi, s'il
» vous plaît, que je suis ci endroit et y ai demeuré
» *près d'un an,* ce a-t-il bien sçu, et y fût bien
» venu plus tôt s'il eût voulu... Si je ne suis mie
» conseillé de tout faire à sa devise et à son aise,
» ni éloigner ce que j'ai tant désiré et comparé. Si
» lui dites que, si il ni ses gens *ne peuvent par là*
» *passer,* que ils voisent autour pour quérir la voie. »

Et ce que demandait le roi de France était conforme aux usages du temps, car on donnait ordinairement rendez-vous pour une bataille comme pour un duel, s'engageant à choisir un lieu qui ne fût obstrué ni par un bois, ni par l'eau, ni par un marais.

D'après ce qui précède, on voit que les murailles de Calais avaient résisté pendant plus d'un an à l'armée victorieuse d'Édouard III, et qu'à leur tour quelques fossés hérissés de pieux mettaient les Anglais à l'abri des attaques de forces considérables.

Les capitaines qui conduisaient les armées, habiles à rompre une lance, n'avaient pas la plus légère notion de stratégie ou de tactique.

En 1356, le roi Jean, s'avançant pour combattre le prince de Galles près de Poitiers, fut très-étonné d'apprendre *que ses ennemis que tant désiroit à trouver éloient derrière et non devant.*

En 1382, dans la campagne qui finit par la bataille de Rosbeque, on voit le connétable de France, Clisson, demander avec une naïveté parfaite quel est ce pays de Flandre où il n'a jamais été et quelle est cette fameuse rivière, la Lys, que l'armée ne peut traverser. On lui assure, dit Froissart, qu'elle vient de Saint-Omer : « *Or*, dit-il, *puisqu'elle a un commencement, nous la passerons bien.* »

En 1406, le duc de Bourgogne, qui traînait à sa suite une tour de bois pour assiéger Calais, se trompe de chemin et arrive devant Saint-Omer, se croyant près de la première ville.

Chaque armée s'efforçait d'avoir à dos le soleil

et le vent, et cela s'explique par cette raison que les chevaliers ayant la visière baissée, et ne voyant qu'à travers une petite ouverture, l'éclat du soleil ou la moindre poussière les rendait complétement aveugles ; immense désavantage, lorsque les combats dégénéraient en luttes corps à corps.

Le vainqueur ne poursuivait jamais sa victoire ; car, d'après les lois de la guerre, celle-ci n'était légitimement reconnue que lorsqu'il avait occupé le champ de bataille pendant trois jours.

Les combattants comptaient beaucoup sur les cris qu'ils poussaient tous ensemble pour intimider leurs ennemis. A Crécy, les arbalétriers génois poussent des cris affreux ; à Rosbeque, il est ordonné que tous *crieront d'une voix chacun son cri ou le cri de son seigneur ;* à Azincourt, « tous les An-
» glais, dit Monstrelet, soudainement firent une
» très-forte huée, dont grandement s'émerveillè-
» rent les Français. »

Il fallait que près d'un siècle s'écoulât encore avant que la discipline commandât le silence et que les armes à feu employées en grand nombre vinssent couvrir toutes les voix, les chants de triomphe comme les cris de désespoir.

D'après les divers exemples que nous avons rapportés, il faut reconnaître que les habitants de la Grande-Bretagne avaient une meilleure tactique et une discipline plus sévère que la nôtre. Dès 1347, ils avaient adopté pour les combats de nuit un mot de ralliement qui leur servit grandement pour se reconnaître au combat de la Roche-Deryen ; et au commencement du quinzième siècle, ils traînaient à la suite de leurs armées des bateaux pour jeter des ponts sur les rivières. En 1444, ils passèrent l'Oise de cette manière.

Première artillerie à feu de bataille.

Les premiers canons dont l'histoire fasse mention étaient de si petit calibre, qu'on pourrait à la rigueur les considérer comme armes à feu portatives, si la grossièreté de leur construction ne les eût rendus difficiles à manier. Il était alors plus commode de les porter sur charrette, sur roues ou sur chevalets, que de les tirer à la main.

La première artillerie à feu de bataille consistait en petits tubes de fer qui lançaient des balles de plomb d'un faible diamètre, ou des traits appelés carreaux, parce qu'ils étaient armés d'un fer pyramidal à base carrée.

Ces tubes ou canons, ces mots sont synonymes, étaient placés au nombre de deux, de trois ou de quatre, sur un train à deux roues garni d'un mantelet en bois, qui protégeait les canonniers contre les projectiles ennemis, et la partie antérieure était armée de fers de lance imitant ce qu'on nomme aujourd'hui cheval de frise. Cette espèce de voiture traînée par des hommes ou par un cheval s'appelait *ribaudequin*, du nom donné autrefois à des arbalètes à tour qui jouaient le même rôle.

L'usage de porter plusieurs petits canons, soit sur des chevaux, soit sur des charrettes, se conserva pendant longtemps, et dès la fin du quatorzième siècle, on avait cherché à perfectionner ou plutôt à compliquer cette première invention.

On lit dans l'*Histoire de la domination des seigneurs de Carrare*, par Giovanni Citadella, que Scaliger avait fait faire, en 1387, trois grands chariots qui portaient chacun cent quarante-quatre petites bombardes disposées sur trois rangs. Chaque rang était divisé en quatre compartiments, et les douze bombardelles contenues dans chacun de ces compartiments faisaient feu à la fois. Un homme affecté à chaque rang les tirait par salves de douze en douze, de sorte que, lorsque les trois charrettes faisaient feu ensemble, trente-six balles partaient à la fois. Les charrettes étaient conduites par des hommes portant des hallebardes chargées d'artifices qui brûlaient ceux qu'elles touchaient. Nous verrons ces armes compliquées renaître à divers intervalles et se reproduire sans cesse comme nouvelles inventions.

La plupart des auteurs qui ont écrit sur le premier emploi des armes à feu, prétendent qu'au quatorzième siècle l'artillerie fut employée exclusivement dans les siéges, mais qu'il n'est point fait mention de son usage dans les batailles; et comme, lorsqu'on a adopté un système, on repousse tous les exemples qui tendraient à renverser ce système, les mêmes auteurs révoquent en doute les passages de J. Villani et des *Grandes Chroniques de Saint-Denis* qui signalent l'emploi que firent les Anglais de canons à la bataille de Crécy, en 1346, et ils appuient leur opinion du silence de Froissart. Or, le silence de Froissart ne prouverait rien, selon nous, si ce n'est que l'usage des armes à feu n'était pas nouveau du temps de cet historien, puisque nulle part il ne parle avec étonnement de leur apparition ; ou bien, son silence prouverait tout au plus qu'à ses yeux ces machines étaient si peu importantes en rase campagne, qu'il crut inutile d'en parler à propos de la bataille de Crécy. Mais M. F. C. Louandre vient de publier dans son intéressante *Histoire du Ponthieu* un passage d'un manuscrit de Froissart conservé à la bibliothèque d'Amiens, qui détruit toutes ces suppositions, car on y lit : « Et li Angles descliquerent aucuns canons qu'ils avoient en la bataille pour esbahir les Genevois. » Froissart confirme donc le dire des autres chroniqueurs. D'ailleurs, un manuscrit anglais de l'époque signale l'existence de canonniers dans l'armée d'Édouard III ; il est donc naturel de penser que ce grand guerrier avait des canons à Crécy.

De plus, il n'est point vrai qu'il ne soit pas fait mention de canons dans les batailles du quatorzième siècle. Car, lorsque le prince de Galles marcha sur Najara, en 1364, pour remettre sur le trône Pierre le Cruel, il traînait à sa suite des *bombardes et des arcs à tour*.

Froissart dit qu'en 1369 les Anglais firent amener « des *canons et espringolles* qu'ils avoient » de pourveance en leur ost, et pourvus de long- » temps et usagés de mener. » Les citations précédentes tendent à prouver qu'on faisait usage de petits canons en rase campagne; car les historiens les désignent évidemment en les comparant avec les espringolles ou arbalètes à tour, qui, avant l'emploi de la poudre, formaient la seule artillerie de bataille. Il est donc à présumer que ces canons étaient également sur roues. Dans l'*Inventaire de l'artillerie de Bologne,* fait en 1381, il est également fait mention de canons de campagne, sous la dénomination suivante : « Item novem bombardas ad *scaramosando* » (pour escarmoucher). Enfin, nous avons vû qu'on se servit de petits canons en 1382 dans les guerres de Flandre.

Ces armes, on le conçoit, étaient très-peu efficaces; et s'il n'est pas juste d'en nier l'existence à Crécy, il est encore plus injuste de vouloir attribuer à l'apparition de ces armes, comme plusieurs auteurs l'ont fait, une influence qu'elle ne pouvait point avoir. Les trois canons employés par les Anglais à Crécy ne peuvent être comparés qu'à trois de nos fusils actuels faisant une seule décharge. Comment donc croire que trois coups de fusil aient pu mettre en fuite 50,000 hommes?

A la fin du quatorzième siècle, comme au commencement du quinzième, les armes à feu jouissant de toute leur première vogue, l'usage s'en était répandu partout, et elles avaient reçu toutes les formes qu'il avait plu aux ouvriers de leur donner. On avait épuisé toute l'échelle des calibres, depuis les tubes portant des balles de plomb de trente-deux à la livre, jusqu'aux bombardes et mortiers lançant des boulets de pierre de mille livres.

Il y avait la même diversité dans la nature des projectiles, et les canons lançaient des carreaux, des flèches enflammées, des boulets de pierre, de fer, de bronze, de plomb, des balles à feu, des pierres incendiaires, des grenades, des boîtes à mitraille remplies de balles de plomb ou des sacs remplis de pierres. Au milieu de tout ce dédale, nous distinguerons : 1° les armes à feu portatives ou à main ; 2° les armes à feu de petits calibres ou de calibres moyens, employées généralement comme artillerie de campagne ; 3° les bouches à feu de gros calibres qui servaient dans l'attaque et la défense des places.

Les armes à feu portatives étaient employées dans les villes plutôt qu'en rase campagne. Ainsi, dès 1364, la ville de Pérouse avait fait fabriquer cinq cents petits canons d'une palme de longueur, qu'on tirait à la main.

En 1369, les Anglais, conduits par Jean Chandos, levèrent, dit Froissart, devant Montsac, aucuns canons qu'ils *portoient*.

En 1381, la ville d'Augsbourg avait trente hommes armés de canons à main. Les Français se servirent dans la guerre contre les Liégeois, en

1382, de bombardes portatives. Mais ce dernier fait ne prouve pas que l'usage des armes à feu portatives fût répandu dans les armées françaises à cette époque, car, si nous avons eu de bonne heure dans les villes des compagnies de coulevriniers (tel était le nom qu'on donnait aux tireurs d'armes à feu), nous n'avons eu véritablement de troupes *nationales* munies d'armes à feu portatives qu'au commencement du seizième siècle.

L'artillerie employée en campagne ne différait guère, nous le répétons, des armes à feu portatives, car c'étaient toujours à peu près les mêmes instruments, soit qu'ils fussent portés sur des chevaux ou sur des charrettes et puis tirés à la main, soit qu'ils fussent placés à poste fixe sur des chevalets ou sur des roues. Cependant dès la fin du quatorzième siècle, on avait adopté un calibre moyen qui lançait des boulets de fer ou de plomb de plusieurs livres.

La première artillerie de campagne, considérée uniquement comme un obstacle, était disposée tout autour d'un corps d'armée, mêlée aux charrettes sur tous les abords, puis, ensuite, on la sépara des bagages et on la plaça sur le front ou sur les ailes, « les canonniers, dit Christine de Pisan, ar- » rangés comme les arbalétriers et les archers. »

Cette expression prouve encore que, vers 1400, les canonniers sur le champ de bataille servaient des canons si petits, qu'on les assimilait aux soldats qui étaient munis d'armes de jet portatives.

Quoi qu'il en soit, les canons de campagne portaient en général plus loin que les arcs et les arbalètes ; ils avaient une plus grande force de percussion, agissaient sur l'esprit des troupes par le bruit de leur décharge, et augmentaient l'importance des positions défensives ; cependant ils n'offraient d'avantages réels que pour les opérations secondaires de la guerre.

Fallait-il, par exemple, défendre ou attaquer un défilé, protéger le passage d'une rivière, renverser quelque obstacle? les canons fournissaient un moyen facile d'obtenir ce résultat avec peu de monde ; mais, en rase campagne, les armes à feu, embarrassantes et se chargeant lentement, ne pouvaient qu'imparfaitement remplacer les arbalètes à tour, et, une fois tirées, on n'avait plus le temps de les recharger. C'est ce qui obligea de multiplier les canons outre mesure, car il est clair que, pour produire le même effet dans un temps donné, le nombre des bouches à feu doit augmenter en raison inverse de la rapidité du tir.

Cependant vers le milieu du règne de Charles VII l'artillerie paraît avoir subi d'importantes améliorations, puisque l'effet en devint plus décisif sur les champs de bataille.

A la bataille de Bullegneville[1], en 1431, l'artil-

---

[1]. Bataille livrée par le duc René d'Anjou au comte de Vaudemont, qui lui disputait la Lorraine. Le comte de Vaudemont uni aux Bourguignons défit complétement René, qui tomba au pouvoir du duc de Bourgogne et resta prisonnier jusqu'en

lerie, au lieu d'être éparpillée sur tout le front, est mise au centre et sur les ailes ; on la masque habilement derrière un rideau d'archers, et elle répand à propos la terreur et la mort.

En 1444, l'artillerie française tira avec succès contre les Suisses au combat de Saint-Jacques[1]. Une petite rivière, la Birse, séparait les combattants. Les Suisses voulurent la traverser sur un pont. Le feu de l'artillerie les en empêcha et tua deux cents hommes. Ils furent obligés de passer la rivière à gué ; parvenus sur l'autre rive, ils furent bientôt repoussés par le nombre, alors ils se réfugièrent dans un hôpital et derrière les murs d'enceinte du jardin ; mais l'artillerie rasa en peu de temps ces murs, et renversa ainsi le dernier espoir de ces héroïques soldats, qui moururent tous plutôt que de se rendre.

Bullinger dit même que les Français jetèrent de la poudre dans le bâtiment pour le faire sauter. Si ce fait est vrai, ce combat serait aussi curieux sous le point de vue militaire que sous le point de vue politique ; car les écrivains de l'époque disent que

---

1438, époque à laquelle il paya sa rançon pour aller faire valoir ses droits à la couronne de Naples. (*Note de l'Éditeur.*)

1. L'empereur d'Allemagne Frédéric III, inquiété par les Suisses, avait fait appel au roi de France. Charles VII, embarrassé de troupes indisciplinées, détacha 20,000 hommes, qui se dirigèrent vers le Jura. Quelques centaines de Suisses, envoyés en reconnaissance, rencontrèrent cette armée sur la Birse, près Saint-Jacques, aux portes de Bâle. (*Note de l'Éditeur.*)

la Suisse n'était que le prétexte de l'expédition, et que Louis XI, alors dauphin, disait hautement que le Rhin était la frontière naturelle de la France.

Six ans plus tard, l'artillerie produisit encore des effets décisifs : en Normandie, près du village de Formigny[1], les Anglais s'étaient mis en bataille derrière un pont sur lequel les Français devaient passer ; ceux-ci braquèrent contre ce pont des coulevrines de gros calibre (car sans cela on eût pu les emporter), qui firent beaucoup de mal aux Anglais. Elles furent prises et reprises, et semblent n'avoir point été sans influence sur le gain de la bataille. Cette circonstance d'un point disputé pendant le combat, prouve déjà un progrès réel dans le maniement des troupes ; car il faut déjà une certaine discipline pour que des soldats reculent, se rallient, reviennent à la charge et triomphent.

A la bataille de Gavre, en 1453, l'artillerie des Gantois avait à tel point fortifié leur position, que le maréchal de Bourgogne crut prudent de se servir d'un stratagème pour les attirer hors de la ligne de leurs canons.

« Puis ensuite, dit Olivier de la Marche, si fut
» avisé d'envoyer de la légère artillerie devant les
» premières compagnies, et si tost que ladicte ar-

---

[1]. La bataille de Formigny (15 avril 1450) décida du sort de la Normandie, qui, la même année, fut enfin délivrée du joug que les Anglais lui imposaient depuis trente et un ans.   (*Note de l'Éditeur.*)

» tillerie fut assise et qu'elle commença à tirer, » les Gantois s'ouvrirent et se déréglèrent de leur » ordre. »

Dans la même année, les Français, retranchés devant la ville de Castillon qu'ils assiégeaient, furent attaqués par Talbot, mais l'artillerie française foudroya les assaillants, tua le fameux chef anglais et fut cause de la victoire [1].

Ainsi donc, vers le milieu du quinzième siècle, l'artillerie avait, sur le champ de bataille, fortifié la défense contre les brusques attaques de la cavalerie, et rendu aux positions toute leur importance. Il ne s'agissait plus de rechercher comme autrefois pour rendez-vous du combat un lieu dégarni de marais ou de bois; on occupait, au contraire, tous les lieux où l'artillerie pouvait être le mieux placée et produire le plus d'effet. Cependant, comme elle était peu mobile, il était difficile de la mener promptement contre l'ennemi; l'habileté consistait alors à faire le contraire, c'est-à-dire à attirer l'ennemi sous le feu des canons, par quelque ruse ou par quelque manœuvre. La préoccupation des assaillants d'éviter les effets de l'artillerie, la longue portée des coups qui éloignait les combattants, rendaient les chefs plus circonspects,

---

1. Cette victoire (17 juillet 1453) rendit définitive la conquête de la Guyenne. Charles VII fit son entrée à Bordeaux le 19 octobre suivant. Ce fut le terme de la guerre, qui avait duré cent quinze ans entre la France et l'Angleterre. *(Note de l'Éditeur.)*

compliquaient les mouvements des troupes; il fallait donc plus de talent pour les diriger, et la tactique, qui est la science de ces mouvements, devait donc nécessairement renaître, puisque le besoin s'en faisait sentir.

Mais si l'artillerie de bataille avait déjà acquis une certaine importance, les armes à feu portatives, dont se servaient surtout les Bourguignons, les Allemands et les Suisses, étaient encore, en rase campagne, bien inférieures aux anciennes armes de jet, et l'arc conservait toute sa supériorité ; car, contre des objets animés, le principal avantage consiste bien moins dans la quantité de mouvements d'un projectile que dans la légèreté, la simplicité de l'arme qui permet de tirer promptement un grand nombre de coups, et on peut dire qu'à cette époque on tirait dans le même temps un coup de couleuvrine, trois coups d'arbalète, six coups d'arc. Philippe de Commines avait donc raison de dire, au commencement de la période suivante, que « la souveraine chose du monde pour les ba- » tailles sont les archers », et il ajoutait cette maxime vraie pour toutes les armes de jet portatives : « Mais qu'ils soient à milliers, car en petit » nombre ne valent rien. »

Nous verrons cette supériorité de l'arc ou de l'arbalète se conserver en France jusqu'à François I*er*, et en Angleterre jusqu'à Élisabeth.

La longue période que nous venons de parcourir peut donc se résumer de la manière suivante :

Jusqu'en 1346, l'homme d'armes à cheval règne en maître sur le champ de bataille. C'est à peine si des retranchements peuvent opposer un obstacle à l'impulsion de ces hommes de fer qui s'avancent au galop; mais les masses d'archers arrêtent court cette fougueuse cavalerie; elle met pied à terre, se réunit en bataillons profonds, afin de compenser, par l'accroissement de la masse, ce que son choc a perdu de vitesse. Enfin l'artillerie à feu fait adopter la guerre de position, qui oppose à une valeur téméraire la prudence et la réflexion. Cependant la guerre n'est pas encore une science, et les éléments qui composent les armées ne se sont pas encore développés.

L'infanterie compacte et solide n'existe nulle part, ou plutôt, si elle existe en Allemagne et en Suisse, les avantages qu'elle procure ne sont point encore révélés à tous les yeux. La cavalerie, se chargeant de tous les rôles du soldat, n'en remplit aucun parfaitement bien, et l'artillerie n'est encore qu'un accessoire.

CHAPITRE II.

DE LOUIS XI A HENRI IV.

1461—1589.

Vers le milieu du quinzième siècle, paraissent sur la scène du monde trois grandes figures historiques qui, chacune, sous le point de vue politique comme sous le point de vue militaire, ont leur caractère particulier. Ce sont Louis XI, Charles le Téméraire et le peuple suisse.

Louis XI représente le pouvoir royal domptant les grands vassaux, organisant de puissantes forces militaires, et cherchant à introduire dans le gouvernement et dans l'administration l'unité qu'il fallut encore plus de trois cents ans pour établir.

Le duc Charles de Bourgogne représente la féodalité arrogante et fière qui croit pouvoir fonder un empire sans peuple et sans point central. Riche de toutes les ressources qu'a inventées la science, il ne sait point en profiter, parce qu'il met les moyens nouveaux au service de vieilles idées, et tombe expirant aux pieds d'un peuple de pasteurs.

Les Suisses, devenus soldats par des luttes sans cesse heureuses depuis cent soixante ans, révèlent tout à coup au monde une nouvelle force, la force d'une infanterie compacte et disciplinée. Ils repoussent par leur courage une agression injuste. Pour la première fois depuis Courtray, l'infanterie plébéienne dompte à elle seule les cuirasses dorées dans une bataille rangée, et l'Europe voit avec étonnement le spectacle nouveau d'un peuple libre terrassant le souverain féodal le plus puissant de son époque, sous les yeux d'un roi despote qui applaudit [1].

A peine sur le trône, Louis XI pense à fortifier son pouvoir. Comme son père, il donne tous ses soins à l'organisation des francs archers, à la régularisation de la gendarmerie. Charles VII avait réduit la lance fournie à sept chevaux, Louis XI la réduit à six; il oblige ses gendarmes à des revues fréquentes, à une discipline sévère; il les force à diminuer leur bagage.

L'artillerie appartenait toujours aux villes, aux châteaux, aux métiers, aux corporations; le collége des notaires même avait des canons. Louis XI augmenta de beaucoup l'artillerie royale. Il fit fondre douze gros canons de bronze à chambre, surnom-

---

[1]. Charles le Téméraire, duc de Bourgogne, au comble de sa puissance, veut soumettre l'Helvétie. Les supplications des Suisses, qui s'efforcent de détourner ses ambitieux projets, restent vaines. Charles marche à la tête d'une armée formidable. Le désespoir et le patriotisme enflamment le courage des Suisses. Le duc de Bourgogne est battu à Granson. Une seconde défaite succède à la première. Les Suisses triomphent à Morat (1476), et les Bourguignons laissent dix mille morts sur le champ de bataille. Six mois plus tard, Charles le Téméraire éprouve un dernier échec et perd la vie (bataille de Nancy, 1477).   (*Note de l'Éditeur.*)

més les douze pairs, dont un fut perdu à la bataille de Montlhéry, en 1465. En 1470, il fit venir de Tours à Paris toute la belle artillerie qu'il avait créée dans cette première ville. Plus tard (1477), il fit fondre douze immenses bombardes en bronze lançant un boulet de fer de cinq cents livres. Le prévôt des marchands fit construire à Paris par son ordre de belles serpentines, et Philippe de Commines nous dit que « Louis XI fesoit ses armées » si grosses, qu'il se trouvoit peu de gens pour les » combattre, et étoit bien garni d'artillerie, mieux » que jamais roy de France. » Quand, en 1465, il rentra dans Paris à la tête de douze mille hommes qu'il amenait de Normandie et du Maine, il avait soixante chariots de poudre et d'artillerie. Le premier, il établit en 1480, au Pont-de-l'Arche, pour y exercer ses troupes, un camp retranché ayant *deux milles de longueur.* Ces troupes se composaient de « dix mille hommes de pied, deux mille huit » cents pionniers, quinze cents hommes d'armes » de son ordonnance pour descendre à pied quand » il seroit besoin, dit Philippe de Commines, et » une artillerie qui pouvoit être facilement voitu- » rée où l'on vouloit, et un grand nombre de cha- » riots et de chaînes. »

Un auteur contemporain dit « que Louis XI laissa » trois trésors : une grosse, puissante et bonne » armée de quatre mille cinq cents hommes d'ar- » mes, d'un bon nombre de Suisses, de grand » nombre de francs archers, et d'autres gens de

» guerre qu'on estimoit à soixante mille combat-
» tants à sa solde, qui étoient payés tous prêts à
» le servir contre tous ses ennemis. Le second
» trésor estoit qu'il estoit garni d'un gros et mer-
» veilleux nombre d'artillerie et de l'équipage qu'il
» y falloit, plus que jamais n'avoit été roy qui fust
» paravant luy. Le troisième estoit qu'il laissât
» toutes les villes du royaume, tant celles qui es-
» toient en pays, comme celles qui estoient sur
» les frontières, si bien fortifiées, qu'il ne seroit
» possible d'y mieux pourvoir. »

Charles VIII et l'expédition de Naples.

Il faut fixer à l'époque de Charles VIII la fondation définitive de notre artillerie, dont on connut
la puissance dès 1488 à la bataille de Saint-Aubin
du Cormier contre le duc de Bretagne [1]. Il paraît
que les canons, parmi lesquels on comptait douze
faucons, avaient été placés de manière à prendre
d'écharpe les troupes auxiliaires anglaises et alle-
mandes qui se trouvaient dans l'armée du duc de
Bretagne, et qu'ils firent un horrible carnage. Mais
ce fut surtout dans l'expédition de Naples que

1. Louis d'Orléans, qui plus tard devait succéder à
Charles VIII, sous le nom de Louis XII, s'était ligué contre
le roi, son beau-frère, avec François II, duc de Bretagne.
La Trémoille, à la tête des troupes royales, battit les princes
rebelles près Saint-Aubin du Cormier, le 27 juillet 1488.
(*Note de l'Éditeur.*)

l'artillerie française acquit une grande réputation (1494)[1].

Charles VIII partit de France avec environ cent pièces de canon de calibres moyens; à Sarzane, son parc s'augmenta d'environ quarante grosses pièces; mais ayant laissé une grande partie de son artillerie à Naples, il ne repassa les Apennins qu'avec environ quarante-deux bouches à feu, dont quatorze grosses pièces qui seules offrirent de grandes difficultés pour le transport.

Cette artillerie était bien faite pour exciter l'admiration des étrangers, et tous les auteurs italiens de l'époque ne manquent pas d'en faire l'éloge. Quand l'avant-garde des Français passa le mont

---

[1]. Jeanne II, reine de Naples, avait appelé à sa succession Louis III, duc d'Anjou, et subsidiairement René, frère de ce prince; René posséda quelque temps la couronne napolitaine, mais dut bientôt, tout en protestant, l'abandonner à son compétiteur Alphonse d'Aragon (1442). En mourant, René légua l'Anjou, la Provence et ses droits sur le royaume de Naples à son neveu, le comte du Maine, qui à son tour les transmit au roi de France (1481). Louis XI se hâta de réunir à la couronne la Provence, le Maine et l'Anjou; mais tout entier à l'œuvre de constitution qu'il poursuivait à l'intérieur, il se soucia peu des droits dont il avait hérité sur le royaume de Naples. D'un esprit chevaleresque, Charles VIII, son successeur, voulut les revendiquer. « C'était une honte, disait-il, que la couronne de Naples eût été enlevée à la maison de France par un bâtard d'Aragon. » Tel fut le point de départ des luttes que, pendant soixante années, la France devait soutenir en Italie. Charles VIII avait vingt-quatre ans lorsqu'il résolut de franchir les Alpes. (*Note de l'Éditeur.*)

Cenis, dit Paul Jove, elle traînait après elle un appareil d'artillerie de bronze excitant l'épouvante, parce qu'il n'y en avait jamais eu de semblable; et Philippe de Commines, si réservé dans ses éloges, écrit que les Italiens « n'entendoient » pas le fait de l'artillerie et en France n'avoit » jamais été si bien entendu. »

Cependant l'efficacité de l'artillerie se montra surtout contre les forteresses, et elle ne fut pas appelée à jouer un grand rôle sur les champs de bataille. On sait qu'il n'y eut, dans cette expédition, qu'une seule rencontre en rase campagne au retour de Naples[1], et, dans cette occasion, l'artillerie agit plutôt par la crainte qu'elle inspirait que par son effet réel.

Il n'entre pas dans le cadre que nous nous sommes tracé de décrire stratégiquement les campagnes pendant lesquelles eurent lieu les batailles qui nous occupent dans ce livre. Cependant, comme toutes les connaissances humaines marchent de concert, il ne sera pas inutile de prouver que la création de notre artillerie coïncide avec la renaissance de meilleurs principes stratégiques. Nous réfuterons ainsi le dire des auteurs qui représentent la conquête du royaume de Naples comme une de ces expéditions conçues imprudemment et conduites sans calcul et sans réflexion.

Charles VIII, avant de pénétrer en Italie, étudie le terrain qu'il va parcourir; il sait pouvoir compter

---

1. Bataille de Fornoue. (V. la note ci-après.)

sur le concours de la duchesse de Savoie, de Gênes, de Ludovic Sforce, déjà presque duc de Milan, et du duc de Ferrare; il s'assure de la neutralité de Venise, de Florence et de Rome, où il envoie Perron de Basche comme ambassadeur.

Il conclut un traité de paix avec l'Angleterre, l'Espagne et l'Allemagne, et Maximilien jure sur l'hostie de ne point l'inquiéter pendant son expédition.

Assuré des bonnes dispositions des princes, Charles sait aussi que tous les peuples d'Italie l'appellent à grands cris et que partout les sympathies populaires salueront son passage et appuieront ses prétentions. Il était impossible de lui résister, dit un auteur contemporain, tant les peuples l'appelaient de leurs vœux.

Sans compter les troupes rassemblées à Lyon, et dont nous avons parlé, il réunit à Gênes un autre corps d'armée fort de dix mille hommes, sous les ordres du duc d'Orléans; ces troupes devaient agir sur la côte ou s'embarquer sur la flotte, réunion de galères et de barques très-considérable pour l'époque.

Le roi Alphonse de Naples, pour éloigner la guerre de ses États, avait envoyé deux corps d'armée à la rencontre des Français. L'un s'était rendu en Romagne, l'autre, monté sur des vaisseaux, devait débarquer dans la rivière de Gênes. Ces deux divisions menaçaient, pour ainsi dire, les deux ailes de l'armée française marchant vers les Apennins. Mais Charles VIII, qui avait réuni son armée à Asti, ne voulut pas s'aventurer plus avant dans l'intérieur de l'Italie sans avoir couvert ses deux flancs. Il n'avança sur le Pô qu'après que le duc d'Orléans eut défait à Rapallo la flotte et les troupes napolitaines qui avaient débarqué, et il ne traversa les Apennins à Pontremoli que lorsque d'Aubigny et le comte de Cajasse eurent chassé le duc de Calabre de la Romagne. Enfin, il laissa le duc d'Orléans à Asti, à la tête d'un corps d'armée qui devait surveiller le duc de Milan, et assurer une retraite facile à l'armée française. Pour s'assurer encore mieux de la neutralité des Vénitiens, il envoya Philippe de Commines à Venise. D'un autre côté, la flotte devait longer la côte occidentale de l'Italie, et être à portée d'approvisionner son armée d'hommes et de munitions.

Partout où Charles VIII passe, il prend par force ou se fait céder les forteresses qui commandent les passages importants; et il y laisse des garnisons françaises. Les Florentins lui rendent toutes leurs places fortes. En occupant tous les points de la côte, tels que Sarzana, Pietra-Santa et Pise, il se trouve en communication avec sa flotte; et à Florence, d'Aubigny vient le rejoindre après avoir traversé les Apennins à Castrocaro.

En marchant sur Rome, il s'empare des positions importantes, telles que Montefiascone, Viterbe, Bracciano; il y laisse garnison; et l'enthousiasme que lui montrent à son passage les habitants de Lucques, de Pise, de Poggibonsi, de Sienne, lui prouve qu'il laisse derrière lui non-seulement des forteresses, mais encore des amis.

Dans la ville sainte même, un parti puissant, à la tête duquel se trouve la famille Colonne, lui offre un appui certain. Il envoie de Bracciano plusieurs centaines de Suisses à Ostie, et facilite ainsi l'entreprise des Colonne, qui se sont emparés de cette ville. Sa flotte, qui a touché à Porto-Ercole, y débarque des soldats qui vont le rejoindre à Rome. Le Capitole tremble devant un nouveau Brennus; les canons français sont braqués devant le fort Saint-Ange, et le pape abandonne à Charles VIII ses principales forteresses, entre autres Terracine et Civita-Vecchia. Tous les points de la côte depuis Gênes jusqu'à Gaëte sont au pouvoir des Français.

Charles VIII, pour marcher sur Naples, prend la route des montagnes; il traverse Velletri, Val-Montone, Ceprano, et veut enlever la position importante de San-Germano, où le roi de Naples avait rassemblé toute son armée. Afin de tourner cette position formidable, il envoie à Aquila une colonne de troupes qui protége sa gauche et doit arriver sur les derrières de l'armée ennemie.

Toutes ces dispositions, on ne peut le nier, indiquent un plan bien conçu et bien exécuté. Cependant il est certain que si l'armée française n'eût pas compté sur les sympathies populaires, elle n'eût pas été assez nombreuse pour soumettre toute l'Italie; mais partout le peuple accourait en foule au-devant de nos soldats. En Romagne, les soldats isolés du duc de Calabre étaient assassinés par les paysans. Les habitants criaient les larmes aux yeux : Liberté! liberté! A San-Germano comme à Capoue, la population s'oppose à toute résistance, et, suivant l'expression d'un auteur vénitien de l'époque, les Napolitains se portent avec empressement en dehors de leurs villes pour recevoir *leur roi français*. Dans tout le royaume de Naples jusqu'à Tarente, le peuple, dit Philippe de Commines, venait au-devant de nos gens à *trois journées des cités pour se rendre*. Ainsi donc, il n'est pas juste de taxer d'imprudence une expédition où l'armée d'invasion a sa retraite assurée par une armée d'observation; où elle a des alliés et des postes nombreux; où ses flancs sont appuyés, d'un côté, à une chaîne de montagnes, de l'autre, à la mer où ses vaisseaux dominent, et qui enfin voit les populations favoriser sa marche et applaudir à ses progrès.

Maîtres de Naples, les Français ne songèrent plus qu'à jouir de leur conquête. La conduite politique de Charles VIII fut déplorable; elle ne répondit en rien aux espérances que les peuples d'Italie avaient conçues; et ceux-ci, voyant qu'ils n'avaient fait que changer de joug, pensèrent qu'un maître du pays valait encore mieux qu'un maître étranger.

Quoique la défection du duc de Milan et des Vénitiens l'eût forcé à retourner en France, Charles VIII trouva jusqu'aux Apennins la route ouverte, grâce aux garnisons qu'il avait laissées en arrière et aux sentiments bienveillants des populations. Jusqu'aux Apennins, le retour de l'armée française ne fut pas une de ces retraites malheureuses qui se font au milieu de la malédiction des peuples, mais un mouvement réglé, s'exécutant au milieu d'amis contristés. A Sienne, les habitants implorent avec instance le maintien d'une garnison française. A Pise, les supplications vont jusqu'au désespoir; et, tant a toujours été grande la sympathie des Français pour les opprimés, toute l'armée s'émeut en faveur des Pisans. Hommes d'armes, fantassins, viennent prier le Roi de ne point livrer Pise à la domination de Florence. Tout le monde s'en mêlait, dit Philippe de Commines, même les archers et les Suisses, et cinquante gentilshommes de la garde vinrent jusque dans la chambre du Roi, la hache sur l'épaule, lui faire des représentations.

Cette noble compassion pour les souffrances d'autrui faillit gravement compromettre le salut de l'armée : car le Roi, qui ne voulut pas abandonner entièrement ceux qui l'imploraient, affaiblit considérablement ses forces en laissant des garnisons à Sienne et à Pise; il eut ensuite le tort plus grave d'envoyer, étant à Sarzane, cinq mille hommes à Gênes. La flotte, quoique grandement affaiblie, suivait toujours la côte, elle toucha à la Spezzia; mais elle fut battue près de Gênes, ville qui avait suivi la défection du duc de Milan.

C'était au moment où Charles VIII allait repasser les Apennins[1], que l'armée laissée sous le commandement du duc d'Orléans pouvait être d'un grand secours; mais ce prince avait agi avec une irrésolution qu'on rencontre souvent dans les moments difficiles même chez les hommes énergiques. Il avait fait trop ou trop peu. Avant le retour de l'armée de Naples, il pouvait, ainsi que l'assure Philippe de Commines, s'emparer de Milan et de Pavie, détrôner Ludovic Sforce, qui était détesté, et tenir ainsi en échec Venise, qui n'eût pas osé bouger. Mais craignant qu'un échec ne compromît le retour de l'armée, il resta tranquillement à Asti. Cependant, il ne put résister au désir de s'emparer d'une ville qui s'offrait à lui; il se porta donc sur Novare, où, bloqué par des forces supérieures, il ne fut plus d'aucune utilité à Charles VIII, qui, malgré ce contre-temps, revint en France, en se faisant jour à travers ses ennemis.

La terreur que l'artillerie de Charles VIII avait inspirée en Italie était sous Louis XII dans toute sa

---

[1]. Arrivé sur le versant septentrional de l'Apennin, Charles VIII aperçut campée sur la rive droite du Taro l'armée de Venise et du duc de Milan qui lui barrait le passage. Il ne comptait avec lui que 9,000 hommes, et l'armée ennemie était forte de 35,000. Il remporta la victoire et s'ouvrit la route de la France (bataille de Fornoue, 6 juillet 1495). (*Note de l'Éditeur.*)

force, et contribua grandement, en 1499, à la rapide conquête du duché de Milan[1].

Artillerie de François Ier et de Charles-Quint.

L'artillerie française reçut sous François Ier de puissants accroissements et une organisation plus centrale. Nous n'avons pas connaissance de tout ce qui fut fait alors dans ce but, mais nous savons, par le manuscrit d'Abra de Raconis, que François Ier fit fondre à Paris cent grosses pièces d'artillerie de bronze ; ce qui était alors une assez forte dépense.

A cette époque, les pièces démesurément longues étaient en grande faveur, et on les employait à la défense des places. Cependant les équipages de siége et de campagne étaient composés de pièces assez courtes et réduites à un petit nombre de calibres, ainsi qu'il suit :

---

[1]. A peine Louis XII eut-il succédé à Charles VIII qu'il tourna ses regards vers l'Italie. Non-seulement il voulut renouveler contre Naples l'entreprise de son prédécesseur, mais il fit valoir ses prétentions sur le Milanais, comme petit-fils d'une Visconti, de la maison des anciens ducs de Milan. Le Milanais fut conquis, perdu et reconquis en une année (1500). En 1501, Louis XII parvint à s'emparer, d'accord avec le roi d'Aragon, du royaume de Naples. Mais les deux princes ne purent s'entendre quand il s'agit de partage. La guerre éclata entre eux. Après de sanglants échecs, Louis XII renonça à ses droits sur Naples (1503). Il conserva Milan jusqu'en 1513.

(Note de l'Éditeur.)

Désignation des pièces.	Poids des boulets.
Grand basilique.	80 livres.
Double canon	42 —
Canon serpentin	24 —
Grande coulevrine.	15 —
Coulevrine bâtarde.	7 —
Coulevrine moyenne	2 —
Faucon.	1 —
Fauconneau.	14 onces.

Pour rendre les *moyennes* plus mobiles, on en doublait souvent l'attelage.

Ce petit nombre de calibres avait procuré de grands avantages contre les artilleries ennemies, qui étaient toujours encombrées d'une infinité de bouches à feu de différents calibres. Aussi Latreille, commissaire d'artillerie sous Henri II, en vantant la simplicité de l'artillerie française, dit que « Charles-Quint expérimenta bien la confusion » d'un grand nombre de pièces. » En effet, l'artillerie de Charles-Quint était à la fois allemande, espagnole et italienne.

Fronsperger, qui décrit l'artillerie allemande de cette époque, parle de pièces tirant des boulets de fer de 100, 75, 50, 25 livres, traînées sur chariots porte-corps; d'autres lançant des boulets de 18, 8, 5 et 2 livres, soit en fer, soit en plomb, traînées sur affût; il fait mention de canons à feu (feuerbuchsen), espèce d'obusiers qui n'avaient que quatre pieds de longueur, mais dont l'âme avait quelquefois jusqu'à un pied de diamètre; on les menait en campagne pour lancer soit contre une ville, soit contre un gros de troupes, des balles à feu, des grenades, des boulets creux ou de la mitraille composée de petites pierres; enfin il parle de mortiers et d'orgues faits de plusieurs arquebuses mis ensemble sur un train.

Sous Charles-Quint, on perfectionna en Espagne la fonte et les proportions des pièces de bronze. Les douze bouches à feu que l'empereur fit fondre à Malaga pour son expédition de Tunis étaient des canons ayant 45, de 18 calibres de longueur, et pesant 7,000 livres; ils furent nommés les douze Apôtres, et restèrent longtemps comme les meilleurs modèles de grosses pièces. On avait adopté en Espagne les calibres de 40, 24, 12, 6 1/2, 3.

Diego Ufano dit que Charles-Quint avait voulu que ses calibres fussent plus grands que ceux de ses ennemis, afin de pouvoir se servir de leurs boulets. Nous ne voyons guère que cela pût s'appliquer aux boulets de calibres français. D'ailleurs, malgré les perfectionnements que reçut l'artillerie espagnole, elle fut toujours au seizième siècle bien inférieure à l'artillerie française.

En 1540, François Ier créa onze magasins et arsenaux distribués par provinces. En 1543, ces magasins furent portés au nombre de quatorze. Ces arsenaux devaient contenir les pièces, les poudres, les salpêtres et approvisionnements nécessaires à l'artillerie et à la fabrication de tout ce qui a rapport à l'arme; ils étaient sous la surveillance du grand maître et du contrôleur de l'artillerie ou des hommes délégués par eux. Tous les hommes employés à l'artillerie, tels que les lieutenants, commissaires, canonniers, fondeurs, prévôts, chirurgiens, apothicaires, fourriers, charpentiers, charrons, forgeurs, déchargeurs, capitaines et conducteurs du charroi, devaient être brevetés du grand maître. L'unité s'établissait donc de plus en plus dans l'administration de l'artillerie.

Paul Jove fait de la manière suivante l'éloge de l'artillerie de François Ier, réunie à Grenoble avant la campagne de 1515 : « Les Français n'attellent
» pas à leurs voitures de faibles chevaux ni les pre-
» miers venus ; mais ils achètent à grand prix les
» plus forts et les plus fougueux, et les nourrissent
» bien, afin qu'ils puissent vaincre les obstacles
» de terrain. Ils ont une grande considération pour
» les maîtres de l'artillerie et pour les canonniers, à
» cause de l'adresse que l'expérience leur a donnée
» et des dangers auxquels ces hommes sont expo-
» sés. Ils leur donnent de grosses payes, et ils ont
» organisé dans toute la France un grand nombre
» de jeunes gens qui s'adonnent avec zèle à cet
» art, l'apprennent des plus âgés, et peu à peu ac-
» quièrent le grade et la solde de leurs anciens.
» (L'historien italien veut parler ici des canonniers
» ordinaires et extraordinaires.) Comme, par la
» libéralité des rois, le courage fut toujours récom-
» pensé, et que ces hommes reçurent toujours, en
» temps de paix comme en temps de guerre, de
» très-gros salaires ; cette habitude de ne jamais

» épargner l'argent pour l'artillerie a rendu les
» Français très-redoutables, et a été la cause d'un
» grand nombre de leurs victoires; car, quoique
» les Espagnols, les Italiens et les autres nations
» aient appris à fondre des canons avec un grand
» art, et qu'ils en aient fait un grand approvision-
» nement, cependant, quand le moment vient de
» s'en servir, ils le font avec peu de succès, surtout
» à cause de la lenteur des bœufs et de la crainte
» de l'énorme dépense que cela nécessite, et enfin
» à cause de l'ignorance de ceux qui gouvernent
» l'artillerie, et qu'on trouve même en petit nombre,
» parce qu'il est difficile de se procurer des hom-
» mes qui veuillent s'exposer à un danger mani-
» feste si on ne leur donne de grosses payes. »

Les dépenses que nécessitait l'artillerie étaient déjà très-grandes, car Fronsperger dit que si un souverain calcule les frais d'une campagne à 300,000 florins, il faut qu'il compte un tiers pour l'infanterie, un tiers pour la cavalerie et un tiers pour l'artillerie.

Quoique en France, comme dans les pays étrangers, on traînât en campagne à la suite des armées des pièces de siége, souvent on séparait les bouches à feu de campagne du grand parc. Nous en verrons un exemple en 1515.

De plus, l'artillerie française était toujours divisée par *bandes*, fractions qui facilitaient l'administration et la mobilisation des parcs.

Le nombre de voitures était aussi considérable

que par le passé. En 1515, le connétable de Bourbon avait, pour un corps d'armée de seize mille hommes, six mille individus employés aux bagages, et, en 1524, l'armée italienne et espagnole, commandée par le marquis du Guast, avait douze mille voitures.

Bataille de Marignan.

Le succès engendre l'orgueil, et l'orgueil donne toujours une opinion exagérée de ses forces. Dans le siècle précédent, la chevalerie croyait pouvoir se passer d'infanterie ; au commencement du seizième siècle, les Suisses sans artillerie et sans cavalerie croyaient aussi pouvoir tout renverser avec leurs phalanges de piques. D'un autre côté, la noblesse française, malgré le grand cas qu'elle faisait de l'artillerie, paralysait souvent l'effet du canon par trop de témérité. Deux grandes batailles vont donner à chacun une sévère leçon. Marignan va châtier les premiers, et Pavie les seconds.

En 1515, François Ier se dirige vers l'Italie[1] à la tête d'une armée nombreuse composée de dix-huit mille lansquenets, parmi lesquels il y avait une légion de six mille hommes de vieux soldats fa-

---

1. Louis XII avait conclu la paix avec Maximilien Sforza, duc de Milan, le 13 mars 1514 ; il était mort le 1er janvier 1515 ; le 10 août suivant, François Ier, son successeur, franchissait les Alpes pour reconquérir le Milanais et venger les échecs de la France. L'expulsion du duc Sforza fut la conséquence de la victoire de Marignan, et de nouveau le Milanais nous appartint. (*Note de l'Éditeur.*)

meuse par sa bravoure, appelée la bande noire ; de six mille aventuriers français ; de quatre mille Gascons ; de deux mille cinq cents hommes d'armes ; de mille cinq cents chevau-légers, et, de plus, des gentilshommes de la maison du roi et des archers de la garde.

L'artillerie était composée de soixante-douze à soixante-quatorze grosses pièces, de deux mille cinq cents pionniers, et de cinq mille chevaux. Il y avait, en outre, quelques petites pièces à orgues ; car on lit dans les Mémoires de Fleurange, « que » Pedro Navarre avoit fait faire une manière de parc » auquel avoit une façon d'artillerie que le jeune » adventureux avoit appris et n'étoit pas plus longue de deux pieds et tiroit cinquante boulets à » un coup, et servit fort bien, et en fit faire ledict » adventureux trois cents pièces à Lyon qui se » portoient sur mulets, quinze jours avant que le » Roy partist, par l'ordonnance dudict seigneur » Roy, et est une façon d'artillerie de quoy on n'a » pas encore usé. » C'est en s'appuyant sur ce passage que les capitaines Brunet et Moritz Meyer prétendent que le tir à mitraille fut employé sur le champ de bataille de Marignan ; que, d'un autre côté, M. le capitaine Bach établit comme un fait, que trois cents canons, tirant cinquante balles à la fois, faisaient partie de l'artillerie de François Ier. Nous ne saurions être de leur opinion ; suivant nous, le passage ci-dessus ne prouve qu'une chose : c'est que Robert de la Marck, seigneur de Fleurange et de Sedan, avait fait fabriquer à l'instar des chars employés par Pierre de Navarre à Ravenne, de ces petites pièces qui, placées en grand nombre sur un train ou sur un chevalet, étaient déchargées toutes à la fois ; ce qui nous confirme dans notre opinion, c'est que nous avons retrouvé la trace de cette même machine dans l'inventaire de l'artillerie du château de Sedan, fait le 10 octobre 1642 ; on y signale l'existence de « deux cent » cinquante petits canons de fer de la longueur » des pistoles avec vis à la culasse pour *orgue* ». Or, il est probable que cet instrument, dont l'invention fut attribuée au seigneur de Sedan, avait été conservé dans son château jusqu'à cette époque.

Les Suisses occupaient du côté du Piémont tous les passages connus des Alpes, et il était difficile de franchir les montagnes avec toute l'armée et toutes les voitures en présence de soldats aguerris. Sur le conseil de Trivulce, on se décida à tourner leur position.

Les seules routes pratiquées jusqu'alors par les armées françaises pour descendre en Italie étaient le mont Cenis et le mont Genèvre.

François Ier résolut de traverser le col d'Argentière et de déboucher en Italie par la vallée de la Stura. Dans ce but, il divisa son artillerie en deux parcs, n'emmena avec lui que les pièces de campagne, et envoya les grosses pièces, sous bonne escorte, par la route que Charles VIII avait prise autrefois, et qui, traversant le mont Genèvre, débouche à Suse.

Quoique le principal corps d'armée n'eût avec lui que des pièces légères, le passage des montagnes offrit de grandes difficultés. Il fallut faire sauter des rochers, démonter les pièces, les porter à bras, leur faire franchir des ravins en attachant aux arbres des câbles sur lesquels roulaient des poulies qui, liées aux pièces, étaient tirées au moyen de treuils.

Les Suisses doutaient de la venue des Français, parce qu'ils ne croyaient pas, dit Paul Jove, que les Français, qui mettent ordinairement l'espoir de la victoire dans leur artillerie, pussent lui faire traverser le col des Alpes. Mais, apprenant que les Français étaient heureusement descendus dans les plaines d'Italie, ils se retirèrent vers Turin, traînant eux-mêmes leurs canons avec une peine extrême, faute de chevaux. Arrivés près de la petite ville de Chivasso, ils ne trouvèrent pas de bateaux pour traverser la petite rivière d'Orca, et, si l'on en croit les chroniques de l'époque, ils firent un pont de cordes sur lequel ils passèrent leur artillerie. L'armée française les suivit de près, campant tous les soirs dans l'ordre de bataille ; mais elle était souvent arrêtée par *le bagage qui alloit tousiours deuant*.

Arrivé dans les plaines de la Lombardie, François Ier, pour empêcher les Suisses qui s'étaient retirés à Milan de se réunir aux troupes papales et espagnoles rassemblées à Crémone, et faciliter en même temps sa jonction avec l'armée vénitienne qui était à Lodi, établit son camp à cheval sur la route qui va de Marignan à Milan.

L'armée française, dont la droite s'étendait jusqu'à la petite rivière du Lambro, se forma sur trois lignes. L'avant-garde fut établie près du village de San-Giuliano, en un lieu appelé *Genille* par Pasquier, dit le Moine sans froc; la bataille commandée par le Roi s'appuyait à la Cassine de Sainte-Brigitte; l'arrière-garde était à une portée d'arc plus en arrière. Chaque division, formée de quatre à neuf mille hommes d'infanterie, avait la cavalerie sur les ailes; et l'artillerie divisée en batteries *battait les avenues*. Pierre de Navarre, avec les arbalétriers gascons, était sur la droite de la grande route retranché derrière les fossés qu'il avait hérissés de pieux. Le terrain, sillonné par des ruisseaux servant aux irrigations, offrait des retranchements naturels derrière lesquels se tenait l'artillerie de l'avant-garde. Depuis la défaite de Novare[1], comme on craignait l'impétuosité des Suisses, on croyait plus prudent de toujours placer l'artillerie derrière quelque obstacle.

Les Suisses, au nombre d'environ trente mille

---

1. La dernière bataille qui se donna en Italie sous Louis XII (6 juin 1513). Les Français assiégeaient dans Novare le duc de Milan; les troupes suisses firent contre eux une attaque terrible. L'armée française perdit son artillerie et repassa les Alpes. (*Note de l'Éditeur.*)

hommes, suivis de quelques Milanais et de quelques hommes de cavalerie, sortirent de Milan pour attaquer l'armée française, n'ayant avec eux que dix petites pièces d'artillerie. On comptait dans leurs rangs plusieurs vieux soldats qui avaient combattu à Morat et à Nancy.

Pour être plus libres dans leurs mouvements, ils avaient ôté leurs bonnets et leurs souliers. Ils étaient divisés en trois gros bataillons de huit à dix mille hommes; une petite troupe servait à couvrir les canons. Le bataillon du centre avait devant lui deux mille enfants perdus; nom glorieux, dit Paul Jove, parce que ces soldats d'élite, s'avançant témérairement les premiers, étaient censés marcher à une mort certaine.

Cette troupe, soutenue par quatre pièces d'artillerie postées sur la grande route près d'une cassine, commence l'attaque et court droit à l'artillerie, croyant pouvoir s'en emparer comme à Novare. Déjà elle a mis le désordre dans la cavalerie de l'avant-garde, et se serrant en masse, elle a repoussé les lansquenets et les Gascons; déjà elle a pris sept pièces de canon, lorsque les aventuriers français et la gendarmerie surviennent : la gendarmerie renverse facilement les rangs peu épais des enfants perdus; mais arrivée devant la phalange de piques du centre, elle s'arrête. Les Suisses élargissent leur front pour l'envelopper. Alors, le terrain entrecoupé ne se prêtant pas à son action, elle se retire en désordre. Cependant les intrépides enfants des Alpes s'avancent sans cesse malgré les pertes que leur cause le canon. Les lansquenets retournent à la charge et traversent le fossé, les Suisses laissent passer sept ou huit rangs, puis les renversent. Tandis que la confusion la plus grande règne au centre, un autre bataillon suisse se trouve aux prises sur la droite avec Pierre de Navarre, et un troisième, intimidé par le canon, cherche à se mettre à l'abri derrière un pli de terrain pour tourner la gauche de l'armée française.

L'avant-garde des Français, qui a été repoussée, se voit obligée de se replier derrière la seconde division. Alors le Roi s'avance à la tête du corps de bataille, composé d'un grand nombre de gendarmerie et de la bande noire des lansquenets, recommandant au duc d'Alençon de le suivre à peu de distance avec l'arrière-garde. Il fait établir une forte batterie sur son flanc pour prendre d'écharpe le bataillon ennemi. La mêlée devient générale; quatre mille Suisses se sont détachés de la grosse bande; François Ier, à la tête de deux cents gendarmes, les renverse; enivré par ce succès, il se retourne contre un autre bataillon de huit mille hommes qui voulait tourner sa position, mais il ne peut l'entamer; car, suivant son expression, les premiers rangs lui présentent *six cents piques au nez*. Ces alternatives de succès et d'échecs mettent le désordre dans les deux armées; heureusement pour les Français, le sénéchal d'Armagnac, grand maître de l'artillerie, fait retirer tous les canons qui étaient exposés en première ligne et les braque plus en arrière; ces canons deviennent alors un point de ralliement; François Ier se réfugie sous leur feu à la tête de vingt-cinq gendarmes, et s'efforce de réunir sur ce point ses troupes éparses.

Le soleil a disparu, et le combat dure encore sur plusieurs points à la faveur de la clarté douteuse de la lune; enfin celle-ci se voile, et chacun reste immobile à sa place, de peur de tomber entre les mains de son ennemi. Les Suisses campent tout à côté de l'artillerie française, sans savoir qu'elle est si près d'eux.

François Ier fait éteindre tous les feux; mais les Suisses en ayant allumé un, autour duquel ils assemblent un conseil de guerre, fournissent ainsi un point de mire à l'artillerie française, qui se remet à tirer et vient jeter l'effroi au milieu d'eux.

Le lendemain au jour, François Ier recule un peu sa position, et place au centre, derrière un fossé, la plus grande partie de son artillerie, sous la garde de six mille lansquenets. Les canons sont disposés de manière à croiser leur feu en avant du camp français. Le Roi réunit autour de lui la gendarmerie, et ordonne au connétable de Bourbon et au duc d'Alençon de se placer l'un à sa droite et l'autre à sa gauche, déployant ainsi sur une ligne les deux divisions qui formaient ordinairement l'avant-garde et l'arrière-garde. L'armée ainsi disposée, dit Paul Jove, avait deux ailes. Quant à Pierre de Navarre, il est resté sur la droite, presque abandonné à lui-même. Le bas-relief de Primatice, qui est sur le tombeau de François Ier, à Saint-Denis, représente ce moment de la bataille.

Les Suisses rallient également pendant la nuit tout leur monde ; ils se décident à renouveler l'attaque avec leurs trois gros bataillons. Le bataillon de droite doit faire un détour et tomber sur la gauche du duc d'Alençon ; le bataillon du milieu doit enfoncer le centre ; tandis que le bataillon de gauche en viendra aux mains avec la droite de l'armée française, commandée par le connétable de Bourbon.

Dès que le jour paraît, la plus grande bande du centre, au milieu de laquelle flotte l'étendard de Zurich, s'avance droit contre la bataille du Roi ; les Français la laissent approcher jusqu'à une portée d'arc ; mais alors l'artillerie, faisant une décharge générale, ouvre de larges brèches dans ces dix mille hommes serrés en masse ; Bayard lui-même va trouver le maître de l'artillerie, et lui recommande de tirer sept à huit pièces par salves. Ce gros bataillon intimidé s'arrête ; les Suisses font alors avancer leur artillerie, qui, suivant l'expression de François Ier, fit baisser beaucoup de têtes. Pendant qu'au centre les deux armées se tirent des coups de canon, sans qu'aucune d'elles ose quitter sa position, l'aile gauche des Français est mise en désordre ; trois mille Suisses pénètrent jusqu'aux bagages réunis à Sainte-Brigitte ; mais heureusement d'Aubigny rallie les troupes, et Alviano, chef de l'armée vénitienne, accourant au bruit du canon à la tête d'une compagnie de gendarmes, rétablit le combat. Les Suisses, repoussés jusqu'à un village, y sont foudroyés par l'artillerie et consumés par le feu.

A la droite de l'armée française, le connétable de Bourbon avait également contenu l'ennemi avec les aventuriers français, les Gascons de Pierre de Navarre et la cavalerie légère, qui, cachant derrière elle son artillerie, s'ouvrait tout à coup pour faire des décharges successives dans les rangs des ennemis.

Cependant le combat continuait toujours au centre avec une égale fureur ; car les Suisses s'étaient avancés malgré l'artillerie française ; ils avaient repoussé la gendarmerie, et un de leurs soldats avait eu même la hardiesse de venir toucher de sa main l'artillerie du Roi ; mais alors les deux ailes de l'armée française, n'ayant plus rien à craindre, viennent se précipiter sur le centre. Le connétable de Bourbon avec sa cavalerie cherche à entamer les Suisses par leur flanc gauche ; la grosse phalange se divise en deux, afin d'opposer un front plus large aux Français et de faire face de tous les côtés. Un moment elle lutte avec avantage ; les arbalétriers gascons surviennent à leur tour, et, se réunissant aux arquebusiers, ils font des décharges successives de flèches et de balles. Vaincus par le nombre, ces héroïques soldats se retirent, mais les cinq mille hommes qui étaient le plus engagés sont presque tous tués. « Ils » furent, dit François Ier, si bien recueillis de coups » de haquebutte, de lance et de canon, qu'il n'en » échappa la queue d'un, car tout le camp vint à la » huée sur ceux-là et se rallièrent sur eux. »

Quoique battus, les Suisses qui ont échappé au carnage se retirent en bon ordre sur la route de Milan.

Dans cette bataille, l'artillerie joue un grand rôle : non-seulement elle protége le centre de l'armée contre le choc des phalanges suisses, et fait éprouver à celles-ci des pertes énormes, mais, pendant la bataille, elle change rapidement de position, flanque les colonnes d'attaque, combat avec la cavalerie, renverse enfin les derniers obstacles derrière lesquels s'abritent les vaincus. Aussi François Ier écrivait-il à sa mère : « Madame, » le sénéchal d'Armagnac, avec son artillerie, ose » bien dire qu'il a été cause en partie du gain de la » bataille, car jamais homme n'en servit mieux; » et Guicciardin affirme de son côté que sans l'aide de l'artillerie la victoire serait restée aux Suisses.

Charles le Téméraire venait d'être vengé ; le canon avait triomphé des gros bataillons de Granson et de Morat ; le fameux et antique cor d'Uri, qui avait retenti d'une manière si terrible aux oreilles des Bourguignons à Nancy, s'était même perdu dans la mêlée. Cette bataille, que Trivulce appelait le combat des géants, n'est donc pas, comme le prétend Servan, une lutte à coups de poings; elle offre au contraire un exemple remarquable des progrès immenses qu'avaient faits et l'artillerie française et l'art de ranger les troupes et de les mettre en action.

Le danger que présentaient les gros bataillons en présence de l'artillerie venait d'être de nouveau démontré, aussi le seigneur de Langey écrivait-il quelques années plus tard (1537) : « Et le meil-
» leur expédient que j'y voie est d'aller assaillir
» vistement sans tenir ordre et sans y aller len-
» tément en troupe, car au moyen de la vitesse,
» vous ne lui donnez pas le temps de redoubler
» le coup. Et pour ce que vous estes espars,
» elle rencontre moins de gens quand elle tire. »

Réconciliés avec la France, les Suisses revinrent sous nos drapeaux, mais ils firent souvent payer bien cher leurs services. Connaissant le besoin qu'on avait d'eux, ils obligèrent plusieurs fois les généraux à subir leurs volontés; ils refusaient de faire aucune corvée, de combattre dans les escarmouches ou de monter à l'assaut.

Ainsi, en 1522, M. de Montmorency ayant ouvert la brèche à l'enceinte de Novare, il lui fut impossible de décider les Suisses à monter à l'assaut. Ceux-ci répondirent que ce n'était pas leur métier de prendre les places. Pour être juste, il faut dire aussi que leur armement les rendait très-peu propres à ce service. Privés d'armure défensive, munis d'une pique de dix-huit à vingt pieds de longueur, ils ne pouvaient rien dans un combat corps à corps, et leur supériorité, qui dépendait de leur ordonnance compacte, disparaissait dans un assaut.

Combat de la Bicoque.

A la Bicoque[1], en 1522, le maréchal de Lautrec se trouvait en présence de l'armée espagnole et italienne ; celle-ci était, pour ainsi dire, enfermée dans un retranchement naturel, ayant sur son front un chemin creux, sur sa droite un fossé, sur sa gauche et sur ses derrières une petite rivière creusée à main d'homme. Ce camp ne communiquait avec le dehors qu'au moyen d'un pont placé sur le côté opposé au front. Cette position était rendue plus redoutable encore par les dispositions suivantes : l'artillerie était placée en batterie sur une ligne, les pièces chargées de boulets enchaînés ; derrière était l'infanterie, également rangée sur une ligne ; les arquebusiers se tenaient aux premiers rangs, et le marquis de Peschière avait ordonné au

---

1. Charles d'Autriche l'avait emporté sur François Ier ; il venait d'être appelé à l'empire sous le nom de Charles-Quint (1519). La guerre ne tarda pas à éclater entre les deux rivaux. Le maréchal de Lautrec, qui était gouverneur du Milanais pour la France, s'était montré dur et sévère ; ce fut un motif de révolte que les Impériaux encouragèrent. Lautrec chassé de Milan (novembre 1521) tint campagne, attendant des subsides ; mais les Suisses qu'il avait sous ses ordres étaient impatients, et voulaient argent, congé ou bataille. Lautrec était à quatre milles de Milan ; pour y rentrer, il lui fallait attaquer les Impériaux qui, retranchés à la Bicoque, lui fermaient le passage ; sa défaite entraîna la perte complète du Milanais. (*Note de l'Éditeur.*)

premier rang de se jeter à genoux dès qu'il aurait tiré, afin de recharger les armes pendant que le second rang tirait ainsi par-dessus le premier.

Enlever de front une telle position était un coup hardi ; le tenter sans artillerie était une grande témérité. Le maréchal de Lautrec ne voulait point risquer l'entreprise ; les Suisses l'y obligèrent. Le général français, se voyant commandé, suivant l'expression de du Bellay, par ceux-là qui devaient lui obéir, marcha à l'attaque des retranchements. Les huit mille Suisses commandés par le seigneur de Montmorency n'attendirent pas que l'artillerie française, qui arrivait, eût fait taire les canons ennemis ; ils s'opiniâtrèrent à se précipiter en avant. Ils étaient disposés en trois corps placés les uns derrière les autres, et offraient par conséquent un but immanquable à l'artillerie ennemie ; aussi, avant qu'ils eussent atteint le bord du ravin, l'artillerie des Espagnols leur avait déjà enlevé plus de mille hommes, et lorsque enfin ils arrivèrent au retranchement, ils le trouvèrent si haut que l'extrémité de leurs piques n'atteignait pas même la crête du parapet. Cependant Lescu était entré avec sa cavalerie dans le retranchement par le pont dont nous avons parlé ; et les ennemis, se voyant attaqués par derrière comme en face, perdirent contenance ; mais à ce moment décisif, les Suisses, qui ont vu tomber leurs principaux officiers et un grand nombre de soldats, se découragèrent, et l'entreprise échoua. Lautrec eut beau proposer le lendemain de placer sa gendarmerie à pied à leur tête, il ne put parvenir à les reconduire à l'assaut.

Cette orgueilleuse infanterie venait donc de recevoir à Marignan et à la Bicoque deux graves échecs, qui lui prouvaient qu'elle ne pouvait rien sans artillerie ; la cavalerie va à son tour recevoir à ses dépens la preuve que son courage ne doit pas l'entraîner trop tôt dans la mêlée, et qu'elle ne peut enfoncer une bonne et solide infanterie que lorsque celle-ci a été désorganisée et démoralisée par le boulet.

Bataille de Pavie.

Pendant l'hiver rigoureux de 1524 à 1525[1], François Ier s'acharnait au siége de Pavie, qu'il entourait de tous les côtés au moyen de lignes de circonvallation et de contrevallation. La garnison, commandée par Antoine de Lève, était réduite aux dernières extrémités. Le marquis de Peschière et le duc de Bourbon, alors chefs de l'armée espagnole et italienne, résolurent de tenter un effort décisif pour débloquer la place.

---

1. Le connétable de Bourbon, traître à la France, s'était laissé gagner par Charles-Quint, et avait envahi la Provence à la tête de l'armée impériale (1524) ; Marseille résiste. François Ier arrive au secours de cette ville ; il force l'ennemi à repasser nos frontières et il le suit en Italie ; déjà il s'est emparé de Milan, et il a envoyé dix mille hommes à la conquête du royaume de Naples, pendant qu'il met le siége devant Pavie ; mais soudain la fortune change, et Pavie donne son nom à une de nos plus sanglantes défaites.

(*Note de l'Éditeur.*)

A la nouvelle de l'approche de l'armée de secours, qui arrivait par la rive gauche du Pô, François Ier porte toutes ses forces vers la partie orientale de la ville; il place son camp au milieu d'un parc de plaisance ayant seize milles d'étendue et entouré d'un épais mur d'enceinte. Ce mur, qui s'approchait de Pavie dans une direction de l'est à l'ouest, offrait un obstacle à l'ennemi venant de Lodi.

A l'est de Pavie et au milieu du parc se trouvait le château de Mirabelle, rendez-vous de chasse, servant alors de magasin de dépôt. Ce fut ce point que l'armée espagnole résolut d'occuper pour opérer sa jonction avec les assiégés.

Après être resté près de vingt jours en présence de l'armée française, le marquis de Peschière se décida à tenter une surprise afin de ravitailler la place. Pour ne point donner l'alarme, il fit, pendant la nuit, enfoncer en trois endroits le mur d'enceinte du parc avec des poutres servant de béliers; mais, quoiqu'on employât à chaque poutre une compagnie entière, les brèches de cent brasses ne purent être achevées qu'au jour. Alors l'armée espagnole déboucha dans l'ordre suivant : mille arquebusiers marchaient en tête avec quelques chevau-légers, puis venaient quatre bataillons d'infanterie, chacun de quatre à cinq mille hommes, ayant la gendarmerie sur les flancs. L'artillerie suivait, mais le mauvais état du chemin ne permit le passage qu'à trois pièces. Averti de cette attaque, François Ier retira toutes ses troupes en deçà du mur du parc, laissant à la garde de ses retranchements un corps de réserve composé de huit mille Gascons et Bretons. Dans cette position il avait la ville à sa droite, et sa gauche s'étendait vers la route de Milan.

L'artillerie fut attelée avec une promptitude extraordinaire et conduite en avant. Toute l'armée française fut disposée sur une seule ligne. L'infanterie était formée en trois bataillons; l'un, composé de quatre mille Suisses, était placé à l'extrême gauche; quatre mille lansquenets de la bande noire formant le second bataillon étaient placés au centre, et le troisième composé de trois mille Italiens et Provençaux, occupait la droite et s'appuyait aux tranchées faites devant Pavie. La cavalerie, divisée en trois escadrons, se tenait sur les flancs des bataillons; enfin, l'artillerie, partagée en trois batteries, était dans les intervalles.

Le but principal des Espagnols n'étant pas de livrer bataille, mais de secourir la garnison, dès qu'ils eurent pénétré dans le parc, ils tirèrent droit vers Mirabelle, et défilèrent devant l'armée française rangée en bataille, exécutant ainsi la marche de flanc la plus téméraire.

La position des deux armées explique pourquoi l'arrière-garde espagnole fut attaquée la première. Elle était occupée à dégager cinq pièces qui s'étaient embourbées, lorsque le duc d'Alençon, placé à la droite de l'armée française, tomba sur elle et la tailla en pièces. En même temps l'artillerie française ouvrit son feu; une batterie tirant sur la cavalerie, une autre tirant sur l'infanterie espagnole, y produisirent des ravages terribles. « Jacques Galliot, seigneur d'Acié, sénéschal » d'Armignac, grand maître de l'artillerie de » France, avoit, dit du Bellay, logé son artillerie » en lieu si avantageux pour nous, qu'au passage » de leur armée ils estoient contraints de courir à » la file pour gaigner un vallon, afin de s'y mettre » à couvert de ladite artillerie, car coup à coup » elle faisoit des brèches dedans leurs bataillons, » de sorte que n'eussiez veu que bras et testes » voler. » En effet, les Espagnols, pour éviter les coups de l'artillerie, avaient gagné à plat-ventre un lieu où les plis du terrain pouvaient les mettre à couvert. Alors le Roi, voyant le succès obtenu par sa droite, et le désordre produit par le canon au centre de l'ennemi, crut pouvoir surprendre l'armée espagnole *en flagrant délit;* il s'élança en avant à la tête de sa gendarmerie, masquant ainsi le tir de ses pièces et ne donnant pas le temps à son infanterie de le suivre. Il pensait sans doute que déjà toute l'armée espagnole avait été engagée; mais les troupes qui s'étaient emparées de Mirabelle avaient fait un changement de front; elles retournent sur leurs pas, et s'avancent en bon ordre contre les Français. Cependant rien ne résiste au premier choc de notre gendarmerie, qui bientôt a fait reculer les premiers escadrons espagnols. Mais le marquis de Peschière avait entremêlé parmi sa cavalerie deux mille arquebusiers divisés en pelotons de quinze à trente hommes parmi lesquels se trouvaient huit cents mousquetaires. Ces troupes, protégées par quelques piquiers, portent le désordre et la mort dans les rangs des escadrons; leurs balles de deux onces traversent non-seulement les armures, mais quelquefois deux hommes et deux chevaux. Pour se soustraire à l'effet des armes à feu, la cavalerie se débande et perd ainsi sa force de cohésion. La Palice veut charger les mousquetaires; ceux-ci se serrent en bataillons ronds, et, protégés par les piques, ils repoussent toute attaque.

C'était le moment où l'infanterie pouvait encore rétablir le combat; mais, chose incroyable, dit Paul Jove, les Suisses, qui jusqu'alors avaient montré tant de courage et de dévouement, sont saisis de terreur. Ni l'exemple de leurs officiers qui se font tuer, ni le désespoir de Diesbach, leur chef, qui seul se précipite au milieu des ennemis, ne peuvent les faire avancer d'un pas. Ils jettent leurs piques et s'enfuient. Depuis Marignan, dit Guicciardin, ils n'avaient plus le même dévouement pour la France; depuis l'affaire de la Bicoque, ils n'avaient plus en eux la même confiance. Dans ce moment suprême, Fleurange, voulant combler le vide qu'ont fait les Suisses, fait mettre pied à terre à sa compagnie de gendarmes. De son côté la bande noire des lansquenets, suivie des Italiens et des

Provençaux, voyant la victoire qui échappe aux Français, se résout à faire la plus héroïque défense et à soutenir la lutte la plus inégale. Quoiqu'elle ait devant elle l'infanterie espagnole et allemande triple en nombre, elle marche imperturbablement à une mort certaine; bientôt, entourés de tous côtés, ces cinq mille hommes se font tuer jusqu'au dernier. Le désordre est partout; et il est encore augmenté par la nouvelle qui se répand que le Roi court des dangers. Alors tous ceux qui ont l'honneur à cœur ne pensent plus qu'à mourir pour secourir leur chef et leur souverain; ils abandonnent leur rang, leur commandement, et volent à la défense de François I*er*, qui, à pied, au milieu de la mêlée, combattait avec acharnement. Les premiers capitaines de l'armée sont tombés morts aux pieds du Roi qu'ils défendent de leur corps. Le duc d'Alençon seul s'enfuit avec quatre cents lances. Les Français, attaqués de front et du côté gauche par l'armée victorieuse, et pris à dos par Antoine de Lève qui fait une sortie à la tête de la garnison, sont anéantis ou dispersés. Le courage doit céder au nombre. *Tout est perdu fors l'honneur.*

Les Espagnols attribuent le succès de cette journée à l'effet que produisirent leurs mousquetaires. Les auteurs français signalent comme cause de la défaite l'attaque trop précipitée que conduisit le Roi à la tête de sa gendarmerie, mais François I*er*, lorsqu'il parla de cette bataille à Paul Jove, prétendit que toutes ses dispositions avaient été bien prises, et que la perte de la bataille était due à la défection des Suisses, aux rapports des capitaines de son infanterie italienne, qui, dans un but de gain, grossissaient faussement l'effectif des hommes présents sous les armes, et enfin à la retraite précipitée du troisième escadron de gendarmerie. Quant à nous, tout en blâmant le mouvement en avant exécuté trop tôt, nous dirons avec François Ier, que ses mesures étaient bien prises, et que même, malgré sa précipitation, il eût pu remporter la victoire, si, dans ce grand jour, tout le monde avait fait son devoir.

Heureusement la fortune est inconstante, et vingt ans ne se passeront pas avant que nous ayons pris notre revanche sur le champ de bataille de Cérisolles [1].

Artillerie des derniers Valois.

Nous avons vu que François Ier avait fait fondre à Paris cent grosses pièces de bronze, qu'il avait établi dans toute la France quatorze arsenaux renfermant les munitions et les approvisionnements nécessaires pour les parcs d'artillerie. Sous

---

[1]. Victoire remportée par les Français sous la conduite du comte d'Enghien, le 14 avril 1544. L'armée espagnole laissa 12,000 hommes sur le champ de bataille ; la victoire du comte d'Enghien permit à François Ier de retirer ses troupes engagées en Piémont et de les appeler à la défense de nos provinces envahies. Six mois après, le traité de Crespy répara les désastres qui avaient mis la France en si grand péril. (*Note de l'Éditeur.*)

Henri II, ces établissements s'étaient encore perfectionnés; et le personnel comme le matériel de l'artillerie, soumis à une direction centrale, avait atteint, sous la direction éclairée du grand maître d'Estrées, un haut degré de simplicité et de perfection. Pendant les guerres de religion, toutes ces forces, concentrées naguère dans les mains d'un seul, s'éparpillèrent; et quoique les armées royales aient eu plus d'artillerie que les armées opposées, la pénurie du trésor les priva souvent de ce puissant auxiliaire, surtout lorsque la capitale se trouva sous la domination de la Ligue. Alors l'uniformité disparut et chaque ville coula des canons comme elle put.

Aussi Charles IX profita de la paix de 1572 pour rendre une ordonnance datée de Blois, du mois de mars, par laquelle il déclare que, la fabrication des poudres et des canons étant un droit souverain, il défend aux particuliers d'en fabriquer et d'en vendre sans sa permission; et afin que les pièces se pussent mieux reconnaître, il ordonne qu'*elles soient marquées des armes de ceux qui les feront faire, avec la marque du fondeur et la date de l'année.*

Les magasins d'artillerie avaient été réduits à treize; en 1582 Henri III en porta le nombre à trente. Il attacha à chaque magasin un commissaire, un contrôleur et un garde; il créa également, à titre d'office, trente trésoriers d'artillerie principaux.

CHAPITRE III.

DE HENRI IV A LOUIS XIV.

(1589-1643.)

La période dans laquelle nous entrons est riche en grands exemples de guerre, car elle est illustrée par les brillantes actions de trois grands capitaines : Henri IV, Maurice de Nassau et Gustave-Adolphe.

Henri IV, génie hardi, quelquefois même téméraire, triomphe par l'habileté de ses mouvements stratégiques, par la promptitude avec laquelle il saisit sur le champ de bataille les circonstances qui lui sont favorables. Il dispose toujours avec habileté des éléments, même insuffisants, qu'il a sous la main, mais il ne modifie et ne perfectionne pas ces éléments.

Le prince Maurice de Nassau, esprit plus méthodique, s'occupe surtout de l'organisation de son armée et des moyens d'en perfectionner la tactique; et, quoique doué également du génie militaire, il triomphe plutôt par les soins qu'il apporte dans les manœuvres, dans l'armement, dans la disposition de ses troupes, que par de grands mouvements stratégiques.

Gustave-Adolphe hérite, pour ainsi dire, du génie des deux premiers. Il unit l'esprit de détail à l'esprit d'ensemble, et s'il perfectionne tous les rouages élémentaires de son armée, c'est pour faire triompher à la fois les grands principes de tactique et de stratégie.

Artillerie de Henri IV.

Pendant les guerres civiles, les armées belligérantes, royales, protestantes ou de la Ligue, s'efforçaient d'avoir autant d'artillerie que leurs ressources le leur permettaient; ces ressources variaient suivant la fortune de la guerre et l'importance des villes qui leur servaient d'arsenal. Le parti qui était maître de la capitale possédait presque toujours le plus grand nombre de bouches à feu. Henri IV n'ayant que peu de ressources, tant qu'il n'eut pas soumis Paris, tirait ses canons et ses munitions d'Angleterre. Mais lorsqu'il eut pacifié la France et mis Sully à la tête de l'artillerie, en faisant de la charge de grand maître une des plus hautes dignités de l'État, les choses changèrent de face, le grand ministre réorganisa l'artillerie *sur l'ancien pied*. Rien ne fut changé : les calibres restèrent tels qu'ils avaient été fixés sous Henri II.

M. le capitaine Moritz Meyer, dans sa *Technologie des armes à feu*, dit qu'en 1605, Henri IV avait cinquante canons de 45, et que Sully, s'extasiant sur son propre ouvrage, s'écriait que jamais la France n'avait eu et n'aurait peut-être un semblable parc. Cette phrase se trouve en effet dans le livre intitulé *les Économies royales de Sully*, à propos du parc d'artillerie préparé pour l'expédition de Sedan, composé de cinquante bouches à feu.

Sully dépensa en achat d'armes, munitions et matières d'artillerie, 12 millions, somme énorme pour l'époque.

En 1604 il y avait dans l'arsenal, à Paris, cent bouches à feu; au Temple et à la Bastille de quoi armer quinze mille hommes d'infanterie et trois mille de cavalerie, deux milliers de livres de poudre et dix mille boulets.

Combat d'Arques.

Lorsque Henri III fut assassiné, en 1589, sous les murs de Paris, il se trouvait à la tête d'une armée de quarante mille hommes qui allait forcer la capitale et la Ligue; sa mort vint changer la face des choses.

La désertion se mit dans l'armée royale, et Henri IV ne put retenir sous les drapeaux que onze à douze mille hommes, avec huit bouches à feu. C'est avec ces faibles moyens que le Roi conquit le trône et pacifia la France [1].

[1]. Après la mort de Henri III, Henri de Navarre était devenu légitime héritier du trône; il avait pris le titre de roi de France et le nom de Henri IV, promettant de se faire instruire dans la religion romaine, et de maintenir le catholicisme dans ses États. Cette promesse n'avait cependant pas suffi aux chefs de l'armée royale, dont plusieurs abandonnèrent le nouveau souverain. Quant à la Ligue, maîtresse de Paris, elle s'était déclarée sans retour contre le Béar-

Henri IV se retira vers la Normandie, afin d'aller au-devant des secours en hommes et en argent qu'Élisabeth lui envoyait. Apprenant que le duc de Mayenne le suivait avec une armée nombreuse, il se posta en avant de Dieppe, et fortifia par des retranchements le faubourg du Pollet, le village d'Arques et le passage de Bouteille, situé sur la rivière de Béthune, entre Arques et Dieppe.

Le duc de Mayenne, arrivé en face de Dieppe, voulut d'abord forcer le faubourg de Pollet et le passage de Bouteille, mais ayant échoué dans ces deux tentatives, il alla camper au village de Martin-Église, et résolut de forcer Henri IV dans la position qu'il occupait en avant d'Arques. Le duc de Mayenne était à la tête de vingt-huit mille hommes et d'une nombreuse artillerie composée en grande partie de pièces de gros calibres. Henri IV n'avait avec lui que sept mille hommes; mais, par les bonnes dispositions qu'il prit, il sut rendre inutile la supériorité numérique de ses ennemis.

Entre les deux armées s'étendait un vallon qui, vu du côté d'Arques, allait en se rétrécissant jusqu'à Martin-Église; sur la droite était une colline escarpée, couverte de bois et de broussailles, à gauche coulait la petite rivière de Béthune, qui,

---

nais protestant; elle avait proclamé roi le cardinal de Bourbon sous le nom de Charles X, et donné la lieutenance générale du royaume au duc de Mayenne, frère de Guise le Balafré, assassiné peu de temps auparavant au château de Blois par l'ordre de Henri III.   (*Note de l'Éditeur.*)

passant à Arques, va rejoindre la petite rivière d'Eaulne, au-dessous de Martin-Église. Aucun de ces petits ruisseaux n'était guéable, et le dernier même était assez marécageux. Le vallon, dans sa plus grande largeur, n'avait que six cents pas; il était traversé dans toute sa longueur par la chaussée qui conduit d'Arques à Martin-Église, et qui est bordée de chaque côté par une haie d'épines. De la chaussée jusqu'au bois, le terrain était labouré; ce fut là que le Roi plaça son infanterie. Sur la gauche de la route s'étendait une prairie, il y plaça sa cavalerie. Pour augmenter la force de cette position, Henri IV fit creuser à la droite de la grande route, et perpendiculairement à son axe, deux retranchements qui s'étendaient jusqu'au bois situé au haut de la colline. Le premier retranchement du côté de l'ennemi fut creusé près d'une chapelle et de quelques maisons que les habitants appelaient la Maladrerie; on tira en ligne droite un fossé de douze pieds de profondeur, dont les déblais formèrent un parapet qui se trouva flanqué par l'église. Derrière le parapet, on mit deux pièces de canon en batterie, sur une barbette qu'on appelait alors plate-forme. Ce premier retranchement, défendu par sept à huit cents arquebusiers, et deux ou trois compagnies d'aventuriers suisses et français, interceptait tout le côté de la vallée situé à la droite de la grande route. Il ne restait plus à la gauche, pour arriver jusqu'à la rivière, qu'un espace de deux cents pas.

A mille pas en arrière de ce retranchement, et du même côté, le Roi en fit élever un second, dont le tracé était un front bastionné. Ce retranchement partait du bois comme l'autre, mais il traversait entièrement la grande route. Derrière le parapet, on plaça quatre canons et quatre moyennes gardés par les Suisses et l'infanterie française. Entre les deux retranchements se tenait le régiment suisse de Soleure.

Comme la colline à laquelle Henri IV appuyait sa droite n'était pas inaccessible, à ce que nous apprend le duc d'Angoulême, et que, par conséquent, les retranchements qui y aboutissaient pouvaient facilement être tournés, le maréchal de Biron se porta sur la hauteur avec quelques arquebusiers.

Enfin, le château d'Arques, qui domine la vallée, était garni de pièces d'artillerie dont les feux pouvaient atteindre toutes les parties du lieu choisi pour champ de bataille.

Par le fait, le duc de Mayenne se trouvait obligé d'attaquer un défilé, où la supériorité du nombre n'offre jamais le même avantage qu'en plaine, puisque le combat se livre entre les têtes de colonnes qui peuvent entrer en ligne.

Les deux armées restèrent quelques jours en présence, se bornant à des escarmouches. Un jour, entre autres, le duc de Mayenne fit tirer le canon contre le premier retranchement sans produire aucun effet, tandis que deux pièces qui avaient été placées sur la hauteur foudroyèrent à tel point le village de Martin-Église occupé par Mayenne, « qu'on vit incontinent sortir, dit Palma » Cayet, tout le bagage, et la cavalerie qui estoit » logée n'y pouvant plus demeurer en sûreté. » Enfin, le 23 septembre, toute l'armée catholique descendit dans la plaine d'Arques. La cavalerie de la Ligue s'avançait contre la cavalerie du Roi sur plusieurs lignes, laissant la route et le retranchement à sa gauche; l'infanterie marchait contre les retranchements, et tâchait de les tourner par la hauteur. Il paraît que les Suisses de la Ligue traînaient seuls à la suite de leur bataillon quatre bouches à feu. Un brouillard épais couvrait la vallée, de sorte que les canons du château ne purent point tirer dès le commencement; et le fort de l'action se passa sur la prairie entre les escadrons des deux partis. Malgré des efforts courageux, la cavalerie du Roi cède au nombre; en même temps, les lansquenets de la Ligue, feignant de se rendre, sautent dans le premier retranchement et s'en emparent; le canon, cependant, en est retiré, et le régiment suisse de Soleure, qui se trouve entre les deux retranchements, par une défense héroïque, donne le temps à la cavalerie de se rallier. Le maréchal de Biron, posté sur la hauteur, est entouré d'ennemis; malgré cela, par la position qu'il occupe, il inquiète le flanc gauche des ligueurs, tandis que les décharges des arquebusiers suisses arrêtent leurs progrès dans la plaine. En-

fin, le soleil perçant tout à coup le brouillard permet au canon du château de tirer, et dès « qu'il
» put voir l'ennemi, dit Sully dans ses Mémoires,
» il fit une décharge si juste et un effet si terrible,
» quoique nous n'y eussions que quatre seules
» pièces de canon, que les ennemis en furent
» troublés; quatre autres volées ayant succédé as-
» sez rapidement, l'armée ennemie, qu'ils per-
» çoient tout entière, ne put supporter ce feu et
» se retira en désordre. » Cependant Sully exagère ici l'effet de l'artillerie : le canon d'Arques ne mit le désordre que dans la cavalerie; ce fut Chatillon qui, arrivant de Dieppe, à la tête de cinq cents arquebusiers, à ce moment suprême où, dans toutes les batailles, la fortune vacille incertaine, fit pencher la balance en faveur de Henri IV. En effet, ce renfort permit au Roi de reprendre l'offensive à sa droite, de secourir les Suisses, de dégager le maréchal de Biron, et de s'emparer de nouveau du premier retranchement, où il fit ramener à l'instant même les deux canons qu'on en avait retirés.

Alors, les ligueurs foudroyés sur la prairie par l'artillerie du château d'Arques, par les canons du retranchement et les arquebusiers, s'enfuient en toute hâte; une grande partie de la cavalerie trouve une mort peu glorieuse dans les eaux bourbeuses des petites rivières qui bordent le champ de bataille.

Le duc de Mayenne n'avait pas abandonné l'espoir de forcer la position du Roi ; il tenta, mais en vain, de faire le siége d'Arques. Un jour, dans une escarmouche, on fit un habile emploi de l'artillerie que nous ne croyons pas devoir passer sous silence, quoiqu'il n'offre rien de bien nouveau.

Un jour, dit le duc d'Angoulême, « le sieur de
» Guitry, venant visiter mes gardes, trouva que
» les reîtres avoient changé la forme de la leur,
» et qu'estant soutenus à droicte et à gauche de
» leur infanterie, ils s'estoient avancés jusques
» sur un petit heurt qui regardoit la citadelle.
» Alors, s'approchant assez près d'eux pour en
» faire un jugement plus certain, il me dit qu'il
» croyoit que s'ils demeuroient en ceste mesme
» assiette, il y auroit moyen de les chasser, et que
» du moins leur infanterie y demeureroit pour les
» gages. Sa proposition fut de doubler nostre
» garde et faire nos escadrons de plus de hauteur,
» pour leur oster la cognoissance de l'augmenta-
» tion ; que derrière nos deux escadrons il feroit
» avancer deux moyennes pièces, et qu'appro-
» chant au petit pas des ennemis, nos deux esca-
» drons se séparant en quatre, il feroit tirer
» lesdictes pièces par les intervalles ; que cela
» donneroit un tel estonnement aux ennemys,
» qu'allant à eux, ils tourneroient le dos, et l'in-
» fanterie, après sa première descharge, n'auroit
» recours qu'à la fuite. »

Le maréchal de Biron approuva ce plan ; il voulut toutefois qu'on ajoutât deux autres pièces aux moyennes; ainsi il y eut deux moyennes et deux bâtardes, c'est-à-dire deux pièces de 2 1/2 et deux de 7 1/2.

Le Roi fut présent à cette expérience, « de » sorte que », poursuit notre auteur, « je com- » mençay à marcher, et comme c'estoit la coutume » qu'il y eust toujours quelques cavaliers débandés » qui entretenoient l'escarmouche, les ennemis » sans cognoissance de notre dessein demeurè- » rent à leur poste jusqu'à ce que nous allâmes à » eux, où faisant mine de nous vouloir bien rece- » voir, notre infanterie prenant les armes, nos » escadrons se mirent en quatre, et nos pièces » tirèrent si à propos qu'elles firent une rue dans » l'escadron des ennemis, et donnèrent dans » l'infanterie, ce qui leur donna si fort l'espou- » vante que les reîtres tournèrent le dos au » galop. L'infanterie jetant les armes, après avoir » tiré quelques arquebusades, chercha son salut » dans sa honte et se mit à la fuite jusqu'au vil- » lage. »

Bataille d'Ivry.

Le duc de Mayenne, renforcé par les troupes espagnoles que le comte d'Egmont lui amenait de Flandre, résolut de livrer bataille à Henri IV, qui faisait le siége de Dreux (1590). Déjà il avait passé la Seine à Mantes, et allait traverser l'Eure à Jory, lorsque Henri IV, voulant déjouer ses projets, abandonne le siége de Dreux et se présente en bataille sur la rive gauche de l'Eure près du village de Fourcanville. Le 13 mars, les deux armées s'observent à une lieue de distance dans la vaste plaine d'Ivry, sans quitter leurs positions. L'armée de la Ligue avait quatre mille chevaux, douze mille fantassins et quatre bouches à feu. Henri IV n'avait que huit mille soldats d'infanterie, trois mille de cavalerie, six bouches à feu, dont quatre canons et deux coulevrines.

« L'armée de l'union, dit Palma Cayet, estoit
» chargée de clinquant d'or et d'argent sur les
» casaques, mais celle du Roy n'estoit chargée
» que de fer, et ne se pouvoit rien voir de plus
» formidable que deux mille gentilshommes armés
» à cru, depuis la tête jusques aux pieds. »

Le 14 mars, Henri IV, voyant que ses ennemis ne voulaient pas quitter leur position, marcha à leur rencontre.

Arrivées en présence, les deux armées se rangèrent en bataille à peu près dans le même ordre, chacune formant une ligne tant soit peu concave.

La cavalerie de Henri IV était divisée en sept escadrons de deux cent cinquante à trois cents chevaux, l'escadron seul du Roi comptait six cents chevaux. L'infanterie était divisée en quatorze régiments. Cinq escadrons, rangés l'un à côté de l'autre, se trouvaient encadrés pour ainsi dire dans l'infanterie, puisque chacun avait sur ses flancs un ou deux régiments d'infanterie ; les deux derniers escadrons étaient en avant de l'aile gauche qu'ils renforçaient, et protégeaient l'artillerie établie dans cette position. Chaque escadron était flanqué d'une troupe d'enfants perdus, composée d'arquebusiers à cheval qui avaient mis pied à terre, et dont les chevaux avaient été renvoyés aux bagages.

Le maréchal de Biron commandait l'aile droite; le maréchal d'Aumont commandait l'aile gauche, et le Roi était à la tête de son escadron du centre, flanqué de deux régiments suisses d'environ quatre mille hommes.

Le duc de Mayenne, qui semblait avoir copié fidèlement l'ordre de bataille du Roi, avait également entremêlé son infanterie et sa cavalerie par régiment; mais ses escadrons étaient beaucoup plus nombreux. Celui du centre, à la tête duquel il se tenait, était composé de dix-huit cents lances, et les deux escadrons de reîtres, placés aux pointes extrêmes du croissant, étaient chacun de huit cents chevaux. Ce fut aussi à son aile gauche que le duc de Mayenne plaça ses quatre pièces de canon.

Le Roi, afin d'avoir le soleil à dos, fit avancer sa gauche de cent cinquante pas; puis il ordonna à la Guiche, grand maître de l'artillerie, de faire commencer le feu. Six pièces firent neuf décharges avant que celles du duc de Mayenne eussent seulement commencé à tirer. Aussi les troupes de la Ligue, qui étaient exposées à ces coups, éprouvèrent de grandes pertes. Le canon du duc de Mayenne, au contraire, tira trop bas et ne tua qu'un gentilhomme du duc de Montpensier.

L'aile droite des ligueurs, ne voulant pas essuyer de nouvelles décharges, commença l'attaque. Les reîtres, un escadron de lanciers et les lansquenets se précipitèrent sur l'artillerie, tuèrent les canonniers et renversèrent les escadrons de chevau-légers qui soutenaient l'artillerie. Mais le maréchal d'Aumont et le fils du maréchal de Biron arrivèrent au secours des chevau-légers, et repoussèrent l'ennemi avec perte. Sur d'autres points la cavalerie des ligueurs avait également engagé le combat; elle avait échoué, grâce au peloton d'arquebusiers que Henri IV avait entremêlés à sa cavalerie. Pendant ce temps, le duc de Mayenne s'avançait à la tête de son *épouvantable forêt de lances*, faisant marcher sur son flanc gauche quatre cents arquebusiers à cheval. Mais, rencontrant les fuyards et craignant d'être entraîné dans leur déroute, il fit faire halte et mettre les lances en arrêt pour les repousser.

Le Roi, qui attendait avec impatience le moment de combattre, voit l'embarras de cette masse peu agile de chevaux, il commande la charge ; le premier il s'élance en avant, et bientôt le grand panache blanc qui orne son casque disparaît dans la mêlée.

« La noblesse, qui combattait sous son éten-
» dard, dit Davila, le suivit avec la dernière bra-
» voure, et il pénétra dans le corps de bataille de
» la Ligue avant que le duc de Mayenne pût remé-

» dier au désordre qu'avaient causé les reîtres, ni
» faire prendre le galop à ses lances. Ces armes,
» qui tirent toute leur force et leur avantage de la
» rapidité de la course, devinrent donc inutiles,
» les cavaliers furent obligés de les jeter à terre,
» et de combattre le sabre à la main contre l'es-
» cadron du Roi, composé de seigneurs et de gen-
» tilshommes qui, outre leurs armures d'une
» trempe excellente, portaient chacun un fort es-
» padon, et deux pistolets à l'arçon de la selle. »

Le Roi renverse et met en fuite tout le centre de l'armée ennemie, qui bientôt couvre la plaine de ses fuyards. Une fois la cavalerie en déroute, le sort de la journée était décidé ; car c'est à peine si l'infanterie des deux côtés prit part à l'action. Les Suisses de la Ligue, qui étaient restés intacts, se rendirent. L'infanterie française du parti du Roi n'eut pas besoin de se mêler à la lutte. Quant au maréchal de Biron, il était resté ferme à sa place sans bouger, formant ainsi une sorte de réserve prête à frapper un coup décisif si les circonstances l'exigeaient, et intimidant l'ennemi par son attitude menaçante. Aussi les auteurs de l'époque disent-ils « que le maréchal de Biron, en demeu-
» rant ferme avec la troupe de conserve sans frap-
» per, avait fait autant et plus de mal que nul
» autre ». On voit qu'en agissant ainsi il n'avait fait que suivre, jusqu'à un certain point, l'exemple qu'avait donné le duc de Guise à la bataille de Dreux.

Le centre seul, commandé par le Roi, avait décidé le succès, et la ligne de bataille de l'armée victorieuse n'avait pas changé ; car, chaque fois qu'un escadron chargeait, il revenait à sa place de bataille. Cependant l'inquiétude était grande. Henri IV avait disparu. Mais bientôt on le vit revenir à la tête de son escadron ; alors un immense cri d'allégresse retentit sur tout le front, et on put se féliciter de la victoire.

Sully, dans ses Mémoires, dit que les causes principales qui firent triompher dans cette occasion le petit nombre du plus grand, furent : la valeur du maréchal d'Aumont, qui empêcha l'entière défaite des chevau-légers, la différence infinie entre la manière dont notre artillerie et celle des ennemis furent servies, et, plus que tout cela, les talents singuliers du Roi.

Gustave-Adolphe et l'armée suédoise.

Dans le Nord, un nouveau César venait de paraître ; il allait par ses exploits effacer le souvenir des grands capitaines qui l'avaient précédé, et prouver à l'Europe avec quelle facilité le génie sait triompher des obstacles et du nombre. Gustave-Adolphe avait dès son jeune âge montré les rares qualités qui font le grand homme de guerre et l'éminent homme d'État. Instruit théoriquement de tout ce que la science avait inventé pour perfectionner l'art de la guerre, il connaissait de plus, par les rapports que lui avaient faits des officiers français, hollandais, allemands et anglais, tout ce qui s'était pratiqué de remarquable dans les dernières guerres, et son esprit analysateur et profond avait tout comparé pour tout perfectionner.

« Personne ne l'égalait, dit Chemnitz, à mener » l'armée contre l'ennemi ou à conduire la retraite » sans éprouver de perte; à la loger à son aise en » plein champ, et à entourer en hâte son camp de » retranchements. Il était impossible de mieux » connaître la fortification, l'attaque et la défense. » Personne ne savait mieux que lui juger son en- » nemi et se conduire d'après les divers hasards » de la guerre. Prenant à l'instant même une réso- » lution sur la contenance de l'ennemi et profitant » de l'occasion, il était impossible de l'égaler dans » la manière de placer ses troupes en bataille. »

Disons encore en terminant que Gustave-Adolphe, pour mettre le sceau à ses dispositions qui révélaient tout son génie, avait adopté la discipline la plus sévère et en même temps la plus juste et la plus libérale. Dans son armée, la faveur n'avait aucun empire, et personne ne pouvait parvenir sans avoir passé par tous les grades. Enfin, donnant lui-même l'exemple de toutes les vertus militaires, il s'exposait aux mêmes dangers et partageait les mêmes fatigues et les mêmes privations que ses soldats. Lorsque ses troupes campaient près d'une ville, le roi de Suède couchait au milieu de ses soldats en plein air.

En 1626, Gustave-Adolphe avait battu la cavalerie polonaise à Waltef sur la Dwina, en opposant à une nombreuse cavalerie une ligne de fer et de feu. Il en fut de même près de Stum en 1628. Cependant, dans ce dernier combat, l'artillerie polonaise, démasquée à propos, fit beaucoup de mal aux Suédois, et rendit un moment la victoire douteuse.

Mais ce fut dans les campagnes d'Allemagne et lorsqu'il se trouva chef de la ligue protestante, que sa gloire brilla de tout son éclat [1]. En 1630, il débarqua à Usdom, près de l'île de Rugen, à la tête de quinze mille hommes. Il s'empara des places de la Poméranie et de la haute Saxe. Une division de ses troupes était près de la ville de Demnin; le duc Savelli, un des lieutenants de l'empereur d'Allemagne, voulut tomber à l'improviste sur ce corps, qui ne montait qu'à trois mille hommes. Gustave, instruit de ce mouvement, alla se mettre à la tête de ses soldats. Savelli avait disposé ses troupes

---

1. L'empereur Ferdinand II opprimait l'Allemagne, partout son armée avait porté la terreur et le ravage; sa puissance était une menace pour l'Europe. Gustave-Adolphe, roi de Suède, assuré de l'appui de la France, se jeta au-devant des envahissements de Ferdinand II. En vain l'orgueilleux empereur lui oppose tour à tour Tilly et Walstein, ses plus habiles généraux; Gustave-Adolphe est victorieux dans toutes les rencontres. Mais à la bataille de Lutzen, le roi de Suède tombe frappé à mort au milieu de son triomphe. Ce sont les glorieux épisodes de cette lutte soutenue par Gustave-Adolphe contre l'empereur Ferdinand II qui sont retracés ici.

(*Note de l'Éditeur.*)

d'après la méthode italienne, ne formant qu'une seule ligne étendue; il crut pouvoir envelopper la petite armée de Gustave-Adolphe, mais celui-ci, d'un coup d'œil, jugea la mauvaise disposition de son adversaire; il vit qu'il avait placé son artillerie hors de toute protection, et il en augura la victoire pour lui-même. Il forma sa troupe en colonne, aborda le centre de l'ennemi, enleva ses canons, et, se déployant ensuite à droite et à gauche, le mit dans une déroute complète.

Ses succès augmentèrent ses forces, et lorsqu'il s'avança sur l'Elbe, il se trouva à la tête de dix-huit mille hommes et deux cents pièces de canon, dont les deux tiers, il est vrai, formaient le parc de siége et voyageaient par eau.

Tilly, qui avait une armée deux fois plus nombreuse que celle du Roi de Suède, marcha à sa rencontre (1631). Celui-ci, se trouvant fort inférieur en nombre, se retrancha près de Werben, là où le Havel se jette dans l'Elbe. Ce dernier fleuve forme un coude très-prononcé, de sorte que le camp suédois occupait un espace de terrain en arc de cercle, dont le retranchement, qui enclavait la ville de Werben, était la corde. Les soldats suédois étaient si habitués à remuer le sol, qu'en quinze jours toute la ville de Werben fut entourée d'un rempart en terre formant une enceinte bastionnée, et des deux côtés de la ville une digue, qui s'étendait jusqu'au fleuve, fut en quatre jours changée en parapet. Des pièces furent mises en batterie de distance en distance et placées derrière des mantelets en bois qui les dérobaient aux yeux des ennemis.

Deux ponts de bateaux, jetés sur l'Elbe, assuraient la retraite.

Tilly voulait attaquer le Roi dans ses retranchements; il fit établir une batterie de trente-deux pièces de canon qui ne produisit pas grand effet, comme il arrive presque toujours aux batteries qui sont dirigées contre des ouvrages en terre. L'assaut général fut ordonné, les troupes s'approchèrent des retranchements; mais, arrivées à une petite distance, elles furent saluées par une décharge générale. Gustave-Adolphe avait commandé à toute son artillerie de tirer à la fois à mitraille; l'effet produit par ce tir fut immense; les Suédois en profitèrent, ils sortirent de leurs lignes et chargèrent l'ennemi, qui se retira laissant six mille hommes sur la place.

Tilly voyant ses efforts inutiles pour forcer le camp suédois, et ayant appris que le maréchal Horn amenait au roi de Suède un renfort de quatorze mille hommes, se dirigea vers la Saxe, où il devait être rejoint par de nombreux renforts.

Gustave quitta Werben, et s'achemina vers Wittemberg pour opérer sa jonction avec l'électeur de Saxe, et l'ayant faite à Dieben sur la Mulda, il marcha sur Leipsick.

Bataille de Leipsick.

A la nouvelle de son approche, Tilly occupa toute la chaîne de collines qui s'étend au nord de

Leipsick ; il s'établit à cheval sur la grande route qui conduit de Leipsick à Wittemberg, se plaçant en avant d'un petit bois et du village de Breitenfeld. Son armée, forte de trente-cinq mille hommes, avait trente-six bouches à feu. Elle fut rangée sur une seule ligne à mi-côté des collines, et toute l'artillerie se trouva placée derrière les troupes au sommet de ces collines.

L'armée allemande était divisée en deux corps ; la plus grande partie de la cavalerie était aux ailes ; l'infanterie, au centre, était divisée en seize bataillons de dix-huit cents hommes chacun.

Gustave-Adolphe avait huit mille hommes d'infanterie suédoise et sept mille chevaux. L'armée de l'électeur de Saxe était de quinze mille hommes. Le Roi avait donc, en totalité, une armée presque aussi nombreuse que celle de ses adversaires. Pour arriver sur le champ de bataille, il devait traverser un défilé au village de Sodelwitz, ce qui offrait à Tilly un avantage dont celui-ci ne profita pas. Gustave rangea son armée sur deux lignes ayant chacune une réserve. La première ligne était composée de quatre brigades d'infanterie et de quatorze escadrons de cavalerie ; l'infanterie était au centre, huit escadrons à la droite et six à la gauche. Entre les quatre escadrons de la droite il y avait des pelotons de mousquetaires de cent quatre-vingts hommes. Entre les escadrons de l'aile gauche il y avait également des pelotons de mousquetaires forts de deux cent quatre-vingts à trois cents hommes. Ces soldats d'élite, tirés des régiments qui étaient les plus nombreux, furent toujours dans la suite nommés en France, d'après l'usage suédois, *mousquetaires commandés*. En avant de l'infanterie, il y avait une batterie de trente pièces de canon, et en avant de chaque aile une batterie de deux pièces. De plus, chaque brigade avait devant elle ses pièces régimentaires..

Derrière la première ligne il y avait en réserve trois compagnies de mousquetaires et deux escadrons; la seconde ligne, précédée de six canons, était composée de trois brigades d'infanterie et de neuf escadrons de cavalerie, dont deux étaient en réserve. La totalité de l'artillerie s'élevait à soixante-douze pièces de canon.

L'armée de Saxe, qui occupait la gauche, était sur trois lignes; les bataillons et les escadrons rangés en échiquier formaient trois pyramides; l'artillerie composée de six pièces était postée au centre sur un mamelon.

Gustave-Adolphe avait laissé un assez grand intervalle entre ses troupes et les Saxons, afin que la défaite de ceux-ci ne vînt pas mettre la confusion dans son armée. Il voulait, dit Schiller, séparer distinctement le courage saxon du courage suédois; le sort aussi ne les confondit pas.

La bataille commença par une canonnade qui dura deux heures. Tant que les deux armées restèrent immobiles, l'artillerie des Impériaux, qui croisait ses feux sur toute la plaine de Breitenfeld, devait produire plus d'effet que l'artillerie suédoise ; car celle-ci avait de plus petits calibres, et était moins avantageusement placée. Comme la gauche des Suédois souffrait du feu ennemi, le Roi la fit tant soit peu reculer et avança sa droite. Alors, le fougueux Pappenheim, qui commandait toute la cavalerie de l'aile gauche des Impériaux, vient fondre sur l'aile droite des Suédois à la tête de huit gros escadrons bardés de fer. Mais là Gustave commandait en personne, et les mousquetaires, mêlés à la cavalerie, arrêtèrent l'impulsion de cette masse de chevaux ; sept fois Pappenheim revient à l'attaque, et obliquant à sa gauche, il cherche à prendre le Roi à revers, mais le Roi le repousse chaque fois, se faisant soutenir par les trois escadrons qui forment la réserve de la première ligne, les quatre de la seconde ligne et la batterie de réserve, qui, tirant à mitraille à une petite distance, fait de grands ravages dans les rangs ennemis.

Pendant ce temps, Tilly descend de la colline avec toute son infanterie et le reste de ses troupes ; au centre de la ligne suédoise, il est arrêté court par la batterie de trente canons. Il oblique alors à sa droite et tombe sur l'armée saxonne, qu'il met bientôt en fuite. Les canons saxons sont pris et retournés contre les Suédois. Les Impériaux se croient sûrs de la victoire ; mais le génie de Gustave surveille tout le champ de bataille. De toute l'armée saxonne, trois bataillons seuls et deux escadrons résistent encore ; le Roi envoie à leur secours tous les bataillons et tous les escadrons qui lui restent de sa seconde ligne; et, faisant rassembler avec promptitude les pièces régimentaires des brigades, il oppose aux Impériaux une batterie formidable, qui vomit la mitraille à une petite distance. Sûr d'arrêter l'ennemi sur ce point, Gustave avance sa droite, opérant ainsi un changement de front en avant sur son centre; il s'élance à la tête de sa cavalerie appuyée par un bon nombre de mousquetaires. La gauche des Impériaux, qui était dégarnie, est facilement repoussée; les Suédois s'emparent des collines; toute l'artillerie y est portée, et ils la dirigent contre leurs ennemis, qu'ils prennent à revers.

Toute la ligne suédoise se trouve rétablie dans un ordre presque perpendiculaire à celui qu'elle occupait; partout elle reprend l'offensive, et l'ennemi, pris entre deux feux, cède partout devant elle.

Tilly, couvert de blessures, s'enfuit vers Halle. La victoire fut complète, quoiqu'elle eût été opiniâtrément disputée. Les vieux soldats de Tilly combattirent avec un acharnement extraordinaire. Quatre régiments, qui avaient perdu tous leurs officiers et leurs sous-officiers, se rallièrent plusieurs fois, et, quoique réduits à six cents hommes, ils se retirèrent en ordre du champ de bataille.

Néanmoins, comme l'armée saxonne avait été mise en déroute dès le commencement de la bataille, on peut dire que ce fut avec seize mille hommes que Gustave triompha de trente-cinq mille.

Les dispositions du Roi méritent d'être examinées avec attention. Jamais avant lui on n'avait fait mouvoir les troupes avec autant de promptitude et d'habileté sur le champ de bataille, jamais on n'avait fait un emploi aussi judicieux de l'artillerie, et nous croyons que les écrivains militaires n'ont pas rendu à ces dispositions la justice qui leur est due. Le Roi de Suède veut porter les coups décisifs sur l'aile gauche ennemie; dans ce but, il se place lui-même à son extrême droite, son centre est défendu par une batterie nombreuse, les autres pièces sont en réserve ou distribuées par régiment; lorsque toute sa gauche est enfoncée, il présente à l'instant de nouvelles troupes à son ennemi sans dégarnir son front. Le moment suprême est-il arrivé? toute l'artillerie légère est réunie avec promptitude en une seule batterie sur le point décisif; enfin, le Roi, en poursuivant toujours ses succès sur sa droite, pendant que le centre combat, se trouve par le fait avoir mis le premier en pratique l'ordre oblique rendu si célèbre par le grand Frédéric.

Cette victoire ouvrit à Gustave-Adolphe toute l'Allemagne, qu'il parcourut bientôt en vainqueur à la tête d'une armée endurcie par la fatigue, exaltée par le succès, et pleine de confiance dans le génie de son chef.

On peut juger de la bonne discipline qui régnait dans l'armée suédoise, par la promptitude que mit le corps commandé par Baudissen à se rendre de Leipsick à Wurtzbourg. Ce général, en huit jours, traversa quarante-cinq lieues de pays, et fit capituler six grandes villes.

Passage du Lech (22 mars 1631.)

Gustave-Adolphe s'empara de la Franconie, passa le Rhin, puis, revenant sur ses pas, pénétra au cœur de la Bavière. Tilly avait rassemblé ses troupes derrière le Lech près de la ville de Rain. Gustave se décida à forcer le passage de cette rivière. C'était une action très-audacieuse en présence d'un général dont l'habileté consistait surtout dans la défensive. Mais Gustave-Adolphe, qui avait traversé, disait-il, la mer Baltique, l'Oder, l'Elbe, le Rhin, ne pouvait se résoudre à être arrêté par un ruisseau. Il prit donc les dispositions les plus favorables pour faciliter son passage. Il choisit l'endroit où le Lech forme d'un côté un rentrant qui domine la rive opposée. Il fit relever le terrain au centre et sur les côtés, afin d'y loger des mousquetaires, et braqua soixante-douze pièces divisées en quatre batteries réunies par une tranchée, et qui croisaient leurs feux sur la rive opposée. Au centre du coude que forme la rivière, il fit construire un pont de chevalets avec le bois qu'on enleva aux villages voisins. De grands fagots de sapin mêlés de poix furent allumés par son ordre, afin que la fumée qu'ils produiraient cachât les tirailleurs aux ennemis.

Tilly, de son côté, s'était retranché, plaçant

ses troupes en bataille devant un bois, et ses canons sur le front de son retranchement. Par cette disposition, et par la configuration du terrain, ses pièces ne pouvaient pas, comme celles des Suédois, croiser leurs feux sur l'ennemi.

A peine le pont est-il achevé, que Gustave ordonne à trois cents Finlandais de le traverser à la hâte et d'élever à l'extrémité un redan formant tête de pont. Pendant que ses soldats exécutent avec hardiesse ce nouvel ouvrage, les batteries de droite et de gauche redoublent leurs feux; le Roi lui-même met pied à terre et pointe plus de soixante coups, obligeant ainsi ses canonniers à tirer plus vite pour protéger le travail des Finlandais. Tilly fait avancer quatre pièces pour empêcher la construction du pont. Peine inutile! dès que le parapet de la tête du pont est suffisamment élevé, l'infanterie se précipite en avant suivie de quelques pièces légères. La cavalerie, qui a découvert un gué en amont du pont, s'élance sur l'ennemi, qu'elle trouve déjà démoralisé par le feu de l'artillerie; car les boulets ont détruit les abatis, et en frappant contre les arbres, ils ont fait voler sur l'ennemi réfugié dans le bois une foule d'éclats dangereux, avec un tel bruit, qu'on eût dit, suivant Chemnitz, « qu'une foule de bûcherons » étaient occupés à abattre la forêt. » Les retranchements sont bientôt pris, et les Impériaux sont mis en déroute.

Tilly lui-même, blessé par un boulet de trois

livres, est emporté mourant du champ de bataille. Il avait assisté à trente-six grands combats.

Les succès de Gustave-Adolphe et la mort de Tilly rappelèrent Wallenstein, duc de Friedland, à la tête des troupes impériales. Ce dernier, sortant de la Bohême, dirigea sur Nuremberg une armée de soixante mille hommes. Gustave-Adolphe vola à la défense de cette ville : « Il n'avait
» que vingt mille hommes avec vingt pièces de
» batterie et quarante pièces de campagne de nou-
» velle fabrique, légères et maniables, qu'il avait
» reçues de Suède peu auparavant, et trois cents
» chariots de munitions. » Il fit son entrée à Nuremberg par deux portes différentes. Par la première, défilèrent dix régiments d'infanterie suivis de vingt gros canons et d'un égal nombre de petits calibres; venaient ensuite cent cornettes de cavalerie; les bagages fermaient la colonne. Par l'autre porte entrèrent soixante enseignes d'infanterie, cent cinquante cornettes de cavalerie, trente canons de petits calibres et leurs bagages.

Nous avons rapporté cet extrait de la description de l'entrée de Gustave-Adolphe à Nuremberg, parce qu'il prouve que l'armée était séparée en divisions, formant chacune un corps complet composé des trois armes, et que la grosse artillerie marchait après l'infanterie.

Suivant son habitude, Gustave-Adolphe alla camper sous les murs de Nuremberg, occupant, à un rayon de mille pas des murs, toute la circonférence, qu'il fortifia en deux jours. Toutes les lignes bastionnées qu'il éleva étaient composées de redoutes carrées et de bastions fermés à la gorge; les fossés avaient douze pieds de longueur et huit de profondeur.

Les ducs de Bavière et de Friedland avaient trois cents cornettes de cavalerie, plus deux cents compagnies d'infanterie et quatre-vingts pièces d'artillerie.

Wallenstein, ayant échoué dans l'attaque du camp de Gustave-Adolphe, se retrancha également à trois mille pas des lignes suédoises. Les deux armées restèrent ainsi en présence, cherchant à s'affamer plutôt qu'à se combattre.

Cependant, Gustave-Adolphe, qui avait reçu un renfort de douze mille hommes, porta son camp à Furt entre la Pegnitz et la Rednitz. Ne pouvant faire vivre son armée dans un pays déjà ravagé par la guerre, il résolut de forcer le camp de Wallenstein. Il rangea toute son armée en dehors de ses retranchements sur une ligne, fit mettre une partie de sa cavalerie à pied, et marcha à l'attaque. Une batterie de soixante grosses pièces, établie sur le prolongement d'une des lignes du camp, enfila une partie des retranchements; mais la position du duc de Friedland était formidable; son camp se trouvait placé sur une hauteur dont les flancs et le front étaient couverts, les premiers par des ravins et des bois, le second par une ligne continue bastionnée ayant en avant quelques redoutes et des abatis.

Pendant tout un jour, deux cents pièces de canon tonnèrent de part et d'autre; mais les parapets en terre, ainsi que les plis du terrain, protégèrent efficacement l'armée impériale contre les boulets ennemis. Les Suédois s'emparèrent d'une hauteur d'où l'on pouvait dominer une partie du camp impérial. Il fut impossible d'y amener du canon; la nuit, ils établirent encore une batterie de dix-huit pièces; puis, malgré d'héroïques efforts, Gustave-Adolphe fut obligé de se retirer dans son camp. C'était la contre-partie du passage du Lech. Là, les attaquants, ayant pu choisir une position avantageuse pour l'artillerie, avaient triomphé; à Furt, au contraire, une défense bien établie avait défié l'attaque la plus courageuse et la plus habile.

Après que les deux armées furent restées encore quinze jours en présence, la disette les força de se séparer. Mais elles allaient bientôt se rencontrer sur un nouveau théâtre.

Bataille de Lutzen, 6 novembre 1632.

Le duc de Friedland avait envahi la Saxe avec une armée de quarante-huit mille hommes. Gustave-Adolphe, à la tête de vingt mille hommes, vole au secours de l'électeur. En moins de quinze jours, il se rend de la Bavière à Erfurt dans la Thuringe; il va camper à Naumbourg, cherchant à faire sa jonction avec les troupes saxonnes qui étaient aux environs de Torgau. Pour empêcher cette jonction, Wallenstein, qui avait rassemblé son armée à Weissenfels, se retire à Lutzen et envoie Pappenheim à la tête de douze mille hommes s'emparer de la ville de Halle, située sur la Saale, à huit lieues de Leipsick. Pappenheim était de tous les généraux allemands celui que Gustave-Adolphe estimait et craignait le plus. Apprenant son départ, il se décide à attaquer Wallenstein pendant que celui-ci est privé de ce puissant appui.

Dès le 5 novembre, l'avant-garde suédoise arrive à Weissenfels; Gustave-Adolphe ne veut pas perdre un instant et laisser échapper les chances que lui offre la fortune; car, tomber sur ses ennemis divisés est toujours le triomphe de la stratégie. Son infanterie a rencontré l'ennemi, qui s'est mis en bataille derrière le pont de Ripach; les pièces régimentaires arrivent, croisent leurs feux sur les Impériaux, les Suédois traversent le pont, mais la nuit vient arrêter le combat.

A la faveur de l'obscurité, les deux armées se rangent en bataille. Toutes les deux font face à la grande route qui conduit de Lutzen à Leipsick. Les Impériaux appuient leur droite à cette première ville, et les Suédois y appuient leur gauche.

Le duc de Friedland s'est emparé de la chaussée, a fait approfondir les fossés et y a logé des mousquetaires, qui forment sur tout le front une double ligne de tirailleurs, soutenue au centre par une batterie de sept pièces. L'armée est placée en arrière, l'infanterie au centre formant un immense carré composé de quatre régiments massifs, dont chacun est flanqué de quatre carrés de mousquetaires. La gauche, qui s'appuie à un petit ruisseau, est formée de gros escadrons de cavalerie rangés sur deux lignes. L'aile droite est composée d'un gros bataillon d'infanterie et d'escadrons de cavalerie, dont quelques-uns ont dans leurs intervalles des pelotons de mousquetaires, selon la méthode suédoise. En avant de cette aile, et près de quatre moulins à vent qui dominent la plaine, quatorze pièces de gros calibre sont en batterie. Par leur position oblique, elles prennent en écharpe toutes les lignes suédoises.

L'armée du Roi de Suède est rangée sur deux lignes, à peu près dans le même ordre qu'à Leipsick : la cavalerie, placée aux ailes, ayant entre ses escadrons des pelotons de mousquetaires de cinquante hommes; les bataillons d'infanterie sont, les uns déployés en bataille, les autres massés en carrés. Au centre, le front de l'infanterie est couvert par vingt à vingt-six pièces de gros calibre, derrière sont rangées quatre batteries; à chaque aile, il y a vingt pièces régimentaires divisées en cinq batteries; l'artillerie formait donc un total de soixante à soixante-six pièces. La droite s'appuyait au même ruisseau qui couvrait la gauche des Impériaux.

C'est dans cet ordre que Gustave attend avec impatience les premiers rayons du jour. A peine ont-ils paru qu'il veut commencer le combat; mais un brouillard épais couvre la plaine, et le canon seul tire au hasard pendant deux heures; enfin, vers midi, le ciel s'éclaircit et les deux armées peuvent se mesurer des yeux. On voit alors la ville de Lutzen en flammes; les Impériaux y avaient mis le feu pour empêcher les Suédois de les tourner de ce côté. Gustave-Adolphe, suivant sa coutume, se tient à l'extrême droite de sa première ligne; il donne le signal de l'attaque, et toute l'armée se porte en avant.

Malgré les deux batteries des Impériaux et les lignes de mousquetaires, qui croisent leurs feux en avant de la grande route, l'infanterie suédoise, après un rude combat, déloge les mousquetaires de leurs retranchements, traverse la chaussée, s'empare de la batterie du centre, et la retourne contre les Impériaux; les deux premiers régiments d'infanterie allemande qui se sont avancés pour soutenir le choc des Suédois sont repoussés avec perte. Le centre est au moment d'être complétement enfoncé; mais le duc de Friedland arrive à la tête de trois escadrons; il rallie les fuyards, ramène l'infanterie au combat, et les Suédois repassent en désordre les fossés.

L'attaque sur la droite des Impériaux a également échoué; malgré le feu des pièces régimentaires, la batterie des Moulins a fait éprouver de grandes pertes aux Suédois, et les a forcés de reculer.

Pendant ce temps, Gustave-Adolphe, à la tête de

sa cavalerie de l'aile droite, et soutenu par une batterie d'artillerie, renverse les chevau-légers impériaux disposés en tirailleurs; et ceux-ci, en se retirant, portent le trouble dans les escadrons qui sont placés derrière eux.

En ce moment, on vient avertir le Roi qu'au centre son infanterie a été repoussée, et que son aile gauche plie déjà sous le feu de l'artillerie ennemie. Gustave laisse le commandement de la droite au général Horn, et court rétablir le combat à la tête du régiment de Steinbock. En deux bonds, le cheval qu'il monte a franchi les fossés de la grande route, mais les soldats qui le suivent sont arrêtés quelque temps par cet obstacle. François-Albert, duc de Saxe-Lauenbourg, se trouve seul auprès de Gustave. Le Roi court au plus fort de la mêlée, une balle lui fracasse le bras. Pour ne point décourager ses troupes, il prie le duc de Lauenbourg de le tirer à l'écart; pendant que celui-ci l'entraîne, il reçoit une autre balle dans le dos. Il tombe, et on ignore encore si le plomb qu'il l'a frappé est parti d'une main ennemie!

A la vue du cheval du Roi qui, couvert de sang, galope sans son maître au milieu des rangs, l'armée suédoise n'apprend que trop tôt l'immensité de la perte qu'elle vient de faire; mais, loin de se décourager, elle est saisie d'un désir furieux de vengeance. Le duc Bernard de Saxe-Weimar, digne élève du grand Gustave, prend le commandement, et dirige une nouvelle attaque.

La droite n'a pas fléchi; le général Horn y poursuit ses succès, renverse la cavalerie impériale qui lui est opposée. Deux escadrons de Croates se dérobent à ses coups, font un détour et tombent en vrais Cosaques sur les bagages des Suédois; ils sont bientôt repoussés. A la gauche, le duc de Weimar fait avancer les pièces régimentaires et sa cavalerie entremêlée de mousquetaires; il s'empare de la batterie des Moulins qu'il retourne sur les Impériaux. Au centre, l'infanterie a de nouveau repassé les fossés et repris ses canons. Les Impériaux ont ainsi perdu toute leur artillerie, qui, jointe à celle des Suédois, lance contre eux une grêle de boulets. Leurs ailes sont débordées; et, comme si tout conspirait contre eux, les voitures à poudre qui sont en arrière de leur ligne prennent feu; elles éclatent avec fracas et répandent la terreur parmi les troupes déjà démoralisées, qui croient qu'un nouvel ennemi les menace de ce côté. Il est trois heures de l'après-midi; les Impériaux sont en pleine déroute, la fuite seule les dérobe aux coups des Suédois.

Mais tout à coup la scène change. Les vainqueurs sont arrêtés court; Pappenheim est arrivé sur le champ de bataille à la tête de ses cuirassiers et de ses dragons. Cet illustre général, ce soldat intrépide, venait de s'emparer de la ville de Halle, quand l'ordre lui parvint de rejoindre en toute hâte le duc de Friedland, qui allait livrer bataille.

Ses troupes étaient occupées au pillage de la ville. Il les rassemble à la hâte et donne l'ordre de marcher; mais, poussé par la crainte de perdre peut-être sa part de gloire dans le grand jour qui se prépare, il laisse son infanterie en arrière et s'élance au galop à la tête de huit régiments de cavalerie sur la route de Lutzen. Son chemin le menait naturellement à l'extrême gauche des Impériaux. Il arrive au moment où les troupes de Wallenstein sont en pleine déroute. Entraîné un moment par les fuyards, il les arrête bientôt et les ramène au combat; une nouvelle bataille a commencé.

Les Suédois, occupés à la poursuite, fatigués de leur propre victoire, s'arrêtent étonnés devant ce revirement de la fortune. Pappenheim écrase avec ses escadrons tout ce qu'il rencontre sur ses pas. Wallenstein, de son côté, rallie l'infanterie et reprend l'offensive. Les Suédois sont encore repoussés au delà des fossés, et les Impériaux reprennent leurs canons, qu'ils avaient déjà perdus deux fois. Cependant, les vainqueurs ne peuvent se résoudre à changer de rôle; ils font des efforts incroyables pour résister à cette nouvelle tempête; un des meilleurs régiments suédois se fait tuer sur place sans reculer d'un pas.

Le régiment bleu subit le même sort, après avoir soutenu sept attaques furieuses de Piccolomini, qui, revenant toujours à la charge, à la tête de mille cuirassiers, n'a pas quitté le combat quoiqu'il ait eu cinq chevaux tués sous lui, et le corps percé de six coups de feu.

L'ordre de bataille de Gustave-Adolphe offre encore aux siens, dans ce moment décisif, des avantages que le duc Bernard saisit avec habileté; grâce à la seconde ligne et à leur admirable discipline, les Suédois peuvent encore combler les lacunes en faisant avancer toutes les troupes en réserve; et, malgré leurs pertes, ils offrent encore à leurs ennemis un front imposant.

Ainsi, Gustave est mort, et c'est encore lui qui triomphe. Le duc Bernard redouble d'efforts; il fait avancer une batterie de vingt-quatre pièces qui tire là où la milice est plus épaisse; ayant recours à toutes les ressources de la tactique, tantôt il présente à l'artillerie ennemie une ligne mince, tantôt il oppose à une charge de cavalerie une masse profonde.

La plupart des généraux autrichiens sont tués ou blessés. Pappenheim, cet héroïque soldat, reçoit deux balles dans la poitrine. Sa présence avait ramené la victoire sous les drapeaux de l'Empereur, sa mort y ramène la défaite. Les Suédois reprennent l'offensive, et pour la troisième fois ils repassent la grande route et les fossés si chaudement disputés, et pour la troisième fois, mais aussi pour la dernière, toute l'artillerie des Impériaux retombe en leur pouvoir; les Suédois concentrent encore toutes les pièces prises sur l'ennemi, et la bataille est enfin gagnée.

L'armée française sous Louis XIII.

Sous Louis XIII, on le sait, Richelieu continua l'œuvre de Charles VII, de Louis XI et de Henri IV. Il pacifia la France, dompta les grands vassaux, repoussa les attaques étrangères, et éleva à un haut degré la puissance royale, c'est-à-dire le pouvoir militaire centralisé.

Ce grand ministre, enflammé de l'amour de la patrie, et qui, tout en prenant la Rochelle, faisait cause commune avec les protestants de Hollande, de Suède et d'Allemagne, fit tous ses efforts pour établir dans l'armée française une discipline sévère; dès 1628, au siége de la Rochelle, il en fixa la base première en assurant aux soldats la régularité de la solde; par là il rendit possible la connaissance exacte des hommes présents sous les armes.

Chose remarquable, l'infanterie française, qui sous Henri IV ne jouissait pas d'une grande réputation, devint tout à coup sous Richelieu supérieure à la cavalerie par son courage et sa discipline. A Thionville, en 1639, la défaite de M. de Feuquières fut attribuée en grande partie à la fuite de la cavalerie, tandis qu'au contraire l'infanterie fit la plus héroïque résistance. Il en fut de même à Tournon, près de Sedan, en 1641, où le maréchal de Châtillon fut défait par le général Lamboy.

L'infanterie était divisée en régiments qui variaient de huit cents à quatre mille hommes; elle se rangeait en bataillons de mille hommes, sur six, huit ou dix de hauteur. Dans l'armement de l'infanterie, il n'était plus fait usage de l'arquebuse, mais seulement du mousquet, auquel on avait conservé la fourchette. Les piques n'avaient plus que quatorze à quinze pieds de longueur. Le rapport des mousquets aux piques était environ de sept à trois.

Dans les Mémoires de Sully, on voit le nom de fusiliers donné aux arquebusiers; ce qui prouve que déjà dans ce temps-là on se servait du briquet, appelé alors fusil, pour mettre le feu au mousquet.

En 1646, il est fait mention d'un régiment d'infanterie de fusiliers. Vers 1644, on adopta en France la giberne, suivant l'usage des Suédois, mais seulement pour les troupes qu'on envoyait en tirailleurs. Le changement qui devait produire les résultats les plus décisifs et une grande simplification dans les mouvements et l'armement de l'infanterie, fut l'adoption d'un poignard à manche de bois appelé baïonnette; on introduisit d'abord ce poignard dans le canon du mousquet, qui ainsi faisait l'effet de la pique.

Les bagages avaient été très-réduits, car Turmer dit que les fantassins français ont si peu d'effets qu'ils les peuvent mettre en entier dans leur mouchoir.

Dans la cavalerie, les régiments étaient de six cents chevaux; les compagnies de quatre-vingt-dix à cent maîtres. Mais là, comme dans l'infanterie, le nombre des suivants avait considérablement diminué; il paraît même que, vers le milieu du règne de Louis XIII, le cavalier n'avait qu'un cheval. Chaque régiment de cavalerie avait des compagnies de mousquetaires. Louis XIII arma également de mousquets le régiment de sa garde, et ces soldats, qui servaient à pied et à cheval, devinrent bientôt fameux sous le nom de mousquetaires. Ils faisaient donc le service de dragons; quoique, en Allemagne, où ils avaient été créés, les dragons fussent exclusivement employés comme fantassins, ne montant à cheval que pour se transporter plus rapidement d'un lieu à un autre. A notre avis, c'est là un des grands avantages que peut offrir cette arme. Enfin, en 1635, on créa en France des régiments entiers de dragons.

Les Allemands, dans leurs dernières guerres, avaient tiré un grand parti des Croates et des hussards, cavalerie très-légère qui n'avait pas d'armes défensives. En 1635, on ntroduisit cette nouvelle cavalerie en France, mais en modifiant, à ce qu'il paraît, son armement, car on lit dans une lettre de Richelieu au cardinal de la Vallette : « Outre cela, nous allons maintenant faire deux » mil chevaux de la nouvelle cavalerie, dont vous » m'avez escrit, qui n'aura que la cuirasse, une » bourguignotte qui couvre les joues, et une barre

» sur le nez, une carabine et un pistolet. Je croy
» qu'on appellera cette cavalerie, cavalerie hon-
» groise : si ce n'est que M. Hebron nous voulust
» mander un nom qui fust plus idoine, pour par-
» ler selon son langage ordinaire. »

En 1636, le cardinal de la Vallette attira au service de France quatre régiments de Croates. Quoiqu'on eût remarqué que ces troupes, comme autrefois les Albanais, rendaient d'immenses services, parce que, n'étant point chargées d'armes défensives, elles étaient très-promptes dans leurs mouvements, cependant on tenait tellement en France à ce que l'infanterie ainsi que la cavalerie fussent recouvertes d'armures, qu'en 1638 Louis XIII déclara que tous les cavaliers qui ne se couvriraient pas d'armes défensives seraient dégradés, et perdraient leurs droits de noblesse. C'était une question de paye qui engageait les cavaliers à ne s'en point revêtir, car le prix des armes leur était retenu sur leur solde.

L'artillerie de Louis XIII s'enrichit de deux nouveaux calibres : de pièces de 24 et de 12. La pièce de 12 avait neuf pieds et demi de longueur, la pièce de 24 dix pieds et demi. Ce changement eut lieu vers 1634, époque où le maréchal de la Meilleraye remplaça le fils de Sully dans la charge de grand maître; car, dans l'instruction de Sully, imprimée en 1633, il n'en est point fait mention. Mais il paraît qu'on les employait peu, parce que c'étaient des calibres espagnols, et qu'on ne voulait pas que l'ennemi pût nous renvoyer nos boulets. A cette époque, les bombes furent aussi mises en usage en France; en 1634, Malthus lança les premières au siége de Lamothe en Lorraine.

Pour rendre l'artillerie plus légère, on commençait à laisser les gros calibres sur les derrières et à n'emmener avec l'armée que des pièces de campagne attelées de quatre à six chevaux. On avait aussi réformé les anciens pontons, qui étaient extrêmement lourds; on les avait remplacés par des ponts en joncs recouverts de toile cirée. Cependant le nombre des pièces d'artillerie était encore très-peu considérable, il ne montait pas même à une pièce par mille hommes.

L'ordre de bataille, l'ordre de marche et l'ordre de campement des Suédois furent adoptés en France à cette époque. Les armées furent généralement rangées en bataille sur deux lignes espacées de cinq cents pas. Quelquefois chaque ligne avait une réserve. Le maréchal de la Meilleraye formait aussi deux lignes; la seconde, beaucoup moins nombreuse que la première et considérée comme une réserve, était composée d'hommes d'élite. L'armée marchait ordinairement en trois colonnes dans l'ordre de bataille. La colonne du centre était composée de l'artillerie et des bagages. D'autres fois, l'artillerie divisée par batteries était répartie dans les divisions qui marchaient sur un aussi grand front que le terrain le permettait.

RÉSUMÉ.

Pendant la période que nous venons de décrire, la victoire se déclare partout où à la science se trouve joint le génie militaire. Nous avons vu, en France, la cause protestante toujours vaincue sur le champ de bataille, jusqu'au moment où Henri IV, se mettant à sa tête, la fait triompher. Il en est de même en Hollande : ces Espagnols si fiers et si courageux sont presque toujours vainqueurs sur le champ de bataille, jusqu'à l'apparition de Maurice et de Henri de Nassau. En Allemagne, la cause catholique, défendue par les généraux de l'Empereur, est victorieuse jusqu'au jour où Gustave-Adolphe, devenu le chef de la ligue protestante, terrasse en trois ans tous ceux qui jusqu'alors avaient été invincibles.

Ces éclatants succès ne s'étaient pas produits sans être accompagnés d'immenses progrès dans la tactique.

Les batailles sous François Ier n'avaient été que des batailles de chocs produits par de grosses masses, que le canon était obligé de rompre et de disperser en tirant directement dessus.

Les batailles du duc de Guise et de Henri IV avaient été des batailles de chocs produits par de petites masses indépendantes les unes des autres, mais se soutenant réciproquement; dans ces batailles, l'artillerie, placée aux extrémités d'un croissant, s'efforçait de prendre d'écharpe l'ennemi et de flanquer toute la ligne de bataille qui se tenait sur la défensive.

Les batailles de Maurice et de Gustave-Adolphe étaient encore des batailles de chocs, mais de chocs entre des lignes qui se soutenaient et s'aidaient réciproquement ; l'influence des manœuvres s'y faisait déjà sentir ; l'artillerie appuyait de ses gros calibres toutes les parties faibles, et les pièces légères étaient réunies pendant le combat sur le point décisif, là où un effort vigoureux pouvait assurer le succès.

Sous François Ier, il fallait du courage, du sang-froid et une artillerie bien servie.

Sous Henri IV, il fallait de la légèreté, de la promptitude, de l'habileté dans les mouvements des unités tactiques.

Sous Gustave-Adolphe, il fallait, indépendamment de tout cela, de la science pour diriger simultanément l'action variée des différentes armes sur différents terrains. Jusqu'alors, le canon avait rendu sur le champ de bataille la défense très-supérieure à l'attaque ; Gustave rendit à l'attaque toutes ses chances de succès, en sachant se servir des canons légers et des armes à feu.

Le canon a décidément battu en brèche l'ordre profond et forcé les troupes à manœuvrer.

L'invention du fusil à baïonnette va permettre à l'infanterie de doubler ses forces par l'uniformité de son armement. La cavalerie, dégagée en partie d'armures embarrassantes, a déjà montré tout ce qu'on peut attendre de la rapidité de ses mouvements.

De grands exemples ont été donnés; on a vu que ce sont les réserves qui gagnent les batailles.

On a vu que l'artillerie doit être divisée dans les marches et réunie en grandes batteries sur le champ de bataille..

On sait qu'une armée doit marcher et camper dans l'ordre où elle doit combattre.

On sait qu'en fait de stratégie et de tactique, la grande question est de tomber avec ses forces réunies sur une portion de la ligne ennemie.

Enfin, même pour la guerre de montagnes, la campagne du duc de Rohan dans la Valteline a fourni de nouveaux sujets d'étude et de méditation.

Malgré tous ces progrès, il faudra bien du temps encore avant que ces exemples soient réduits en principes et en axiomes; et, une fois acceptés comme tels, il sera toujours difficile et rare de trouver un général qui sache les appliquer. Car, si la science analyse et coordonne les faits passés pour en déduire des principes généraux, le génie seul sait tirer d'immenses résultats de leur juste application.

LE CANAL DE NICARAGUA [1].

Dans le courant de l'année 1842, plusieurs personnes considérables de l'Amérique centrale écrivirent au prisonnier de Ham, par l'intermédiaire d'un Français établi à la Jamaïque, pour l'engager à demander sa mise en liberté et à passer en Amérique, où, disaient-elles, le Prince serait reçu avec enthousiasme et pourrait entreprendre des travaux dignes de son nom et de son esprit actif. Le prince Louis-Napoléon Bonaparte crut devoir, à cette époque, décliner cette invitation. Touché, néanmoins, de marques de sympathie venues de si loin et qui traversaient les portes d'une prison pour lui arriver, il entretint une correspondance avec les personnes qui s'étaient ainsi adressées à lui.

[1]. Le fragment que nous citons ici est l'introduction placée en tête de l'étude sur le percement du canal de Nicaragua. Il ne nous a pas été possible de faire entrer dans notre cadre restreint la reproduction de cette étude; mais les pages qu'on va lire suffiront pour en faire apprécier l'importance. (*Note de l'Éditeur.*)

Plus le corps est étroitement resserré, plus l'esprit est disposé à se lancer dans les espaces imaginaires et à agiter la possibilité d'exécution de projets auxquels une existence plus active ne lui aurait peut-être pas laissé le loisir de songer : c'est ainsi que le prince, ayant reçu la visite d'un officier de la marine française sur le point de partir pour l'Amérique centrale, l'engagea à faire des observations sur la possibilité de creuser un canal navigable pour les vaisseaux, qui reliât l'océan Atlantique à l'océan Pacifique, par les lacs de Nicaragua et de Léon. Par une coïncidence assez singulière, à peu près à la même époque où le prince Napoléon faisait faire des études préliminaires sur le tracé le plus avantageux à adopter pour un canal maritime, le gouvernement français envoyait un ingénieur (M. Garella) pour lever les plans et préparer les devis d'une coupure projetée à travers l'isthme de Panama.

En 1844, les États de Guatemala, de San-Salvador et de Honduras, envoyèrent M. Castellon, en qualité de ministre plénipotentiaire, auprès de Louis-Philippe, avec mission de réclamer pour ces États la protection du gouvernement français et d'offrir, en retour, de grands avantages commerciaux à la France. Le gouvernement français n'accueillit pas les ouvertures de M. Castellon, qui sollicita alors la permission de visiter le prisonnier de Ham. Cette demande ayant été accordée, M. Castellon eut avec le prince une entrevue, dans le cours de laquelle il s'étendit longuement sur l'importance et la possibilité d'une jonction des deux Océans, et pressa vivement le prince de se rendre dans l'Amérique centrale pour se mettre à la tête de cette entreprise gigantesque : ses instances étant demeurées sans résultat, il conclut plus tard un traité avec une compagnie belge.

Quelques mois s'étaient écoulés, lorsque le bruit d'une amnistie prochaine commença à circuler. Le prince, craignant qu'il ne lui fût pas permis d'aller voir son père à Florence, reporta ses pensées vers l'Amérique et repassa dans son esprit le grand projet qui lui avait été récemment soumis, et dont l'exécution était de nature à faire tant d'honneur à son nom.

M. Castellon avait pu reconnaître, pendant son séjour à Ham, que le prince était parfaitement au courant de tout ce qui se rattachait au projet en question, et comprenait toute l'importance que les contrées de l'Amérique centrale ne pouvaient manquer d'acquérir dans un avenir peu éloigné : il l'avait donc prié de rédiger par écrit ses idées à ce sujet. Pour répondre au désir de M. Castellon, le prince lui adressa en Amérique certaines notes, qui comprenaient plusieurs des considérations qu'on trouvera développées dans sa brochure; il l'informait en même temps que, s'il était rendu à la liberté, son intention bien arrêtée était de passer en Amérique et de se mettre à la tête de cette entreprise. Le père du prince n'avait encore, à cette époque, fait aucune démarche pour obtenir la mise en liberté de son fils. Sa santé n'avait pas encore été altérée comme elle le fut depuis, et l'on ne pouvait, d'ailleurs, prévoir la difficulté que le gouvernement français opposa plus tard à la mise en liberté du prince.

M. Castellon ayant reçu la communication à laquelle il a été fait allusion plus haut, la fit traduire en espagnol, et à peine eut-elle reçu la publicité nécessaire, qu'un grand nombre des plus notables habitants du pays adressèrent à leur gouvernement une pétition tendant à ce que l'exécution du canal projeté fût confiée exclusivement au prince Louis-Napoléon Bonaparte. En conséquence, le 5 décembre 1845, M. Castellon écrivait au prince la lettre suivante :

Léon de Nicaragua, 6 décembre 1845.

« Prince,

» J'ai reçu avec le plus vif plaisir la lettre de Votre Altesse, en date du 12 août, qui m'apporte l'expression de vos sentiments d'estime et d'amitié dont je me sens si fort honoré. Vous y joignez le développement de vos idées relatives au canal de Nicaragua, dirigées dans le sens qui me paraît le mieux calculé pour la prospérité de l'Amérique centrale. Vous m'annoncez en même temps que vous êtes beaucoup plus disposé maintenant à vous rendre dans ce pays pour y activer, par votre présence et votre concours, l'exécution de cette grande œuvre, qui suffirait à l'ambition la plus noble, et que vous êtes prêt à en accepter la direction, sans autre vue que d'accomplir une tâche digne du grand nom que vous portez. Avant d'aborder ce sujet, qui intéresse à un si haut point ma patrie, je demande à Votre Altesse la permission de lui dire, en retour des termes flatteurs dont elle se sert vis-à-vis de mon peu de mérite, que rien ne prouve mieux la magnanime et bienveillante disposition de votre cœur.

» Lorsque je vins en France, en qualité de ministre plénipotentiaire, j'étais fort désireux, avant mon départ d'Europe, de vous faire une visite à Ham. J'aspirais à l'honneur de vous voir, non pas seulement à cause de la popularité qui entoure votre nom dans le monde, mais aussi parce que j'avais pu juger par moi-même, dans votre pays natal, de la haute estime qui s'attache à votre caractère et de la sympathie qu'inspirent vos malheurs.

» J'admirai, Prince, votre résignation et votre amour pour cette France où vous vivez emprisonné; mais j'eus une secrète joie en voyant votre esprit s'exalter à la peinture de l'immense travail dont mon pays se préoccupe et qui pourrait si vivement agir sur les progrès de la civilisation.

» Les dispositions que vous m'annoncez, et les notes qui sont jointes à votre lettre, ont excité ici le plus réel enthousiasme auquel se mêle une profonde gratitude.

» Je suis heureux de faire savoir à Votre Altesse que le gouvernement de cet État, pleinement convaincu que le vrai moyen de réaliser le capital nécessaire à cette entreprise, est de la placer sous le patronage d'un nom indépendant comme le vôtre par la fortune et la position, et qui, en attirant la confiance des deux mondes, éloigne ici toute crainte de domination étrangère; que ce gouvernement, dis-je, s'arrête à Votre Altesse comme à la seule personne qui puisse remplir ces diverses conditions. Élevé dans une république, Votre Altesse a montré par sa noble conduite en Suisse en 1828, à quel point un peuple libre peut compter sur votre abnégation, et nous sommes assurés que si votre oncle, le grand Napoléon, s'est rendu immortel par ses victoires, Votre Altesse peut acquérir parmi nous une gloire égale par les travaux de la paix, qui ne font couler que des larmes de reconnaissance.

» Du jour où vous poserez le pied sur notre sol, une nouvelle ère de prospérité commencera pour ses habitants.

» Ce que nous demandons à Votre Altesse la permission de lui proposer n'est pas indigne de sa sollicitude; car, dès avant 1830, le roi Guillaume de Hollande avait accepté quelque chose de semblable. Si nous ne vous remettons pas immédiatement les pouvoirs nécessaires à l'ouverture de ces grands travaux, cela tient à l'absence actuelle des Chambres législatives, dont l'intervention est obligatoire pour l'examen d'un traité signé par moi l'année dernière avec M. le comte de Hompesch, président de la Compagnie belge de colonisation. Ce traité n'ayant pas été aussi favorablement accueilli que j'avais lieu de le croire, il est plus que probable que le gouvernement sera autorisé à s'adresser à vous, et pourra ainsi satisfaire le vœu national. Il paraît résolu de m'envoyer près de vous, avec les instructions nécessaires pour nous mettre à même l'un et l'autre de nous entendre à ce sujet.

» Une autre cause de retard est la récente commotion populaire de ce pays. Mais, comme le nombre des mécontents est minime, et que le gouvernement a l'appui de l'opinion publique, je pense que cette révolution touche à son terme et que le calme prochain permettra de donner à notre grande entreprise l'impulsion la plus prompte. Le gouvernement est convaincu que la construction du canal, en donnant de l'ouvrage à tous les bras inoccupés, sera un nouveau moyen de pacification et de bien-être pour ce peuple depuis si longtemps fatigué des horreurs de la guerre civile.

« Autant par impatience de voir le début d'une œuvre à laquelle je veux employer toutes mes facultés, que par désir de voir Votre Altesse régler les destinées de ma patrie, j'aspire à l'honneur de vous revoir à Ham, ne fût-ce que quelques heures, en conservant l'espoir d'assister à votre délivrance, pour laquelle je ne cesse d'adresser à Dieu de ferventes prières.

» Je prie Votre Altesse d'agréer, etc.
» FRANÇ. CASTELLON. »

Quelques mois plus tard, le Prince recevait à Ham une lettre de M. de Montenegro, ministre des affaires étrangères, qui lui conférait officiellement tous les pouvoirs nécessaires pour organiser une compagnie en Europe, et l'informait en outre que, par une décision du 8 janvier 1846, le gouvernement de Nicaragua avait résolu de donner à ce grand ouvrage d'art, destiné à ouvrir une nouvelle route au commerce du monde, le nom de *Canale Napoleone de Nicaragua.* Par suite de cette décision, M. de Marcoleta, chargé d'affaires de Nicaragua en Belgique et en Hollande, se rendit à Ham, conformément aux instructions qu'il avait reçues, afin d'y signer avec le Prince un traité qui donnait à ce dernier plein pouvoir pour réaliser l'objet en question.

Pendant le cours de cette négociation, des démarches actives, mais infructueuses, se poursuivaient à Paris pour la délivrance du Prince, qui, résolu, avant d'employer la dernière ressource, d'épuiser tous les moyens compatibles avec l'honneur qui pouvaient lui ouvrir les portes de sa prison et satisfaire en même temps ses affections filiales en lui permettant d'aller à Florence rendre visite à son père âgé et infirme, informa le gouvernement français des propositions qu'il avait reçues d'Amérique, s'engageant, dans le cas où on lui laisserait la faculté de passer quelques mois en Toscane, à se rendre ensuite directement en Amérique pour l'objet en question.

Aucune espèce de réponse n'ayant été faite à cette demande, le Prince se décida dès lors à mettre fin lui-même à sa captivité, si l'occasion s'en présentait.

Il y a maintenant (1846) deux mois que le Prince est en Angleterre, attendant de jour en jour la permission de se rendre en Toscane ; mais une politique insensée a toujours mis obstacle à ce qu'il reçût la bénédiction de son vieux père, qui est mort à Florence le 25 juillet dernier, sans avoir pu presser encore une fois son fils entre ses bras. Aujourd'hui que le Prince se trouve dans l'exil, il est plus éloigné que jamais de renoncer à l'idée d'une entreprise qui a été l'objet d'instances si pressantes auprès de lui, et, afin de répondre à la confiance que lui a témoignée le gouvernement de Nicaragua, dans le temps même de sa captivité, il a résolu de profiter de son séjour en Angleterre pour obtenir et assurer, autant qu'il dépendra de lui, le concours de tous les esprits intelligents et élevés à cette même entreprise, qui ne saurait manquer d'avoir les résultats les plus heureux pour le commerce de toutes les nations (1846).

L'IDÉAL.

TRADUCTION DE SCHILLER.

A la Conciergerie, le 18 août 1840.

O temps heureux de ma jeunesse, veux-tu donc me quitter sans retour? Veux-tu t'enfuir sans pitié, avec tes joies et tes douleurs, avec tes sublimes illusions? Rien ne peut-il donc t'arrêter dans ta fuite? tes flots vont-ils irrévocablement se perdre dans la nuit de l'éternité?

Les astres brillants qui éclairaient mon entrée dans la vie ont perdu leur éclat; l'idéal, qui gonflait mon cœur ivre d'espérance, s'est enfui. Elle est anéantie cette douce croyance en des êtres créés par mon imagination; ces rêves jadis si beaux, si divins, ils sont tombés en proie à la triste réalité!

De même qu'un jour Pygmalion étreignait la pierre de ses ardents transports, jusqu'à ce que le sentiment eût coulé brûlant dans la fibre glacée du marbre; de même j'enlaçais la nature de mes bras amoureux avec une ardeur juvénile, jusqu'à ce qu'elle eût commencé à respirer et à se réchauffer sur mon cœur de poëte.

Et, partageant mes brûlants transports, elle

s'animait à ma voix, me rendait le baiser d'amour et comprenait les battements de mon cœur. La fleur, l'arbre, tout vivait pour moi ; le murmure du ruisseau chantait à mon oreille ; même les objets inanimés paraissaient sensibles au retentissement de ma vie.

Mon étroite poitrine se dilatait par un effort tout-puissant dans un cercle immense, et je voulais entrer dans la vie en paroles et en actions, par les illusions comme par le bruit. Comme il était grand, ce monde, tant qu'il ne fut pas éclos à mes yeux! mais comme j'ai vu peu de choses s'épanouir ; et ce peu, comme il était petit et mesquin!

Avec quelle audace il s'élançait dans la vie, transporté par une noble ardeur, le jeune homme que le délire de ses rêves rendait heureux et dont aucun souci n'avait encore arrêté la fougue! Le vol altier des projets l'emportait jusqu'au sommet du firmament ; rien n'était trop loin pour que dans son ivresse il ne crût pouvoir l'atteindre.

Avec quelle facilité il y était transporté! Qu'y avait-il de trop difficile à son bonheur? Comme sur le chemin fleuri de la vie, il était joyeusement accompagné! l'Amour avec son doux retour, la Fortune avec son brillant diadème, la Gloire avec sa couronne étincelante, la Vérité avec l'éclat du soleil!

Mais, hélas! à peine au milieu de sa route, ses compagnons infidèles l'avaient déjà abandonné, et l'un après l'autre ils s'étaient enfuis précipitamment. Le bonheur aux pieds légers avait déjà disparu, la soif de la science n'était pas apaisée, et les sombres nuages du doute obscurcissaient l'image brillante de la vérité.

J'ai vu la couronne sacrée de la gloire flétrie sur des fronts vulgaires! Hélas! le temps heureux de l'amour n'a eu qu'un trop court printemps, et ma route devint bientôt de plus en plus déserte. Le silence s'accrut, et c'est à peine si l'espoir jette encore une faible lueur sur mon obscur sentier.

. . . .

AUX MANES DE L'EMPEREUR.

Citadelle de Ham, le 15 décembre 1840.

Sire, vous revenez dans votre capitale, et le peuple en foule salue votre retour; mais moi, du fond de mon cachot, je ne puis apercevoir qu'un rayon du soleil qui éclaire vos funérailles!

N'en veuillez pas à votre famille de ce qu'elle n'est pas là pour vous recevoir : votre exil et vos malheurs ont cessé avec votre vie ; mais les nôtres durent toujours!

Vous êtes mort sur un rocher, loin de la patrie et des vôtres : la main d'un fils n'a point fermé vos yeux. Aujourd'hui encore, aucun parent ne conduira votre deuil!

Montholon, lui que vous aimiez le plus parmi vos dévoués compagnons, vous a rendu les soins d'un fils; il est resté fidèle à votre pensée, à vos dernières volontés; il m'a rapporté vos dernières paroles : il est en prison avec moi!

Un vaisseau français, conduit par un noble jeune homme, est allé réclamer vos cendres; mais c'est en vain que vous cherchiez sur le pont quelqu'un des vôtres : votre famille n'y était pas !

En abordant au sol français, un choc électrique s'est fait sentir; vous vous êtes soulevé dans votre cercueil; vos yeux un moment se sont rouverts : le drapeau tricolore flottait sur le rivage, mais votre aigle n'y était pas !

Le peuple se presse comme autrefois sur votre passage; il vous salue de ses acclamations, comme si vous étiez vivant; mais les grands du jour, tout en vous rendant hommage, disent tout bas : « Dieu ! ne l'éveillez pas ! »

Vous avez enfin revu ces Français que vous aimiez tant; vous êtes revenu dans cette France que vous aviez rendue si grande ; mais l'étranger y a laissé des traces que toutes les pompes de votre retour n'effaceront pas !

Voyez cette jeune armée : ce sont les fils de vos braves; ils vous vénèrent, car vous êtes la gloire; mais on leur dit : « Croisez vos bras ! »

Sire, le peuple, c'est la bonne étoffe qui couvre notre beau pays : mais ces hommes que vous avez faits si grands et qui étaient si petits, ah ! Sire, ne les regrettez pas !

Ils ont renié votre évangile, vos idées, votre gloire, votre sang; quand je leur ai parlé de votre cause, ils nous ont dit : « Nous ne la comprenons pas ! »

Laissez-les dire, laissez-les faire; qu'importent, au char qui monte, les grains de sable qui se jettent sous les roues! ils ont beau dire que vous fûtes un météore qui ne laisse pas de traces! ils ont beau nier votre gloire civile ; ils ne nous déshériteront pas!

Sire, le 15 décembre est un grand jour pour la France et pour moi. Du milieu de votre somptueux cortége, dédaignant certains hommages, vous avez un instant jeté vos regards sur ma sombre demeure, et, vous souvenant des caresses que vous prodiguiez à mon enfance, vous m'avez dit : « Tu souffres pour moi, ami, je suis content de toi! »

DISCOURS ET MESSAGES.

DISCOURS ET MESSAGES.

Au moment où éclata la révolution de février 1848, le prince Louis-Napoléon était en Angleterre; il se rendit à Paris, et peu de temps après retourna volontairement à Londres, le Gouvernement provisoire ayant craint que la présence d'un neveu de l'Empereur ne devînt un sujet d'embarras. Le Prince n'en fut pas moins élu à l'Assemblée constituante par quatre départements : la Seine, l'Yonne, la Charente-Inférieure et la Corse. Cette élection souleva des orages au sein de l'Assemblée; le Pouvoir exécutif était manifestement hostile, et les mécontents de tous les partis se préparaient à exploiter la situation; le Prince donna sa démission. Trois mois après, de nouvelles élections eurent lieu; trois cent mille suffrages proclamèrent encore une fois Louis-Napoléon représentant du peuple. Le Prince accepta, rentra en France, et vint prendre place à l'Assemblée nationale le 26 septembre 1848. Le 10 décembre, cinq millions et demi de suffrages l'appelaient à la Présidence de la République.

MESSAGE A L'ASSEMBLÉE NATIONALE.
7 juin 1849.
AFFAIRES ÉTRANGÈRES.

Six mois après son entrée au pouvoir, le Prince-Président adresse à l'Assemblée législative le message prescrit par la Constitution. Il expose ainsi la politique extérieure de la France :

« Il est dans la destinée de la France d'ébranler le monde lorsqu'elle se remue, de le calmer lorsqu'elle se modère. Aussi l'Europe nous rend-elle responsables de son repos ou de son agitation. Cette responsabilité nous impose de grands devoirs : elle domine notre situation.

» Après février, le contre-coup de notre révolution se fit sentir depuis la Baltique jusqu'à la Méditerranée, et les hommes qui me précédèrent à la tête des affaires ne voulurent pas lancer la France dans une guerre dont on ne pouvait prévoir le terme : ils eurent raison.

» L'état de civilisation en Europe ne permet de livrer son pays aux hasards d'une collision générale qu'autant qu'on a pour soi, d'une manière évidente, le droit et la nécessité. Un intérêt secondaire, une raison plus ou moins spécieuse d'influence politique, ne suffisent pas ; il faut qu'une nation comme la nôtre, si elle s'engage dans une lutte colossale, puisse justifier, à la face du monde, ou la grandeur de ses succès, ou la grandeur de ses revers.

» Lorsque je parvins au pouvoir, de graves questions s'agitaient sur divers points de l'Europe. Au delà du Rhin comme au delà des Alpes, depuis le Danemark jusqu'en Sicile, il y avait pour nous un intérêt à sauvegarder, une influence à exercer. Mais cet intérêt et cette influence méritaient-ils, pour être énergiquement soutenus, qu'on courût les chances d'une conflagration européenne? voilà la question : ainsi posée, elle est facile à résoudre.

» Sous ce point de vue, dans toutes les affaires extérieures qui ont été le sujet des négociations que nous allons passer en revue, la France a fait ce qu'il était possible de faire pour l'intérêt de ses alliés, sans cependant recourir aux armes, cette dernière raison des gouvernements.

» La Sicile, il y a près d'un an, s'était insurgée contre le roi de Naples. L'Angleterre et la France intervinrent avec leur flotte pour arrêter des hostilités qui prenaient le caractère du plus cruel acharnement, et, il faut le dire, quoique l'Angleterre eût plus d'intérêt dans cette question que la France elle-même, les deux amiraux s'unirent d'un commun accord pour obtenir du roi Ferdinand en faveur des Siciliens une amnistie complète et une constitution qui garantissait leur indépendance législative et administrative. Ils refusèrent. Les amiraux quittèrent la Sicile, forcés d'abandonner le rôle de médiateurs, et bientôt la guerre recommença. Un peu plus tard, ce même peuple, qui avait repoussé des conditions favorables, était obligé de se rendre à discrétion.

» Au nord de l'Italie, une guerre sérieuse avait éclaté, et un moment, lorsque l'armée piémontaise poussa ses succès jusqu'au Mincio, l'on avait pu croire que la Lombardie recouvrerait son indépendance. La désunion fit promptement évanouir cet espoir, et le roi de Piémont fut obligé de se retirer dans ses États.

» A l'époque de mon élection, la médiation de la France et de l'Angleterre avait été acceptée par les parties belligérantes. Il ne s'agissait plus que d'obtenir pour le Piémont les conditions les moins désavantageuses. Notre rôle était indiqué, commandé même. S'y refuser, c'était allumer une guerre européenne. Quoique l'Autriche n'eût envoyé aucun négociateur à Bruxelles, lieu indiqué de la conférence, le gouvernement français conseilla au Piémont de résister au mouvement qui l'entraînait à la guerre et de ne pas recommencer une lutte trop inégale.

» Ce conseil ne fut pas suivi, vous le savez. Et après une nouvelle défaite, le roi de Sardaigne conclut directement avec l'Autriche un nouvel armistice.

» Quoique la France ne fût pas responsable de cette conduite, elle ne pouvait pas permettre que le Piémont fût écrasé, et du haut de la tribune, le gouvernement déclara qu'il maintiendrait l'intégrité du territoire d'un pays qui couvre une partie de nos frontières. D'un côté, il s'est efforcé de modérer les exigences de l'Autriche, demandant une indemnité de guerre qui parut exorbitante; de l'autre, il a engagé le Piémont à faire de justes sacrifices pour obtenir une paix honorable. Nous avons tout lieu de croire que nous réussirons dans cette œuvre de conciliation.

» Tandis qu'au nord de l'Italie se passaient ces événements, de nouvelles commotions venaient au centre de la Péninsule compliquer la question.

» En Toscane, le grand-duc avait quitté ses États. A Rome s'était accomplie une révolution qui avait vivement ému le monde catholique et libéral : en effet, depuis deux ans on était habitué à voir sur le saint-siége un pontife qui prenait l'initiative des réformes utiles, et dont le nom, répété dans des hymnes de reconnaissance d'un bout de l'Italie à l'autre, était le symbole de la liberté et le gage de toutes les espérances, lorsque tout à coup l'on apprit avec étonnement que ce souverain, naguère l'idole de son peuple, avait été contraint de s'enfuir furtivement de sa capitale.

» Aussi, les actes d'agression qui obligèrent Pie IX à quitter Rome parurent-ils aux yeux de l'Europe être l'œuvre d'une conjuration, bien plus que le mouvement spontané d'un peuple qui ne pouvait être passé en un instant de l'enthousiasme le plus vif à l'ingratitude la plus affligeante.

» Les Puissances catholiques envoyèrent des ambassadeurs à Gaëte pour s'occuper des graves intérêts de la papauté. La France devait y être représentée ; elle écouta tout sans engager son action, mais, après la défaite de Novare, les affaires prirent une tournure plus décidée : l'Autriche, de concert avec Naples, répondant à l'appel du Saint-Père, notifia au gouvernement français qu'il eût à prendre un parti, car ces Puissances étaient décidées à marcher sur Rome pour y rétablir purement et simplement l'autorité du Pape.

» Mis en demeure de nous expliquer, nous n'avions que trois moyens à adopter :

» Ou nous opposer par les armes à toute espèce d'intervention, et, en ce cas, nous rompions avec toute l'Europe catholique pour le seul intérêt de la république romaine, que nous n'avions pas reconnue ;

» Ou laisser les trois Puissances coalisées rétablir à leur gré et sans ménagement l'autorité papale;

» Ou bien, enfin, exercer de notre propre mouvement une action directe et indépendante.

» Le Gouvernement de la République adopta ce dernier moyen.

» Il nous semblait facile de faire comprendre aux Romains que, pressés de toutes parts, ils n'avaient de chances de salut qu'en nous ; que si notre présence avait pour résultat le retour de Pie IX, ce souverain, fidèle à lui-même, ramènerait avec lui la réconciliation et la liberté; qu'une fois à Rome, nous garantissions l'intégrité du territoire, en ôtant tout prétexte à l'Autriche d'entrer en Romagne. Nous pouvions même espérer que notre drapeau, arboré sans contestation au centre de l'Italie, aurait étendu son influence protectrice sur la Péninsule tout entière, dont aucune des douleurs ne peut nous trouver indifférents.

» L'expédition de Civita-Vecchia fut donc résolue de concert avec l'Assemblée nationale, qui vota les crédits nécessaires. Elle avait toutes les chances de succès : les renseignements reçus s'accordaient à dire qu'à Rome, excepté un petit nombre d'hommes qui s'étaient emparés du pouvoir, la majorité de la population attendait notre arrivée avec impatience; la simple raison devait faire croire qu'il en était ainsi, car, entre notre intervention et celle des autres Puissances, le choix ne pouvait pas être douteux.

» Un concours de circonstances malheureuses en décida autrement : notre corps expéditionnaire, peu nombreux, car une résistance sérieuse n'était pas prévue, débarque à Civita-Vecchia, et le Gouvernement est instruit que s'il eût pu arriver à Rome le même jour, on lui en aurait ouvert les portes avec joie. Mais, pendant que le général Oudinot notifiait son arrivée au gouvernement de Rome, Garibaldi y entrait à la tête d'une troupe de réfugiés de toutes les parties de l'Italie, et même du reste de l'Europe, et sa présence, on le conçoit, accrut subitement la force du parti de la résistance.

» Le 30 avril, six mille de nos soldats se présentèrent sous les murs de Rome. Ils furent reçus à coups de fusil; quelques-uns même, attirés dans un piége, furent faits prisonniers. Nous devons tous gémir du sang répandu dans cette triste journée. Cette lutte inattendue, sans rien changer au but final de notre entreprise, a paralysé nos intentions bienfaisantes et rendu vains les efforts de nos négociateurs.

» Au nord de l'Allemagne, l'insurrection avait

compromis l'indépendance d'un État, l'un des plus anciens et des plus fidèles alliés de la France. Le Danemark avait vu les populations des duchés de Holstein et Schleswig se révolter contre lui, tout en reconnaissant cependant la souveraineté du prince qui règne en ce moment. Le gouvernement central de l'Allemagne crut devoir décréter l'incorporation du Schleswig à la confédération, parce qu'une grande partie du peuple était de race allemande.

» Cette mesure est devenue la cause d'une guerre acharnée.

» L'Angleterre a offert sa médiation, qui a été acceptée. La France, la Russie, la Suède, se sont montrées disposées à appuyer le Danemark.

» Des négociations ouvertes depuis plusieurs mois ont amené à cette conclusion, que le Schleswig formerait, sous la souveraineté du roi de Danemark, un État particulier. Mais, ce principe admis, on n'a pu s'entendre sur les conséquences qu'il fallait en tirer, et les hostilités ont recommencé. Les efforts des Puissances que je viens de nommer tendent en ce moment à la conclusion d'un nouvel armistice, préliminaire d'un arrangement définitif.

» Le reste de l'Allemagne est agité par de graves perturbations. Les efforts faits par l'Assemblée de Francfort en faveur de l'unité allemande ont provoqué la résistance de plusieurs des États fédérés, et amené un conflit qui, se rapprochant de nos frontières, doit attirer notre surveillance. L'empire d'Autriche, engagé dans une lutte acharnée avec la Hongrie, s'est cru autorisé à appeler le secours de la Russie. L'intervention de cette Puissance, la marche de ses armées vers l'Occident, ne pouvaient qu'exciter à un haut degré la sollicitude du gouvernement, qui a déjà échangé à ce sujet des notes diplomatiques.

» Ainsi, partout en Europe il y a des causes de collision que nous avons cherché à apaiser, tout en conservant notre indépendance d'action et notre caractère propre.

» Dans toutes ces questions, nous avons toujours été d'accord avec l'Angleterre, qui nous a offert un concours auquel nous devons être sensibles.

» La Russie a reconnu la République.

» Le Gouvernement a conclu avec l'Espagne et la Belgique des traités de poste qui facilitent les communications internationales.

» En Amérique, l'État de Montevideo s'est singulièrement modifié : d'après les renseignements de l'amiral qui commande dans ces parages nos forces navales, la population française a émigré d'une des rives du Rio de la Plata à l'autre. Ce déplacement de la population française doit nécessairement à l'avenir être pris en considération.

» Enfin, Messieurs les Représentants, si toutes nos négociations n'ont pas obtenu le succès que nous devions en attendre, soyez persuadés que le seul mobile qui anime le Gouvernement de la République, c'est le sentiment de l'honneur et de l'intérêt de la France. »

PROCLAMATION AU PEUPLE FRANÇAIS.

13 juin 1849.

Une minorité factieuse, au sein même de l'Assemblée législative, fait un appel à l'insurrection, à la guerre civile.

Informé des projets des conspirateurs, le Président de la République adresse au peuple cette proclamation :

« Quelques factieux osent encore lever l'étendard de la révolte contre un gouvernement légitime, puisqu'il est le produit du suffrage universel. Ils m'accusent d'avoir violé la Constitution, moi qui ai supporté depuis six mois, sans en être ému, leurs injustices, leurs calomnies, leurs provocations. La majorité de l'Assemblée est le but de leurs outrages. L'accusation dont je suis l'objet n'est qu'un prétexte : et la preuve, c'est que ceux qui m'attaquent me poursuivaient déjà avec la même haine, la même injustice, alors que le peuple de Paris me nommait Représentant et le peuple de la France Président de la République.

» Ce système d'agitation entretient dans le pays le malaise et la défiance, qui engendrent la misère; il faut qu'il cesse. Il est temps que les bons se rassurent et que les méchants tremblent. La République n'a pas d'ennemis plus implacables que ces hommes qui, perpétuant le désordre, nous forcent de changer la France en un vaste camp, nos projets d'amélioration et de progrès en des préparatifs de lutte et de défense.

» Élu par la nation, la cause que je défends est la vôtre, c'est celle de vos familles comme celle de vos propriétés, celle du pauvre comme du riche, celle de la civilisation tout entière. Je ne reculerai devant rien pour la faire triompher.

» Louis-Napoléon Bonaparte. »

VISITE A LA FORTERESSE DE HAM.

22 juillet 1849.

Le Président de la République se rend à Ham pour visiter la forteresse. La ville lui offre un banquet. M. le Président répond en ces termes au toast du maire :

« Monsieur le Maire,

» Je suis profondément ému de la réception affectueuse que je reçois de vos concitoyens. Mais, croyez-le, si je suis venu à Ham, ce n'est pas par orgueil, c'est par reconnaissance. J'avais à cœur de remercier les habitants de cette ville et des environs de toutes les marques de sympathie qu'ils n'ont cessé de me donner pendant mes malheurs.

» Aujourd'hui, qu'élu par la France entière,

je suis devenu le chef légitime de cette grande nation, je ne saurais me glorifier d'une captivité qui avait pour cause l'attaque contre un gouvernement régulier. Quand on a vu combien les révolutions les plus justes entraînent de maux après elles, on comprend à peine l'audace d'avoir voulu assumer sur soi la terrible responsabilité d'un changement. Je ne me plains donc pas d'avoir expié ici, par un emprisonnement de six années, ma témérité contre les lois de ma patrie, et c'est avec bonheur que, dans les lieux mêmes où j'ai souffert, je vous propose un toast en l'honneur des hommes qui sont déterminés, malgré leurs convictions, à respecter les institutions de leur pays. »

LETTRE AU LIEUTENANT-COLONEL EDGARD NEY.

Élysée-National, le 18 août 1849.

« Mon cher Ney,

» La République française n'a pas envoyé une armée à Rome pour y étouffer la liberté italienne, mais, au contraire, pour la régler, en la préservant contre ses propres excès, et pour lui donner une base solide, en remettant sur le trône pontifical le Prince qui, le premier, s'était placé hardiment à la tête de toutes les réformes utiles.

» J'apprends avec peine que les intentions bienveillantes du Saint-Père, comme notre propre action, restent stériles, en présence de passions et d'influences hostiles. On voudrait donner comme base à la rentrée du Pape la proscription et la tyrannie. Dites, de ma part, au général Rostolan qu'il ne doit pas permettre qu'à l'ombre du drapeau tricolore on commette aucun acte qui puisse dénaturer le caractère de notre intervention.

» Je résume ainsi le rétablissement du pouvoir temporel du Pape : *Amnistie générale, sécularisation de l'administration, Code Napoléon et gouvernement libéral.*

» J'ai été personnellement blessé, en lisant la proclamation des trois cardinaux, de voir qu'il n'était pas même fait mention du nom de la France, ni des souffrances de nos braves soldats.

» Toute insulte faite à notre drapeau ou à notre uniforme me va droit au cœur; je vous prie de bien faire savoir que si la France ne vend pas ses services, elle exige au moins qu'on lui sache gré de ses sacrifices et de son abnégation.

» Lorsque nos armées firent le tour de l'Europe, elles laissèrent partout, comme trace de leur passage, la destruction des abus de la féodalité et les germes de la liberté : il ne sera pas dit qu'en 1849 une armée française ait pu agir dans un autre sens et amener d'autres résultats.

» Dites au Général de remercier, en mon nom, l'armée de sa noble conduite. J'ai appris avec peine que, physiquement même, elle n'était pas traitée comme elle devrait l'être; rien ne doit être négligé pour établir convenablement nos troupes.

» Recevez, mon cher Ney, l'assurance de ma sincère amitié.

» LOUIS-NAPOLÉON BONAPARTE. »

MESSAGE A L'ASSEMBLÉE LÉGISLATIVE.

31 octobre 1849.

« Monsieur le Président,

» Dans les circonstances graves où nous nous trouvons, l'accord qui doit régner entre les différents Pouvoirs de l'Etat ne peut se maintenir que si, animés d'une confiance mutuelle, ils s'expliquent franchement l'un vis-à-vis de l'autre. Afin de donner l'exemple de cette sincérité, je viens faire connaître à l'Assemblée quelles sont les raisons qui m'ont déterminé à changer de ministère, et à me séparer d'hommes dont je me plais à proclamer les services éminents, et auxquels j'ai voué amitié et reconnaissance.

» Pour raffermir la République menacée de tant de côtés par l'anarchie; pour assurer l'ordre plus efficacement qu'il ne l'a été jusqu'à ce jour; pour maintenir à l'extérieur le nom de la France à la hauteur de sa renommée, il faut des hommes qui, animés d'un dévouement patriotique, comprennent la nécessité d'une direction unique et ferme, et d'une politique nettement formulée; qui ne compromettent le Pouvoir par aucune irrésolution, qui soient aussi préoccupés de ma propre responsabilité que de la leur, et de l'action que de la parole.

» Depuis bientôt un an, j'ai donné assez de preuves d'abnégation pour qu'on ne se méprenne pas sur mes véritables intentions. Sans rancune contre aucune individualité, comme contre aucun parti, j'ai laissé arriver aux affaires les hommes d'opinions les plus diverses, mais sans obtenir les heureux résultats que j'attendais de ce rapprochement. Au lieu d'opérer une fusion de nuances, je n'ai obtenu qu'une neutralisation de forces. L'unité de vues et d'intentions a été entravée, l'esprit de conciliation pris pour de la faiblesse. A peine les dangers de la rue étaient-ils passés, qu'on a vu les anciens partis relever leurs drapeaux, réveiller leurs rivalités, et alarmer le pays en semant l'inquiétude. Au milieu de cette confusion, la France, inquiète parce qu'elle ne voit pas de direction, cherche la main, la volonté de l'élu du 10 décembre. Or, cette volonté ne peut être sentie que s'il y a communauté entière d'idées, de vues, de convictions entre le Président et ses ministres, et si l'Assemblée elle-même s'associe à la pensée nationale, dont l'élection du Pouvoir exécutif a été l'expression.

» Tout un système a triomphé au 10 décembre.

» Car le nom de Napoléon est à lui seul tout un programme. Il veut dire : à l'intérieur, ordre, autorité, religion, bien-être du peuple ; à l'extérieur, dignité nationale. C'est cette politique, inaugurée par mon élection, que je veux faire triompher avec l'appui de l'Assemblée et celui du peuple. Je veux être digne de la confiance de la nation en maintenant la Constitution que j'ai jurée. Je veux inspirer au pays, par ma loyauté, ma persévérance et ma fermeté, une confiance telle, que les affaires reprennent et qu'on ait foi dans l'avenir. La lettre d'une constitution a sans doute une grande influence sur les destinées d'un pays; mais la manière dont elle est exécutée en exerce peut-être une plus grande encore. Le plus ou moins de durée du Pouvoir contribue puissamment à la stabilité des choses, mais c'est aussi par les idées et les principes que le gouvernement sait faire prévaloir, que la société se rassure.

» Relevons donc l'autorité sans inquiéter la vraie liberté. Calmons les craintes en domptant hardiment les mauvaises passions et en donnant à tous les nobles instincts une direction utile. Affermissons le principe religieux sans rien abandonner des conquêtes de la révolution, et nous sauverons le pays malgré les partis, les ambitions et même les imperfections que nos institutions pourraient renfermer.

» Louis-Napoléon Bonaparte. »

CÉRÉMONIE D'INSTITUTION DE LA MAGISTRATURE.

3 novembre 1849.

Cérémonie d'institution de la magistrature au Palais de Justice par le Président de la République.

M. le Président de la République prononce le discours suivant :

« Messieurs,

» Je suis heureux de me trouver aujourd'hui au milieu de vous et de présider une cérémonie solennelle qui, en reconstituant la magistrature, rétablit un principe qu'un égarement momentané a pu seul faire méconnaître. Aux époques agitées, dans les temps où les notions du juste et de l'injuste semblent confondues, il est utile de relever le prestige des grandes institutions et de prouver que certains principes renferment en eux une force indestructible. On aime à pouvoir dire : Les lois fondamentales du pays ont été renouvelées, tous les Pouvoirs de l'État sont passés en d'autres mains, et cependant au milieu de ces bouleversements et de ces naufrages, le principe de l'inamovibilité de la magistrature est resté debout. En effet, les sociétés ne se transforment pas au gré des ambitions humaines ; les formes changent, la chose reste. Malgré les tempêtes politiques survenues depuis 1815, nous ne vivons encore que grâce aux larges institutions fondées par le Consulat et l'Empire ; les dynasties et les chartes ont passé, mais ce qui a survécu et ce qui nous sauve, c'est la religion, c'est l'organisation de la justice, de l'armée, de l'administration.

» Honorons donc ce qui est immuable, mais honorons aussi ce qu'il peut y avoir de bon dans les changements introduits. Aujourd'hui, par exemple, qu'accourus de tous les points de la France, vous venez devant le premier magistrat de la République prêter un serment, ce n'est pas à un homme que vous jurez fidélité, mais à la loi. Vous venez ici, en présence de Dieu et des grands Pouvoirs de l'Etat, jurer de remplir religieusement un mandat, dont l'accomplissement austère a toujours distingué la magistrature française. Il est consolant de songer qu'en dehors des passions politiques et des agitations de la société, il existe un corps d'hommes n'ayant d'autre guide que leur conscience, d'autre passion que le bien, d'autre but que de faire régner la justice.

» Vous allez, Messieurs, retourner dans vos départements ; reportez-y la conviction que nous sommes sortis de l'ère des révolutions, et que nous sommes entrés dans l'ère des améliorations qui préviennent les catastrophes. Appliquez avec fermeté, mais aussi avec l'impartialité la plus grande, les dispositions tutélaires de nos Codes. Qu'il n'y ait jamais de coupables impunis, ni d'innocents persécutés. Il est temps, comme je l'ai dit naguère, que ceux qui veulent le bien se rassurent, et que ceux-là se résignent qui tentent de mettre leurs opinions et leurs passions à la place de la volonté nationale.

» En appliquant la justice dans la plus noble et la plus large acception de ce grand mot, vous aurez, Messieurs, beaucoup fait pour la consolidation de la République, car vous aurez fortifié dans le pays le respect de la loi, ce premier devoir, cette première qualité d'un peuple libre. »

DISTRIBUTION DES RÉCOMPENSES A L'INDUSTRIE NATIONALE.

11 novembre 1849.

Le Président de la République distribue les récompenses décernées à l'Industrie nationale.

Le Prince adresse aux exposants réunis dans la salle des Pas perdus au Palais de Justice, le discours suivant :

« Messieurs,

» En vous voyant recevoir le juste prix de ces travaux qui maintiennent la réputation industrielle de la France à la hauteur qui lui est due, je me disais : Elle n'a pas perdu le sentiment de l'honneur, cette nation, où une simple distinction devient pour tous les mérites une ample récompense; elle n'est pas dégénérée, cette nation, qui, malgré ses bouleversements, alors qu'on croyait les ateliers déserts et le travail paralysé, est venue faire luire à nos yeux, comme une consolation et un espoir, les merveilles de ses produits.

» Le degré de civilisation d'un pays se révèle par les progrès de l'industrie comme par ceux des sciences et des arts. L'exposition dernière doit nous rendre fiers; elle constate à la fois l'état de nos connaissances et l'état de notre société. Plus nous avançons, plus, ainsi que l'annonçait l'Empereur, les métiers deviennent des arts, et plus le luxe lui-même devient un objet d'utilité, une condition première de notre existence. Mais ce luxe, qui, par l'attrait de séduisants produits, attire le superflu du riche pour rémunérer le travail du pauvre, ne prospère que si l'agriculture, développée dans les mêmes proportions, augmente les richesses premières du pays et multiplie les consommateurs.

» Aussi le soin principal d'une administration éclairée, et préoccupée surtout des intérêts généraux, est de diminuer le plus possible les charges qui pèsent sur la terre. Malgré les sophismes répandus tous les jours pour égarer le peuple, il est un principe incontestable qui, en Suisse, en Amérique, en Angleterre, a donné les résultats les plus avantageux : c'est d'affranchir la production et de n'imposer que la consommation. La richesse d'un pays est comme un fleuve : si l'on prend les eaux à sa source, on le tarit ; si on les prend, au contraire, lorsque le fleuve a grandi, on peut en détourner une large masse sans altérer son cours.

» Au gouvernement appartient d'établir et de propager les bons principes d'économie politique, d'encourager, de protéger, d'honorer le travail national. Il doit être l'instigateur de tout ce qui tend à élever la condition de l'homme ; mais le plus grand bienfait qu'il puisse donner, celui d'où découlent tous les autres, c'est d'établir une bonne administration qui crée la confiance et assure un lendemain. Le plus grand danger peut-être des temps modernes vient de cette fausse opinion, inculquée dans les esprits, qu'un gouvernement peut tout, et qu'il est de l'essence d'un système quelconque de répondre à toutes les exigences, de remédier à tous les maux. Les améliorations ne s'improvisent pas, elles naissent de celles qui les précèdent : comme l'espèce humaine, elles ont une filiation qui nous permet de mesurer l'étendue du progrès possible et de les séparer des utopies. Ne faisons donc pas naître de vaines espérances, mais tâchons d'accomplir toutes celles qu'il est raisonnable d'accepter ; manifestons par nos actes une constante sollicitude pour les intérêts du peuple ; réalisons, au profit de ceux qui travaillent, ce vœu philanthropique d'une part meilleure dans les bénéfices et d'un avenir plus assuré.

» Lorsque, de retour dans vos départements,

vous serez au milieu de vos ouvriers, affermissez-les dans les bons sentiments, dans les saines maximes, et, par la pratique de cette justice qui récompense chacun selon ses œuvres, apaisez leurs souffrances, rendez leur condition meilleure. Dites-leur que le Pouvoir est animé de deux passions également vives : l'amour du bien et la volonté de combattre l'erreur et le mensonge. Pendant que vous ferez ainsi votre devoir de citoyens, moi, n'en doutez pas, je ferai mon devoir de premier magistrat de la République. Impassible devant les calomnies comme devant les séductions, sans faiblesse comme sans jactance, je veillerai à vos intérêts, qui sont les miens, je maintiendrai mes droits, qui sont les vôtres. »

OUVERTURE DE LA SESSION DU CONSEIL GÉNÉRAL DE L'AGRICULTURE, DU COMMERCE ET DES MANUFACTURES.

7 avril 1850.

Le Président assiste, au Luxembourg, à l'ouverture de la session du conseil général de l'agriculture, du commerce et des manufactures, et prononce l'allocution suivante :

« Messieurs,

» Jamais le concours de toutes les intelligences n'a été plus nécessaire que dans les circonstances actuelles. Il y a quatre ans, époque de votre dernière réunion, vous jouissiez d'une sécurité complète, qui vous donnait le temps d'étudier à loisir les améliorations destinées à faciliter le jeu régulier des institutions. Aujourd'hui, la tâche est plus difficile : un bouleversement imprévu a fait trembler le sol sous vos pas ; tout a été remis en question. Il faut d'un côté raffermir les choses ébranlées ; de l'autre, adopter avec résolution les mesures propres à venir en aide aux intérêts en souffrance. Le meilleur moyen de réduire à l'impuissance ce qui est dangereux et faux, c'est d'accepter ce qui est vraiment bon et utile.

» La position embarrassée de l'agriculture appelle avant tout les conseils de votre expérience. Déjà le Gouvernement lui a porté les premiers secours par le dégrèvement de 27 millions sur la propriété foncière, annoncé à l'Assemblée législative, et par la présentation du projet de loi sur la réforme hypothécaire. De plus, pour faciliter les emprunts, il a renoncé à une partie du droit d'enregistrement des créances hypothécaires, et bientôt il vous consultera sur un projet de crédit foncier qui offrira, je l'espère, des avantages réels à la propriété, et n'exposera pas le pays aux dangers du papier-monnaie.

» On attend avec impatience votre avis au sujet du dégrèvement successif de l'impôt du sucre. Sans nuire à l'industrie importante du sucre indigène ni à la production coloniale, nous voudrions, dans l'intérêt des consommateurs, diminuer le prix d'une denrée devenue de première nécessité.

» Bien des industries languissent : elles ne se relèveront, comme l'agriculture et le commerce, que lorsque le crédit public lui-même sera rétabli. Le crédit, ne l'oublions pas, c'est le côté moral des intérêts matériels : c'est l'esprit qui anime le corps. Il décuple, par la confiance, la valeur de tous les produits, tandis que la défiance les réduit à néant. La France, par exemple, ne possède pas aujourd'hui trop de blé, mais le manque de foi dans l'avenir paralyse les transactions, maintient le bas prix des denrées premières, et cause à l'agriculture une perte immense hors de toute proportion avec certains remèdes indiqués.

» Ainsi, au lieu de se lancer dans de vaines abstractions, les hommes sensés doivent unir leurs efforts aux nôtres afin de relever le crédit, en donnant au Gouvernement la force indispensable au maintien de l'ordre et du respect de la loi.

» Tout en prenant les mesures générales qui doivent concourir à la prospérité du pays, le Gouvernement s'est occupé du sort des classes laborieuses. Les caisses d'épargne, les caisses de retraite, les caisses de secours mutuels, la salubrité des logements d'ouvriers, tels sont les objets sur lesquels, en attendant la décision de l'Assemblée, le Gouvernement appellera votre attention.

» Une réunion comme la vôtre, composée

d'hommes spéciaux aussi éclairés, aussi compétents, sera fertile, j'aime à le croire, en heureux résultats. Exempts de cet esprit de parti qui paralyse aujourd'hui les meilleures intentions et prolonge le malaise, vous n'avez qu'un mobile, l'intérêt du pays. Examinez donc, avec le soin consciencieux dont vous êtes capables, les questions les plus pratiques, celles d'une application immédiate. De mon côté, ce qui sera possible, je le ferai avec l'appui de l'Assemblée; mais, je ne saurais trop le répéter, hâtons-nous, le temps presse ; que la marche des mauvaises passions ne devance pas la nôtre. »

INAUGURATION DE LA CAISSE DE SECOURS MUTUELS A LYON.

Le 15 août 1850 le Président se rend à Lyon. On inaugure la Caisse de secours mutuels et de retraite des ouvriers en soie. Le Prince prononce l'allocution suivante :

« Messieurs,

» L'institution que vous m'avez invité à inaugurer est une de celles qui doivent avoir les effets les plus salutaires sur le sort des classes laborieuses. Je ne puis croire qu'il y ait des hommes assez pervers pour prêcher le mal en connaissance de cause ; mais lorsque les esprits sont exaltés par des bouleversements sociaux, on inculque au peuple des idées pernicieuses qui engendrent la misère. L'ignorance est la cause de ces utopies. En effet, les systèmes les plus séduisants en apparence sont trop souvent inapplicables ; l'empire de la raison est insuffisant pour détruire les fausses doctrines. C'est par l'application des améliorations pratiques qu'on les combat le plus efficacement.

» Les sociétés de secours mutuels, telles que je les comprends, ont le précieux avantage de réunir les différentes classes de la société, de faire cesser les jalousies qui peuvent exister entre elles, de neutraliser en grande partie le résultat de la misère, en faisant concourir le riche, volontairement, par le superflu de sa fortune, et le travailleur, par le produit de ses économies, à une institution où l'ouvrier laborieux trouve toujours conseil et appui.

» On donne ainsi aux différentes communautés un but d'émulation, on réconcilie les classes et on moralise les individus. C'est donc ma ferme intention de faire tous mes efforts pour répandre sur la surface de la France des sociétés de secours mutuels ; car, à mes yeux, ces institutions, une fois établies partout, seraient le meilleur moyen, non de résoudre des problèmes insolubles, mais de secourir les véritables souffrances, en stimulant également et la probité dans le travail et la charité dans l'opulence. Je suis heureux de commencer par celle de Lyon, où les idées philanthropiques ont un si grand retentissement ; je souhaite à votre société la prospérité dont elle est digne, et je remercie ses fondateurs, qui ont si bien mérité de leurs concitoyens.

Puis, en signant, avec les ministres présents et les membres du conseil d'administration, le procès-verbal de la séance, le Chef de l'État inscrit de sa main, au registre des délibérations, les mots suivants :

« *Plus de pauvreté pour l'ouvrier malade,*
» *ni pour celui que l'âge a condamné au repos.* »

» Louis-Napoléon Bonaparte. »

MESSAGE A L'ASSEMBLÉE LÉGISLATIVE.

24 janvier 1851.

A la suite de la séance de l'Assemblée législative du 19 janvier, dans laquelle avait été adopté un ordre du jour impliquant un blâme de la politique du Président de la République, le ministère donna sa démission, qui fut acceptée. Le Président de la République ayant formé un autre cabinet, fit précéder l'insertion des noms des nouveaux ministres au *Moniteur*, du Message suivant, adressé à l'Assemblée nationale législative :

« Monsieur le Président,

» L'opinion publique, confiante dans la sagesse de l'Assemblée et du Gouvernement, ne s'est pas émue des derniers incidents. Néanmoins la France commence à souffrir d'un désaccord qu'elle déplore. Mon devoir est de faire ce qui dépendra de moi pour en prévenir les résultats fâcheux.

» L'union des deux Pouvoirs est indispensable au repos du pays ; mais, comme la Constitution les a rendus indépendants, la seule condition de cette union est une confiance réciproque.

» Pénétré de ce sentiment, je respecterai toujours les droits de l'Assemblée, en maintenant intactes les prérogatives du Pouvoir que je tiens du peuple.

» Pour ne point prolonger une dissidence pénible, j'ai accepté, après le vote récent de l'Assemblée, la démission d'un ministère qui avait donné au pays et à la cause de l'ordre des gages éclatants de son dévouement. Voulant toutefois reformer un cabinet avec des chances de durée, je ne pouvais prendre ses éléments dans une majorité née de circonstances exceptionnelles, et je me suis vu à regret dans l'impossibilité de trouver une combinaison parmi les membres de la minorité, malgré son importance.

» Dans cette conjoncture, et après de vaines tentatives, je me suis résolu à former un ministère de transition, composé d'hommes spéciaux, n'appartenant à aucune fraction de l'Assemblée, et décidés à se livrer aux affaires sans préoccupation de parti. Les hommes honorables qui acceptent cette tâche patriotique auront des droits à la reconnaissance du pays.

» L'administration continuera donc comme par le

passé. Les préventions se dissiperont au souvenir des déclarations solennelles du Message du 12 novembre. La majorité réelle se reconstituera ; l'harmonie sera rétablie sans que les deux Pouvoirs aient rien sacrifié de la dignité qui fait leur force.

» La France veut, avant tout, le repos, et elle attend de ceux qu'elle a investis de sa confiance une conciliation sans faiblesse, une fermeté calme, l'impassibilité dans le droit.

» Agréez, Monsieur le Président, l'assurance de mes sentiments de haute estime.

» Louis-Napoléon Bonaparte. »

INAUGURATION DE LA SECTION DU CHEMIN DE FER DE LYON ENTRE TONNERRE ET DIJON.

1er juin 1851.

Le Président se rend à Dijon pour inaugurer la section du chemin de fer de Lyon entre Tonnerre et Dijon. Au banquet offert par la ville, le maire prononce un discours auquel le Prince répond dans les termes suivants :

« Je voudrais que ceux qui doutent de l'avenir m'eussent accompagné à travers les populations de l'Yonne et de la Côte-d'Or ; ils se seraient rassurés en jugeant par eux-mêmes de la véritable disposition des esprits. Ils eussent vu que ni les intrigues, ni les attaques, ni les discussions passionnées des partis, ne sont en harmonie avec les sentiments et l'état du pays. La France ne veut ni le retour à l'ancien régime, quelle que soit la forme qui le déguise, ni l'essai d'utopies funestes et impraticables. C'est parce que je suis l'adversaire le plus naturel de l'un et de l'autre qu'elle a placé sa confiance en moi. S'il n'en était pas ainsi, comment expliquer cette touchante sympathie du peuple à mon égard, qui résiste à la polémique la plus dissolvante et m'absout de ses souffrances?

» En effet, si mon Gouvernement n'a pas pu réaliser toutes les améliorations qu'il avait en vue, il faut s'en prendre aux manœuvres des factions, qui paralysent la bonne volonté des assemblées comme celle des gouvernements les plus dévoués au bien public. Depuis trois ans, on a pu remarquer que j'ai toujours été secondé quand il s'est agi de combattre le désordre par des mesures de compression. Mais lorsque j'ai voulu faire le bien, fonder le crédit foncier, prendre des mesures pour améliorer le sort des populations, je n'ai rencontré que l'inertie. C'est parce que vous l'avez compris ainsi, que j'ai trouvé dans la patriotique Bourgogne un accueil qui est pour moi une approbation et un encouragement.

» Je profite de ce banquet comme d'une tribune pour ouvrir à mes concitoyens le fond de mon cœur.

» Une nouvelle phase de notre ère politique commence. D'un bout de la France à l'autre des pétitions se signent pour demander la révision de la Constitution. J'attends avec confiance les manifestations du pays et les décisions de l'Assemblée, qui ne seront inspirées que par la seule pensée du bien public. Si la France reconnaît qu'on n'a pas eu le droit de disposer d'elle sans elle, la France n'a qu'à le dire : mon courage et mon énergie ne lui manqueront pas.

» Depuis que je suis au pouvoir, j'ai prouvé combien, en présence des grands intérêts de la société, je faisais abstraction de ce qui me touche. Les attaques les plus injustes et les plus violentes n'ont pu me faire sortir de mon calme. Quels que soient les devoirs que le pays m'impose, il me trouvera décidé à suivre sa volonté; et, croyez-le bien, Messieurs, la France ne périra pas dans mes mains. »

INAUGURATION DU CHEMIN DE FER DE TOURS A POITIERS.

1ᵉʳ juillet 1851.

M. le Président de la République se rend à Poitiers pour inaugurer la section du chemin de fer comprise entre Tours et cette ville.

Un banquet est offert par la ville. Le Prince répond en ces termes au toast porté par le maire :

« Monsieur le Maire,

» Soyez mon interprète auprès de vos concitoyens, pour les remercier de leur accueil si empressé et si cordial.

» Comme vous, j'envisage l'avenir du pays sans crainte, car son salut viendra toujours de la volonté du peuple, librement exprimée, religieusement acceptée. Aussi j'appelle de tous mes vœux le moment solennel où la voix puissante de la nation dominera toutes les oppositions et mettra d'accord toutes les rivalités; car il est bien triste de voir les révolutions ébranler la société, amonceler les ruines, et cependant laisser toujours debout les mêmes passions, les mêmes exigences, les mêmes éléments de trouble.

» Quand on parcourt la France et que l'on voit la richesse variée de son sol, les produits merveilleux de son industrie; lorsqu'on admire ses fleuves, ses routes, ses canaux, ses chemins de fer, ses ports que baignent deux mers, on se demande à quel degré de prospérité elle n'atteindrait pas, si une tranquillité durable permettait à ses habitants de concourir de tous leurs moyens à ce bien général, au lieu de se livrer à des discussions intestines.

» Lorsque, sous un autre point de vue, on réfléchit à cette unité territoriale que nous ont léguée les efforts persévérants de la royauté, à cette unité politique, judiciaire, administrative et commerciale que nous a léguée la révolution; quand on contemple cette population intelligente et laborieuse animée presque tout entière de la même croyance et parlant le même langage, ce clergé vénérable qui enseigne la morale et la vertu, cette magistrature intègre qui fait respecter la justice, cette armée vaillante et disciplinée qui ne connaît que l'honneur et le devoir; enfin, quand on vient à apprécier cette foule d'hommes éminents, capables de guider le Gouvernement, d'illustrer les assemblées aussi bien que les sciences et les arts, on recherche avec anxiété quelles sont les causes qui empêchent cette nation, déjà si grande, d'être plus grande encore, et l'on s'étonne qu'une société qui renferme tant d'éléments de puissance et de prospérité s'expose si souvent à s'abîmer sur elle-même.

» Serait-il donc vrai, comme l'Empereur l'a dit, que le vieux monde soit à bout, et que le nouveau ne soit point assis? Sans savoir quel il sera, faisons notre devoir aujourd'hui en lui préparant des fondations solides.

» J'aime à vous adresser ces paroles, dans une province renommée à toutes les époques par son patriotisme. N'oublions pas que votre ville a été, sous Charles VII, le foyer d'une résistance héroïque, qu'elle a été pendant quatorze ans le refuge de la nationalité dans la France envahie. Espérons qu'elle sera encore une des premières à donner l'exemple du dévouement à la civilisation et à la patrie.

» Je porte un toast à la ville de Poitiers! »

PRÉSENTATION DES OFFICIERS PAR LE GÉNÉRAL MAGNAN.

9 novembre 1851.

Le général Magnan présente les corps d'officiers nouvellement arrivés à Paris. M. le Président les harangue en ces termes :

« Messieurs,

» En recevant les officiers des divers régiments de l'armée qui se succèdent dans la garnison de Paris, je me félicite de les voir animés de cet esprit militaire qui fit notre gloire et qui aujourd'hui fait notre sécurité. Je ne vous parlerai donc ni de vos devoirs ni de la discipline. Vos devoirs, vous les avez toujours remplis avec honneur, soit sur la terre d'Afrique, soit sur le sol de la France ; et la discipline, vous l'avez toujours maintenue intacte à travers les épreuves les plus difficiles. J'espère que ces épreuves ne reviendront pas ; mais si la gravité des circonstances les ramenait et m'obligeait de faire appel à votre dévouement, il ne me faillirait pas, j'en suis sûr, parce que, vous le savez, je ne vous demanderai rien qui ne soit d'accord avec mon droit reconnu par la Constitution, avec l'honneur militaire, avec les intérêts de la patrie ; parce que j'ai mis à votre tête des hommes qui ont toute ma confiance et qui méritent la vôtre ; parce que si jamais le jour du danger arrivait, je ne ferais pas comme les gouvernements qui m'ont précédé, et je ne vous dirais pas : Marchez, je vous suis; mais je vous dirais : Je marche, suivez-moi! »

DISTRIBUTION DES RÉCOMPENSES DÉCERNÉES AUX EXPOSANTS FRANÇAIS A L'EXPOSITION UNIVERSELLE DE LONDRES.

25 novembre 1851.

Les exposants français à l'exposition de Londres sont convoqués pour recevoir des récompenses. M. le Président de la République prononce le discours suivant :

« Messieurs,

» Il est des cérémonies qui, par les sentiments qu'elles inspirent et les réflexions qu'elles font naître, ne sont pas un vain spectacle. Je ne puis me défendre d'une certaine émotion et d'un certain orgueil comme Français, en voyant autour de moi les hommes honorables qui, au prix de tant d'efforts et de sacrifices, ont maintenu avec éclat, à l'étranger, la réputation de nos métiers, de nos arts, de nos sciences.

» J'ai déjà rendu un juste hommage à la grande pensée qui présida à l'exposition universelle de Londres : mais, au moment de couronner vos succès par une récompense nationale, puis-je oublier que tant de merveilles de l'industrie ont été commencées au bruit de l'émeute et achevées au milieu d'une société sans cesse agitée par la crainte du présent, comme par les menaces de l'avenir? et, en réfléchissant aux obstacles qu'il vous a fallu vaincre, je me suis dit : *Combien elle serait grande, cette nation, si l'on voulait la laisser respirer à l'aise et vivre de sa vie!*

» En effet, c'est lorsque le crédit commençait à peine à renaître; c'est lorsqu'une idée infernale poussait sans cesse les travailleurs à tarir les sources mêmes du travail; c'est lorsque la démence, se parant du manteau de la philanthropie, venait détourner les esprits des occupations régulières, pour les jeter dans les spéculations de l'utopie; c'est alors que vous avez montré au monde des produits qu'un calme durable semblait seul permettre d'exécuter.

» En présence donc de ces résultats inespérés, je dois le répéter, comme elle pourrait être grande, la République française, s'il lui était permis de vaquer à ses véritables affaires et de réformer ses institutions, au lieu d'être sans cesse troublée, d'un côté par les idées démagogiques, et de l'autre par les hallucinations monarchiques!

» Les idées démagogiques proclament-elles une vérité? Non. Elles répandent partout l'erreur et le mensonge. L'inquiétude les précède, la déception les suit, et les ressources employées à les réprimer sont autant de pertes pour les améliorations les plus pressantes pour le soulagement de la misère.

» Quant aux hallucinations monarchiques, sans

faire courir les mêmes dangers, elles entravent également tout progrès, tout travail sérieux. On lutte au lieu de marcher. On voit des hommes, jadis ardents promoteurs des prérogatives de l'autorité royale, se faire conventionnels afin de désarmer le Pouvoir issu du suffrage populaire. On voit ceux qui ont le plus souffert, le plus gémi des révolutions, en provoquer une nouvelle; et cela, dans l'unique but de se soustraire au vœu national et d'empêcher le mouvement qui transforme les sociétés de suivre un paisible cours.

» Ces efforts seront vains. Tout ce qui est dans la nécessité des temps doit s'accomplir. L'inutile seul ne saurait revivre. Cette cérémonie est encore une preuve que si certaines institutions tombent sans retour, celles au contraire qui sont conformes aux mœurs, aux idées, aux besoins de l'époque, bravent les attaques de l'envie ou du puritanisme.

» Vous tous, fils de cette société régénérée qui détruisit les anciens priviléges et qui proclame comme principe fondamental l'égalité civile et politique, vous éprouvez néanmoins un juste orgueil à être nommés chevaliers de l'ordre de la Légion d'honneur. C'est que cette institution était, ainsi que toutes celles créées à cette époque, en harmonie avec l'esprit du siècle et les idées du pays. Loin de servir comme d'autres à rendre les démarcations plus tranchées, elle les efface en plaçant sur la même ligne tous les mérites, à quelque profession, à quelque rang de la société qu'ils appartiennent.

» Recevez donc ces croix de la Légion d'honneur, qui, d'après la grande idée du fondateur, sont faites pour honorer le travail à l'égal de la bravoure, et la bravoure à l'égal de la science.

» Avant de nous séparer, Messieurs, permettez-moi de vous encourager à de nouveaux travaux. Entreprenez-les sans crainte; ils empêcheront le chômage cet hiver. Ne redoutez pas l'avenir. La tranquillité sera maintenue, quoi qu'il arrive. Un Gouvernement qui s'appuie sur la masse entière de la nation, qui n'a d'autre mobile que le bien public, et qu'anime cette foi ardente qui vous guide sûrement, même à travers un espace où il n'y a pas de route tracée, ce Gouvernement, dis-je, saura remplir sa mission, car il a en lui et le droit qui vient du peuple, et la force qui vient de Dieu. »

---

2 décembre 1851.

L'Assemblée nationale est dissoute. Le Président adresse au peuple la proclamation suivante :

PROCLAMATION DU PRÉSIDENT DE LA RÉPUBLIQUE.
APPEL AU PEUPLE.

2 décembre 1851.

« Français !

» La situation actuelle ne peut durer plus longtemps. Chaque jour qui s'écoule aggrave les dangers du pays. L'Assemblée, qui devait être le plus ferme appui de l'ordre, est devenue un foyer de complots. Le patriotisme de trois cents de ses membres n'a pu arrêter ses fatales tendances. Au lieu de faire des lois dans l'intérêt général, elle forge des armes pour la guerre civile; elle attente au pouvoir que je tiens directement du peuple; elle encourage toutes les mauvaises passions; elle compromet le repos de la France : je l'ai dissoute, et je rends le peuple entier juge entre elle et moi.

» La Constitution, vous le savez, avait été faite dans le but d'affaiblir d'avance le pouvoir que vous alliez me confier. Six millions de suffrages furent une éclatante protestation contre elle, et cependant je l'ai fidèlement observée. Les provocations, les calomnies, les outrages, m'ont trouvé impassible. Mais aujourd'hui que le pacte fondamental n'est plus respecté de ceux-là mêmes qui l'invoquent sans cesse, et que les hommes qui ont déjà perdu deux monarchies veulent me lier les mains, afin de renverser la République, mon devoir est de déjouer leurs perfides projets, de maintenir la République et de sauver le pays en invoquant le jugement solennel du seul souverain que je reconnaisse en France, le peuple.

» Je fais donc un appel loyal à la nation tout entière, et je vous dis : Si vous voulez continuer cet état de malaise qui nous dégrade et compromet notre avenir, choisissez un autre à ma place, car je ne veux plus d'un pouvoir qui est impuissant à faire le bien, me rend responsable d'actes que je ne puis empêcher, et m'enchaîne au gouvernail quand je vois le vaisseau courir vers l'abîme.

» Si, au contraire, vous avez encore confiance en moi, donnez-moi les moyens d'accomplir la grande mission que je tiens de vous.

» Cette mission consiste à fermer l'ère des révolutions en satisfaisant les besoins légitimes du peuple et en le protégeant contre les passions subversives. Elle consiste surtout à créer des institutions qui survivent aux hommes et qui soient enfin des fondations sur lesquelles on puisse asseoir quelque chose de durable.

» Persuadé que l'instabilité du pouvoir, que la prépondérance d'une seule assemblée sont des causes permanentes de trouble et de discorde, je soumets à vos suffrages les bases fondamentales suivantes d'une constitution que les assemblées développeront plus tard.

» 1° Un Chef responsable nommé pour dix ans;

» 2° Des ministres dépendants du pouvoir exécutif seul;

» 3° Un Conseil d'État formé des hommes les plus distingués, préparant les lois et en soutenant la discussion devant le Corps législatif;

» 4° Un Corps législatif discutant et votant les lois, nommé par le suffrage universel, sans scrutin de liste qui fausse l'élection;

» 5° Une seconde Assemblée, formée de toutes les illustrations du pays, pouvoir pondérateur, gardien du pacte fondamental et des libertés publiques.

» Ce système, créé par le Premier Consul au commencement du siècle, a déjà donné à la France le repos et la prospérité ; il les lui garantirait encore.

» Telle est ma conviction profonde. Si vous la partagez, déclarez-le par vos suffrages. Si, au contraire, vous préférez un gouvernement sans force, monarchique ou républicain, emprunté à je ne sais quel passé ou à quel avenir chimérique, répondez négativement.

» Ainsi donc, pour la première fois depuis 1804, vous voterez en connaissance de cause, en sachant bien pour qui et pour quoi.

» Si je n'obtiens pas la majorité de vos suffrages, alors je provoquerai la réunion d'une nouvelle Assemblée, et je lui remettrai le mandat que j'ai reçu de vous.

» Mais si vous croyez que la cause dont mon nom est le symbole, c'est-à-dire la France régénérée par la révolution de 89 et organisée par l'Empereur, est toujours la vôtre, proclamez-le en consacrant les pouvoirs que je demande.

» Alors la France et l'Europe seront préservées de l'anarchie, les obstacles s'aplaniront, les rivalités auront disparu, car tous respecteront, dans l'arrêt du peuple, le décret de la Providence. »

PRÉSENTATION DU RÉSULTAT DES VOTES ÉMIS SUR LE PROJET DE PLÉBISCITE.

31 décembre 1851.

Les membres de la commission consultative présentent au Président de la République le résultat du recensement général des votes émis sur le projet de plébiscite proposé le 2 décembre.

Le Prince prononce le discours suivant :

« MESSIEURS,

» La France a répondu à l'appel loyal que je lui avais fait. Elle a compris que je n'étais sorti de la légalité que pour rentrer dans le droit. Plus de sept millions de suffrages viennent de m'absoudre en justifiant un acte qui n'avait d'autre but que d'épargner à notre patrie, et à l'Europe peut-être, des années de troubles et de malheurs.

» Je vous remercie d'avoir constaté officiellement combien cette manifestation était nationale et spontanée.

» Si je me félicite de cette immense adhésion, ce n'est pas par orgueil, mais parce qu'elle me donne la force de parler et d'agir ainsi qu'il convient au Chef d'une grande nation comme la nôtre.

» Je comprends toute la grandeur de ma mission nouvelle, je ne m'abuse pas sur ses graves difficultés. Mais, avec un cœur droit, avec le concours de tous les hommes de bien qui, ainsi que vous, m'éclaireront de leurs lumières et me soutiendront de leur patriotisme; avec le dévouement éprouvé de notre vaillante armée, enfin avec cette protection que demain je prierai solennellement le Ciel de m'accorder encore, j'espère me rendre digne de la confiance que le peuple continue de mettre en moi. J'espère assurer les destinées de la France en fondant des institutions qui répondent à la fois et aux instincts démocratiques de la nation, et à ce désir exprimé universellement d'avoir désormais un Pouvoir fort et respecté. En effet, donner satisfaction aux exigences du moment en créant un système qui reconstitue l'autorité sans blesser l'égalité, sans fermer aucune voie d'amélioration, c'est jeter les véritables bases du seul édifice capable de supporter plus tard une liberté sage et bienfaisante. »

PRÉAMBULE DE LA CONSTITUTION.

14 janvier 1852.

LOUIS-NAPOLÉON, PRÉSIDENT DE LA RÉPUBLIQUE,
AU PEUPLE FRANÇAIS.

Français,

Lorsque, dans ma proclamation du 2 décembre, je vous exprimai loyalement quelles étaient, à mon sens, les conditions vitales du pouvoir en

France, je n'avais pas la prétention, si commune de nos jours, de substituer une théorie personnelle à l'expérience des siècles. J'ai cherché, au contraire, quels étaient, dans le passé, les exemples les meilleurs à suivre, quels hommes les avaient donnés, et quel bien en était résulté.

Dès lors, j'ai cru logique de préférer les préceptes du génie aux doctrines spécieuses d'hommes à idées abstraites. J'ai pris comme modèle les institutions politiques qui déjà, au commencement de ce siècle, dans des circonstances analogues, ont raffermi la société ébranlée et élevé la France à un haut degré de prospérité et de grandeur.

J'ai pris comme modèle les institutions qui, au lieu de disparaître au premier souffle des agitations populaires, n'ont été renversées que par l'Europe entière coalisée contre nous.

En un mot, je me suis dit : Puisque la France ne marche depuis cinquante ans qu'en vertu de l'organisation administrative, militaire, judiciaire, religieuse, financière, du Consulat et de l'Empire, pourquoi n'adopterions-nous pas aussi les institutions politiques de cette époque? Créées par la même pensée, elles doivent porter en elles le même caractère de nationalité et d'utilité pratique.

En effet, ainsi que je l'ai rappelé dans ma proclamation, notre société actuelle (il est essentiel de le constater) n'est pas autre chose que la France régénérée par la révolution de 89 et organisée par l'Empereur. Il ne reste plus rien de l'ancien régime que de grands souvenirs et de grands bienfaits. Mais tout ce qui alors était organisé a été détruit par la révolution, et tout ce qui a été organisé depuis la révolution et qui existe encore l'a été par Napoléon.

Nous n'avons plus ni provinces, ni pays d'États, ni parlements, ni intendants, ni fermiers généraux, ni coutumes diverses, ni droits féodaux, ni classes privilégiées en possession exclusive des emplois civils et militaires, ni juridictions religieuses différentes.

A tant de choses incompatibles avec elle, la révolution avait fait subir une réforme radicale, mais elle n'avait rien fondé de définitif. Seul, le Premier Consul rétablit l'unité, la hiérarchie et les véritables principes du gouvernement. Ils sont encore en vigueur.

Ainsi l'administration de la France confiée à des préfets, à des sous-préfets, à des maires, qui substituaient l'unité aux commissions directoriales; la décision des affaires, au contraire, donnée à des conseils, depuis la commune jusqu'au département; ainsi la magistrature, affermie par l'inamovibilité des juges, par la hiérarchie des tribunaux; la justice rendue plus facile par la délimitation des attributions, depuis la justice de paix jusqu'à la cour de cassation, tout cela est encore debout.

De même, notre admirable système financier,

la banque de France, l'établissement des budgets, la cour des comptes, l'organisation de la police, nos règlements militaires, datent de cette époque.

Depuis cinquante ans c'est le Code Napoléon qui règle les intérêts des citoyens entre eux ; c'est encore le concordat qui règle les rapports de l'État avec l'Église.

Enfin, la plupart des mesures qui concernent les progrès de l'industrie, du commerce, des lettres, des sciences, des arts, depuis les règlements du Théâtre-Français jusqu'à ceux de l'Institut, depuis l'institution des prud'hommes jusqu'à la création de la Légion d'honneur, ont été fixées par les décrets de ce temps.

On peut donc l'affirmer, la charpente de notre édifice social est l'œuvre de l'Empereur, et elle a résisté à sa chute et à trois révolutions.

Pourquoi, avec la même origine, les institutions politiques n'auraient-elles pas les mêmes chances de durée ?

Ma conviction était formée depuis longtemps, et c'est pour cela que j'ai soumis à votre jugement les bases principales d'une Constitution empruntée à celle de l'an VIII. Approuvées par vous, elles vont devenir le fondement de notre Constitution politique.

Examinons quel en est l'esprit :

Dans notre pays monarchique depuis huit cents ans, le pouvoir central a toujours été en s'augmentant. La royauté a détruit les grands vassaux ;

les révolutions elles-mêmes ont fait disparaître les obstacles qui s'opposaient à l'exercice rapide et uniforme de l'autorité. Dans ce pays de centralisation, l'opinion publique a sans cesse tout rapporté au chef du gouvernement, le bien comme le mal. Aussi, écrire en tête d'une charte que ce chef est irresponsable, c'est mentir au sentiment public, c'est vouloir établir une fiction qui s'est trois fois évanouie au bruit des révolutions.

La Constitution actuelle proclame, au contraire, que le chef que vous avez élu est responsable devant vous; qu'il a toujours le droit de faire appel à votre jugement souverain, afin que, dans les circonstances solennelles, vous puissiez lui continuer ou lui retirer votre confiance.

Étant responsable, il faut que son action soit libre et sans entraves. De là l'obligation d'avoir des ministres qui soient les auxiliaires honorés et puissants de sa pensée, mais qui ne forment plus un conseil responsable, composé de membres solidaires, obstacle journalier à l'impulsion particulière du chef de l'État, expression d'une politique émanée des chambres, et par là même exposée à des changements fréquents qui empêchent tout esprit de suite, toute application d'un système régulier.

Néanmoins, plus un homme est haut placé, plus il est indépendant, plus la confiance que le peuple a mise en lui est grande, plus il a besoin de conseils éclairés, consciencieux. De là la création d'un conseil d'État, désormais véritable conseil du gouvernement, premier rouage de notre organisation nouvelle, réunion d'hommes pratiques élaborant des projets de loi dans des commissions spéciales, les discutant à huis clos, sans ostentation oratoire, en assemblée générale, et les présentant ensuite à l'acceptation du Corps législatif.

Ainsi le pouvoir est libre dans ses mouvements, éclairé dans sa marche.

Quel sera maintenant le contrôle exercé par les assemblées?

Une chambre, qui prend le titre de Corps législatif, vote les lois et l'impôt. Elle est élue par le suffrage universel, sans scrutin de liste. Le peuple, choisissant isolément chaque candidat, peut plus facilement apprécier le mérite de chacun d'eux.

La chambre n'est plus composée que d'environ deux cent soixante membres. C'est là une première garantie du calme des délibérations, car trop souvent on a vu dans les assemblées la mobilité et l'ardeur des passions croître en raison du nombre.

Le compte rendu des séances qui doit instruire la nation n'est plus livré, comme autrefois, à l'esprit de parti de chaque journal; une publication officielle, rédigée par les soins du président de la chambre, en est seule permise.

Le Corps législatif discute librement la loi, l'adopte ou la repousse; mais il n'y introduit pas à l'improviste de ces amendements qui dérangent souvent toute l'économie d'un système et l'ensemble du projet primitif. A plus forte raison n'a-t-il pas cette initiative parlementaire qui était la source de si graves abus, et qui permettait à chaque député de se substituer à tout propos au gouvernement en présentant les projets les moins étudiés, les moins approfondis.

La chambre n'étant plus en présence des ministres, et les projets de loi étant soutenus par les orateurs du Conseil d'État, le temps ne se perd pas en vaines interpellations, en accusations frivoles, en luttes passionnées, dont l'unique but était de renverser les ministres pour les remplacer.

Ainsi donc, les délibérations du Corps législatif seront indépendantes; mais les causes d'agitations stériles auront été supprimées, des lenteurs salutaires apportées à toute modification de la loi. Les mandataires de la nation feront mûrement les choses sérieuses.

Une autre assemblée prend le nom de Sénat. Elle sera composée des éléments qui, dans tout pays, créent les influences légitimes : le nom illustre, la fortune, le talent et les services rendus.

Le Sénat n'est plus, comme la chambre des pairs, le pâle reflet de la chambre des députés, répétant à quelques jours d'intervalle les mêmes discussions sur un autre ton. Il est le dépositaire du pacte fondamental et des libertés compatibles avec la Constitution; et c'est uniquement sous le rapport des grands principes sur lesquels repose notre société, qu'il examine toutes les lois et qu'il en propose de nouvelles au pouvoir exécutif. Il intervient, soit pour résoudre toute difficulté grave qui pourrait s'élever pendant l'absence du Corps législatif, soit pour expliquer le texte de la Constitution et assurer ce qui est nécessaire à sa marche. Il a le droit d'annuler tout acte arbitraire et illégal, et jouissant ainsi de cette considération qui s'attache à un corps exclusivement occupé de l'examen de grands intérêts ou de l'application de grands principes, il remplit dans l'État le rôle indépendant, salutaire, conservateur, des anciens parlements.

Le Sénat ne sera pas, comme la chambre des pairs, transformé en cour de justice : il conservera son caractère de modérateur suprême, car la défaveur atteint toujours les corps politiques lorsque le sanctuaire des législateurs devient un tribunal criminel. L'impartialité du juge est trop souvent mise en doute, et il perd de son prestige devant l'opinion, qui va quelquefois jusqu'à l'accuser d'être l'instrument de la passion ou de la haine.

Une haute cour de justice, choisie dans la haute magistrature, ayant pour jurés des membres des conseils généraux de toute la France, réprimera seule les attentats contre le chef de l'État et la sûreté publique.

L'Empereur disait au Conseil d'État : *Une Constitution est l'œuvre du temps; on ne saurait laisser une trop large voie aux améliorations.* Aussi la

Constitution présente n'a-t-elle fixé que ce qu'il était impossible de laisser incertain. Elle n'a pas enfermé dans un cercle infranchissable les destinées d'un grand peuple; elle a laissé aux changements une assez large voie pour qu'il y ait, dans les grandes crises, d'autres moyens de salut que l'expédient désastreux des révolutions.

Le Sénat peut, de concert avec le gouvernement, modifier tout ce qui n'est pas fondamental dans la Constitution; mais quant aux modifications à apporter aux bases premières, sanctionnées par vos suffrages, elles ne peuvent devenir définitives qu'après avoir reçu votre ratification.

Ainsi, le peuple reste toujours maître de sa destinée. Rien de fondamental ne se fait en dehors de sa volonté.

Telles sont les idées, tels sont les principes dont vous m'avez autorisé à faire l'application. Puisse cette Constitution donner à notre patrie des jours calmes et prospères! Puisse-t-elle prévenir le retour de ces luttes intestines où la victoire, quelque légitime qu'elle soit, est toujours chèrement achetée! Puisse la sanction que vous avez donnée à mes efforts être bénie du Ciel! Alors la paix sera assurée au dedans et au dehors, mes vœux seront comblés, ma mission sera accomplie!

Palais des Tuileries, le 14 janvier 1852.

LOUIS-NAPOLÉON BONAPARTE.

Le Prince Président de la République fait l'ouverture de la session du Sénat et du Corps législatif au palais des Tuileries. Le Prince prononce le discours suivant :

« Messieurs les Sénateurs,
Messieurs les Députés,

» La dictature que le peuple m'avait confiée cesse aujourd'hui. Les choses vont reprendre leur cours régulier. C'est avec un sentiment de satisfaction réelle que je viens proclamer ici la mise en vigueur de la Constitution; car ma préoccupation constante a été non-seulement de rétablir l'ordre, mais de le rendre durable, en dotant la France d'institutions appropriées à ses besoins.

» Il y a quelques mois à peine, vous vous en souvenez, plus je m'enfermais dans le cercle étroit de mes attributions, plus on s'efforçait de le rétrécir encore, afin de m'ôter le mouvement et l'action. Découragé souvent, je l'avoue, j'eus la pensée d'abandonner un pouvoir ainsi disputé. Ce qui me retint, c'est que je ne voyais pour me succéder qu'une chose : l'anarchie. Partout, en effet, s'exaltaient des passions ardentes à détruire, incapables de rien fonder. Nulle part, ni une institution, ni un homme à qui se rattacher; nulle part un droit incontesté, une organisation quelconque, un système réalisable.

» Aussi, lorsque, grâce au concours de quelques hommes courageux, grâce surtout à l'énergique attitude de l'armée, tous les périls furent conjurés en quelques heures, mon premier soin fut de demander au peuple des institutions. Depuis trop longtemps la société ressemblait à une pyramide qu'on aurait retournée et voulu faire reposer sur son sommet ; je l'ai replacée sur sa base. Le suffrage universel, seule source du droit dans de pareilles conjonctures, fut immédiatement rétabli ; l'autorité reconquit son ascendant ; enfin la France adoptant les dispositions principales de la Constitution que je lui soumettais, il me fut permis de créer des corps politiques dont l'influence et la considération seront d'autant plus grandes que leurs attributions auront été sagement réglées.

» Parmi les institutions politiques, en effet, celles-là seules ont de la durée, qui fixent d'une manière équitable la limite où chaque pouvoir doit s'arrêter. Il n'est pas d'autre moyen d'arriver à une application utile et bienfaisante de la liberté : les exemples n'en sont pas loin de nous.

» Pourquoi, en 1814, a-t-on vu avec satisfaction, en dépit de nos revers, inaugurer le régime parlementaire? C'est que l'Empereur, ne craignons pas de l'avouer, avait été, à cause de la guerre, entraîné à un exercice trop absolu du pouvoir.

» Pourquoi, au contraire, en 1851, la France applaudit-elle à la chute de ce même régime parlementaire? C'est que les Chambres avaient abusé de l'influence qui leur avait été donnée, et que, voulant tout dominer, elles compromettaient l'équilibre général.

» Enfin, pourquoi la France ne s'est-elle pas émue des restrictions apportées à la liberté de la presse et à la liberté individuelle? C'est que l'une avait dégénéré en licence, et que l'autre, au lieu d'être l'exercice réglé du droit de chacun, avait, par d'odieux excès, menacé le droit de tous.

» Cet extrême danger, pour les démocraties surtout, de voir sans cesse des institutions mal définies sacrifier tour à tour le pouvoir ou la liberté, a été parfaitement apprécié par nos pères, il y a un demi-siècle, lorsqu'au sortir de la tourmente révolutionnaire, et après le vain essai de toute espèce de régimes, ils proclamèrent la Constitution de l'an VIII, qui a servi de modèle à celle de 1852. Sans doute, elles ne sanctionnent pas toutes ces libertés, aux abus même desquelles nous étions habitués; mais elles en consacrent aussi de bien réelles. Le lendemain des révolutions, la première des garanties pour un peuple ne consiste pas dans l'usage immodéré de la tribune et de la presse : elle est dans le droit de choisir le gouvernement qui lui convient. Or, la nation française a donné, peut-être pour la première fois, au monde, le spectacle imposant d'un grand peuple votant en toute liberté la forme de son gouvernement.

» Ainsi le chef de l'État que vous avez devant vous est bien l'expression de la volonté populaire : et devant moi, que vois-je? deux Chambres, l'une élue en vertu de la loi la plus libérale qui existe au monde, l'autre nommée par moi, il est vrai, mais indépendante aussi, parce qu'elle est inamovible.

» Autour de moi vous remarquez des hommes d'un patriotisme et d'un mérite reconnus, toujours prêts à m'appuyer de leurs conseils, à m'éclairer sur les besoins du pays.

» Cette Constitution, qui, dès aujourd'hui, va être mise en pratique, n'est donc pas l'œuvre d'une vaine théorie ou du despotisme : c'est l'œuvre de l'expérience et de la raison ; vous m'aiderez, Messieurs, à la consolider, à l'étendre, à l'améliorer.

» Je ferai connaître au Sénat et au Corps législatif l'exposé de la situation de la République. Ils y verront que partout la confiance a été rétablie, que partout le travail a repris, et que, pour la première fois après un grand changement politique, la fortune publique s'est accrue au lieu de diminuer.

» Depuis quatre mois, il a été possible à mon gouvernement d'encourager bien des entreprises utiles, de récompenser bien des services, de secourir bien des misères, de rehausser même la position de la plus grande partie des principaux fonctionnaires, et tout cela sans aggraver les impôts ou déranger les prévisions du budget, que nous sommes heureux de vous présenter en équilibre.

» De pareils faits et l'attitude de l'Europe, qui a accueilli avec satisfaction les changements survenus, nous donnent un juste espoir de sécurité pour l'avenir : car, si la paix est garantie au dedans, elle l'est également au dehors. Les Puissances étrangères respectent notre indépendance, et nous avons tout intérêt à conserver avec elles les relations les plus amicales. Tant que l'honneur de la France ne sera pas engagé, le devoir du gouvernement sera d'éviter avec soin toute cause de perturbation en Europe, et de tourner tous nos efforts vers les améliorations intérieures, qui peuvent seules procurer l'aisance aux classes laborieuses et assurer la prospérité du pays.

» Et maintenant, Messieurs, au moment où vous vous associez avec patriotisme à mes travaux, je veux vous exposer franchement quelle sera ma conduite.

» En me voyant rétablir les institutions et les souvenirs de l'Empire, on a répété souvent que je désirais rétablir l'Empire même. Si telle était ma préoccupation constante, cette transformation serait accomplie depuis longtemps : ni les moyens, ni les occasions ne m'ont manqué.

» Ainsi, en 1848, lorsque 6 millions de suffrages me nommèrent en dépit de la Constituante, je n'ignorais pas que le simple refus d'acquiescer à la Constitution pouvait me donner un trône. Mais une élévation qui devait nécessairement entraîner de graves désordres ne me séduisit pas.

» Au 13 juin 1849, il m'était également facile de changer la forme du gouvernement : je ne le voulus pas.

» Enfin, au 2 décembre, si des considérations personnelles l'eussent emporté sur les graves intérêts du pays, j'eusse d'abord demandé au peuple, qui ne l'eût pas refusé, un titre pompeux. Je me suis contenté de celui que j'avais.

» Lors donc que je puise des exemples dans le Consulat et l'Empire, c'est que là, surtout, je les trouve empreints de nationalité et de grandeur. Résolu aujourd'hui, comme avant, de faire tout pour la France, rien pour moi, je n'accepterais de modification à l'état présent des choses que si j'y étais contraint par une nécessité évidente. D'où peut-elle naître? Uniquement de la conduite des partis. S'ils se résignent, rien ne sera changé. Mais si, par leurs sourdes menées, ils cherchaient à saper les bases de mon gouvernement; si, dans leur aveuglement, ils niaient la légitimité du résultat de l'élection populaire; si enfin, ils venaient sans cesse, par leurs attaques, mettre en question l'avenir du pays, alors, mais seulement alors, il pourrait être raisonnable de demander au peuple, au nom du repos de la France, un nouveau titre qui fixât irrévocablement sur ma tête le pouvoir dont il m'a revêtu. Mais ne nous préoccupons pas d'avance de difficultés qui n'ont sans doute rien de probable. Conservons la République; elle ne menace personne, elle peut rassurer tout le monde.

Sous sa bannière, je veux inaugurer de nouveau une ère d'oubli et de conciliation, et j'appelle, sans distinction, tous ceux qui veulent franchement concourir avec moi au bien public.

» La Providence, qui jusqu'ici a si visiblement béni mes efforts, ne voudra pas laisser son œuvre inachevée; elle nous animera tous de ses inspirations, et nous donnera la sagesse et la force nécessaires pour consolider un ordre de choses qui assurera le bonheur de notre patrie et le repos de l'Europe. »

DISTRIBUTION DES DRAPEAUX A L'ARMÉE.

10 mai 1852.

Le Prince Président distribue au Champ de Mars les drapeaux à l'armée et prononce le discours suivant :

« Soldats !

» L'histoire des peuples est en grande partie l'histoire des armées. De leurs succès ou de leurs revers dépend le sort de la civilisation et de la patrie. Vaincues, c'est l'invasion ou l'anarchie; victorieuses, c'est la gloire ou l'ordre.

» Aussi les nations, comme les armées, portent-elles une vénération religieuse à ces emblèmes de l'honneur militaire, qui résument en eux tout un passé de luttes et de triomphes.

» L'aigle romaine, adoptée par l'Empereur Napoléon au commencement de ce siècle, fut la signification la plus éclatante de la régénération et de la grandeur de la France. Elle disparut dans nos malheurs; elle devait revenir, lorsque la France, relevée de ses défaites, maîtresse d'elle-même, ne semblerait plus répudier sa propre gloire.

» Soldats !

» Reprenez donc ces aigles, non comme une menace contre les étrangers, mais comme le symbole de notre indépendance, comme le souvenir d'une époque héroïque, comme le signe de noblesse de chaque régiment.

» Reprenez ces aigles qui ont si souvent conduit nos pères à la victoire, et jurez de mourir, s'il le faut, pour les défendre. »

VOYAGE DANS LE MIDI.
INAUGURATION DE LA STATUE DE L'EMPEREUR A LYON.

20 septembre 1852.

Le Prince Président assiste à l'inauguration de la statue équestre de l'Empereur à Lyon et prononce le discours suivant :

« Lyonnais,

» Votre ville s'est toujours associée par des incidents remarquables aux phases différentes de la vie de l'Empereur. Vous l'avez salué consul;

lorsqu'il allait par delà les monts cueillir de nouveaux lauriers; vous l'avez salué empereur tout-puissant : et, lorsque l'Europe l'avait relégué dans une île, vous l'avez encore, des premiers, en 1815, salué empereur.

» De même aujourd'hui votre ville est la première qui lui élève une statue équestre. Ce fait a une signification. On n'élève des statues équestres qu'aux souverains qui ont régné; aussi les gouvernements qui m'ont précédé ont-ils toujours refusé cet hommage à un pouvoir dont ils ne voulaient pas admettre la légitimité.

» Et cependant, qui fut plus légitime que l'Empereur, élu trois fois par le peuple, sacré par le Chef de la Religion, reconnu par toutes les Puissances continentales de l'Europe, qui s'unirent à lui et par les liens de la politique et par les liens du sang?

» L'Empereur fut le médiateur entre deux siècles ennemis; il tua l'ancien régime en rétablissant tout ce que ce régime avait de bon; il tua l'esprit révolutionnaire en faisant triompher partout les bienfaits de la révolution : voilà pourquoi ceux qui l'ont renversé eurent bientôt à déplorer leur triomphe. Quant à ceux qui l'ont défendu, ai-je besoin de rappeler combien ils ont pleuré sa chute?

» Aussi, dès que le peuple s'est vu libre de son choix, il a jeté les yeux sur l'héritier de Napoléon, et, par la même raison, depuis Paris jusqu'à

Lyon, sur tous les points de mon passage, s'est élevé le cri unanime de *Vive l'Empereur!* Mais ce cri est bien plus, à mes yeux, un souvenir qui touche mon cœur, qu'un espoir qui flatte mon orgueil.

» Fidèle serviteur de la France, je n'aurai jamais qu'un but, c'est de reconstituer dans ce grand pays, si bouleversé par tant de commotions et par tant d'utopies, une paix basée sur la conciliation pour les hommes, sur l'inflexibilité des principes d'autorité, de morale, d'amour pour les classes laborieuses et souffrantes, de dignité nationale.

» Nous sortons à peine de ces moments de crise où, les notions du bien et du mal étant confondues, les meilleurs esprits se sont pervertis. La prudence et le patriotisme exigent que, dans de semblables moments, la nation se recueille avant de fixer ses destinées; et il est encore pour moi difficile de savoir sous quel nom je puis rendre les plus grands services.

» Si le titre modeste de Président pouvait faciliter la mission qui m'était confiée, et devant laquelle je n'ai pas reculé, ce n'est pas moi qui, par intérêt personnel, désirerais changer ce titre contre celui d'Empereur.

» Déposons donc sur cette pierre notre hommage à un grand homme; c'est honorer à la fois la gloire de la France et la généreuse reconnaissance du peuple; c'est constater aussi la fidélité des Lyonnais à d'immortels souvenirs. »

POSE DE LA PREMIÈRE PIERRE DE LA CATHÉDRALE DE MARSEILLE.

25 septembre 1852.

Le Prince Président pose la première pierre d'une nouvelle cathédrale à Marseille, et prononce le discours suivant :

« Messieurs,

» Je suis heureux que cette occasion particulière me permette de laisser dans cette grande ville une trace de mon passage et que la pose de la première pierre de la cathédrale soit l'un des souvenirs qui se rattachent à ma présence parmi vous. Partout, en effet, où je le puis, je m'efforce de soutenir et de propager les idées religieuses, les plus sublimes de toutes, puisqu'elles guident dans la fortune et consolent dans l'adversité. Mon gouvernement, je le dis avec orgueil, est un des seuls qui ait soutenu la religion pour elle-même ; il la soutient non comme instrument politique, non pour plaire à un parti, mais uniquement par conviction, et par amour du bien qu'elle inspire comme des vérités qu'elle enseigne.

» Lorsque vous irez dans ce temple appeler la protection du ciel sur les têtes qui vous sont chères, sur les entreprises que vous avez commencées, rappelez-vous celui qui a posé la première pierre de cet édifice, et croyez que, s'identifiant à l'avenir de cette grande cité, il entre par la pensée dans vos prières et dans vos espérances. »

DISCOURS DE BORDEAUX.

9 octobre 1852.

Le Prince Président, au banquet qui lui est offert par la chambre et le tribunal de commerce de Bordeaux, prononce le discours suivant :

« Messieurs,

» L'invitation de la chambre et du tribunal de commerce de Bordeaux, que j'ai acceptée avec empressement, me fournit l'occasion de remercier votre grande cité de son accueil si cordial, de son hospitalité si pleine de magnificence; et je suis bien aise aussi, vers la fin de mon voyage, de vous faire part des impressions qu'il m'a laissées.

» Le but de ce voyage, vous le savez, était de connaître par moi-même nos belles provinces du Midi, d'approfondir leurs besoins. Il a, toutefois, donné lieu à un résultat beaucoup plus important.

» En effet, je le dis avec une franchise aussi éloignée de l'orgueil que d'une fausse modestie, jamais peuple n'a témoigné d'une manière plus directe, plus spontanée, plus unanime, la volonté de s'affranchir des préoccupations de l'avenir, en consolidant dans la même main un pouvoir qui lui est sympathique. C'est qu'il connaît, à cette heure, et les trompeuses espérances dont on le berçait et les dangers dont il était menacé. Il sait qu'en 1852 la société courait à sa perte, parce que chaque parti se consolait d'avance du naufrage général par l'espoir de planter son drapeau sur les débris qui pourraient surnager. Il me sait gré d'avoir sauvé le vaisseau en arborant seulement le drapeau de la France.

» Désabusé d'absurdes théories, le peuple a acquis la conviction que les réformateurs prétendus n'étaient que des rêveurs, car il y avait toujours inconséquence, disproportion entre leurs moyens et les résultats promis.

» Aujourd'hui la France m'entoure de ses sympathies, parce que je ne suis pas de la famille des idéologues. Pour faire le bien du pays, il n'est pas besoin d'appliquer de nouveaux systèmes; mais de donner, avant tout, confiance dans le présent, sécurité dans l'avenir. Voilà pourquoi la France semble vouloir revenir à l'Empire.

» Il est néanmoins une crainte à laquelle je dois répondre. Par esprit de défiance, certaines personnes se disent : L'Empire, c'est la guerre. Moi je dis : L'Empire, c'est la paix.

» C'est la paix, car la France la désire, et lorsque la France est satisfaite, le monde est tranquille. La gloire se lègue bien à titre d'héritage, mais non la guerre. Est-ce que les princes qui s'honoraient justement d'être les petits-fils de Louis XIV ont recommencé ses luttes? La guerre ne se fait pas par plaisir, elle se fait par nécessité; et, à ces époques de transition où partout, à côté de tant d'éléments de prospérité, germent tant de causes de mort, on peut dire avec vérité : Malheur à celui qui, le premier, donnerait en Europe le signal d'une collision, dont les conséquences seraient incalculables!

» J'en conviens, cependant, j'ai, comme l'Empereur, bien des conquêtes à faire. Je veux, comme lui, conquérir à la conciliation les partis dissidents et ramener dans le courant du grand fleuve populaire les dérivations hostiles qui vont se perdre sans profit pour personne.

» Je veux conquérir à la religion, à la morale, à l'aisance, cette partie encore si nombreuse de la population qui, au milieu d'un pays de foi et de croyance, connaît à peine les préceptes du Christ; qui, au sein de la terre la plus fertile du monde, peut à peine jouir de ses produits de première nécessité.

» Nous avons d'immenses territoires incultes à défricher, des routes à ouvrir, des ports à creuser, des rivières à rendre navigables, des canaux à terminer, notre réseau de chemins de fer à compléter. Nous avons, en face de Marseille, un vaste royaume à assimiler à la France. Nous avons tous nos grands ports de l'Ouest à rapprocher du continent américain par la rapidité de ces communications qui nous manquent encore. Nous avons partout enfin des ruines à relever, de faux dieux à abattre, des vérités à faire triompher.

» Voilà comment je comprendrais l'Empire, si l'Empire doit se rétablir. Telles sont les conquêtes que je médite, et vous tous qui m'entourez, qui voulez, comme moi, le bien de notre patrie, vous êtes mes soldats. »

Les cris enthousiastes de « Vive l'Empereur ! » répondirent à ce discours. Le voyage du Président de la République dans le Midi avait été une marche triomphale au milieu des acclamations populaires. A son retour à Paris, le Prince fut accueilli par les mêmes manifestations ; bientôt huit millions de suffrages exprimèrent hautement le vœu de la nation ; le rétablissement de l'Empire fut proclamé, et Louis-Napoléon Bonaparte prit avec la couronne le nom de Napoléon III.

FIN.

TABLE.

Avertissement des Éditeurs . . . . pag. 4

IDÉES NAPOLÉONIENNES.

Introduction. — DE L'IDÉE NAPOLÉONIENNE 7

CHAPITRE PREMIER. — DES GOUVERNEMENTS EN GÉNÉRAL. — Mouvement général du progrès. — Les gouvernements. Leur forme. Leur mission . . 17

CHAPITRE II. — IDÉES GÉNÉRALES. — Mission de l'Empereur. — La liberté suivra la même marche que la religion. — Rétablissement de la monarchie et de la religion catholique. — Comment il faut juger Napoléon 23

CHAPITRE III. — QUESTION INTÉRIEURE.

   I. — Tendance générale. — Principes de fusion, d'égalité, d'ordre, de justice. — Intérêts populaires. — Instruction publique, agriculture, industrie, travaux publics 35

   II. — Organisation politique. — Principes fondamentaux. — Accusation de despotisme du gouvernement militaire. — Réponse à ces accusations 50

CHAPITRE IV. — QUESTION ÉTRANGÈRE. — Politique napoléonienne 70

CHAPITRE V. — BUT OÙ TENDAIT L'EMPEREUR. — Association européenne. — Liberté en France. . 82

CHAPITRE VI. — CAUSE DE LA CHUTE DE L'EMPEREUR. 92

LES STUARTS ET GUILLAUME III.

FRAGMENT HISTORIQUE.

CHAPITRE PREMIER. — EXPOSÉ.	99
CHAPITRE II. — RÉVOLUTION DE 1688. — Jacques II. Guillaume III	104
CHAPITRE III. — CAUSES DE LA DÉCADENCE DES STUARTS ET DE LA GRANDEUR DE GUILLAUME III.	129

DU PASSÉ ET DE L'AVENIR

DE L'ARTILLERIE.

AVANT-PROPOS	143
CHAPITRE PREMIER. — DE PHILIPPE DE VALOIS A LOUIS XI. 1328-1461. — Composition des armées à l'époque de la première apparition des armes à feu.	150
Ordre de bataille	157
Infanterie anglaise. — Supériorité des archers anglais	160
Rôle de la chevalerie dans les batailles. — La chevalerie combat à pied	165
Réformes militaires de Charles VII. — Création des francs archers.	169
Usages féodaux	174
Première artillerie à feu de bataille	177
CHAPITRE II. — DE LOUIS XI A HENRI IV. 1461-1589.	189
Charles VIII et l'expédition de Naples.	192
Artillerie de François Ier et de Charles-Quint.	201

Bataille de Marignan.	206
Combat de la Bicoque.	218
Bataille de Pavie.	220
Artillerie des derniers Valois.	226

CHAPITRE III. — DE HENRI IV A LOUIS XIV. 1589-1643. 228

Artillerie de Henri IV.	229
Combat d'Arques	230
Bataille d'Ivry.	237
Gustave-Adolphe et l'armée suédoise	242
Bataille de Leipsick	246
Passage du Lech (22 mars 1631)	252
Bataille de Lutzen (6 novembre 1632)	256
L'armée française sous Louis XIII.	264

Résumé 269

LE CANAL DE NICARAGUA	273
L'IDÉAL, traduction de Schiller.	283
AUX MANES DE L'EMPEREUR.	286

DISCOURS ET MESSAGES.

MESSAGE A L'ASSEMBLÉE NATIONALE. 7 juin 1849.	294
PROCLAMATION AU PEUPLE FRANÇAIS. 13 juin 1849.	300
VISITE A LA FORTERESSE DE HAM. 22 juillet 1849.	301
LETTRE AU LIEUTENANT-COLONEL EDGARD NEY. 18 août 1849.	302
MESSAGE A L'ASSEMBLÉE LÉGISLATIVE. 31 octobre 1849.	304

CÉRÉMONIE D'INSTITUTION DE LA MAGISTRATURE. 3 novembre 1849.	307
DISTRIBUTION DES RÉCOMPENSES A L'INDUSTRIE NATIONALE. 11 novembre 1849	309
OUVERTURE DE LA SESSION DU CONSEIL GÉNÉRAL DE L'AGRICULTURE, DU COMMERCE ET DES MANUFACTURES. 7 avril 1850.	312
INAUGURATION DE LA CAISSE DE SECOURS MUTUELS A LYON.	315
MESSAGE A L'ASSEMBLÉE LÉGISLATIVE. 24 janvier 1851.	317
INAUGURATION DE LA SECTION DU CHEMIN DE FER DE LYON ENTRE TONNERRE ET DIJON. 1er juin 1851	319
INAUGURATION DU CHEMIN DE FER DE TOURS A POITIERS. 1er juillet 1851.	321
PRÉSENTATION DES OFFICIERS PAR LE GÉNÉRAL MAGNAN. 9 novembre 1851.	324
DISTRIBUTION DES RÉCOMPENSES DÉCERNÉES AUX EXPOSANTS FRANÇAIS A L'EXPOSITION UNIVERSELLE DE LONDRES. 25 novembre 1851	325
PROCLAMATION DU PRÉSIDENT DE LA RÉPUBLIQUE. APPEL AU PEUPLE. 2 décembre 1851	328
PRÉSENTATION DU RÉSULTAT DES VOTES ÉMIS SUR LE PROJET DE PLÉBISCITE. 31 décembre 1851	332
PRÉAMBULE DE LA CONSTITUTION. 14 janvier 1852.	333
DISTRIBUTION DES DRAPEAUX A L'ARMÉE. 10 mai 1852.	348
VOYAGE DANS LE MIDI. INAUGURATION DE LA STATUE DE L'EMPEREUR A LYON. 20 septembre 1852	349
POSE DE LA PREMIÈRE PIERRE DE LA CATHÉDRALE DE MARSEILLE. 25 septembre 1852.	352
DISCOURS DE BORDEAUX. 9 octobre 1852	353

www.ingramcontent.com/pod-product-compliance
Lightning Source LLC
Chambersburg PA
CBHW070846170426
43202CB00012B/1965